DISCOURS DE LA MÉTHODE

Collection dirigée par Jean-François Balaudé

DESCARTES

Discours de la méthode

INTRODUCTION, DOSSIER ET NOTES PAR DENIS MOREAU

LE LIVRE DE POCHE
Classiques de la philosophie

Denis Moreau est maître de conférences en philosophie à l'Université de Nantes. Spécialiste de Descartes et du cartésianisme, il a déjà édité la *Lettre-Préface* des *Principes de la philosophie* (Garnier-Flammarion, 1996), et écrit un livre sur Malebranche et Arnauld (Vrin, 1999).

AVERTISSEMENTS

1. Sur le texte du *Discours*

L'orthographe et la grammaire du texte du *Discours* ont été modernisées par rapport au texte de l'édition originale de 1637.

La typographie (majuscules) et la ponctuation ont également été modifiées lorsqu'elles risquaient de rendre la compréhension difficile.

Parmi les différentes éditions du *Discours* et des *Essais* actuelles, la plus proche du texte de l'édition originale de 1637 est celle de J.-R. Armogathe et V. Carraud dans la collection « Corpus des Œuvres de philosophie en langue française », Paris, Fayard, 1986.

2. Sur les références

Les références aux textes de Descartes renvoient à l'édition Adam et Tannery (abrégée AT) ; et à l'édition des *Œuvres philosophiques de Descartes* en trois volumes par Ferdinand Alquié (abrégée Alquié).

Lorsque l'auteur d'une lettre n'est pas signalé, c'est qu'il s'agit de Descartes.

Lorsque les références complètes d'un ouvrage ou d'un commentaire ne sont pas données, elles se trouvent dans la Bibliographie en fin de volume.

3. Sur les notes

Un constat a guidé la majeure partie de notre annotation du *Discours de la méthode* : la lecture de ce texte est devenue extrêmement difficile pour les élèves de terminale, les étudiants, ou les « honnêtes gens » quels que soient par ailleurs leurs capacités et leur intérêt pour la philosophie. Il y a une raison essentielle à cet état de fait : le français de Descartes n'est plus (ou bien : est de moins en moins) le nôtre. Certains mots ont disparu ou ont changé de sens, des tournures et expressions sont devenues obsolètes, la syntaxe et le rythme des phrases cartésiennes sont très éloignés de ce à quoi nous sommes habitués. *Mutatis mutandis*, le français du *Discours* devient aussi impénétrable, pour un étudiant d'aujourd'hui, que pouvait l'être celui des *Essais* de Montaigne pour les lecteurs des générations précédentes.

Peu importe ici la détermination des causes de cette situation, et la façon dont on la juge : elle existe, et celui qui apprécie la pensée de Descartes ne peut que regretter qu'un des textes majeurs de son auteur favori devienne ainsi, de fait, inaccessible à ceux à qui il aimerait le faire découvrir.

Le jour viendra donc, et sans doute assez vite, où il faudra réécrire le *Discours* en français contemporain, à la manière de ce qui a déjà été fait pour Rabelais, Montaigne, La Ramée (et, d'un autre point de vue, Descartes lui-même, avec la nouvelle traduction des *Méditations métaphysiques* due à Michelle Beyssade, Paris, Le Livre de Poche, 1990). En attendant ce moment, nous avons tenté de proposer un appareil de notes qui, outre les habituelles élucidations des difficultés conceptuelles et références implicites qui parsèment le texte cartésien, lève aussi systématiquement que possible ces obstacles à la lecture.

Notre annotation du *Discours* doit bien sûr beaucoup aux éditions savantes qui existent déjà, en particulier celle d'E. Gilson (voir les références complètes dans notre Bibliographie).

INTRODUCTION

Portrait du philosophe en jeune homme

Nous avons trop pris l'habitude de lire et de célébrer le *Discours de la méthode* : l'ouvrage est depuis long-temps consacré, de façon d'ailleurs discutable, comme le « premier grand texte philosophique écrit en langue française »[1] ; les anniversaires de sa parution sont solennellement commémorés par les universitaires réu-nis que rejoignent en cette occasion — une fois n'est pas coutume — les autorités de la République[2] ; chaque année enfin, on le propose aux apprentis philo-sophes des premières années de faculté ou des classes de terminale en guise de lecture obligée, allant pour ainsi dire de soi, à la manière d'un rite d'initiation phi-losophique. La cause est ainsi entendue : le *Discours* est un « classique », le grand classique peut-être de la philosophie française.

---

1. Le *Discours* n'est pas, en réalité, le *premier* texte de philosophie écrit en langue française : c'est déjà le cas, entre autres, de la *Dialectique* de Pierre de la Ramée en 1555 et du *Cours de philosophie* de Scipion Dupleix en 1610. Dans un autre registre, les *Essais* de Montaigne commencent à paraître en 1580 et *La Sagesse* de Pierre Charron date de 1601.
2. En 1937, on discuta au Sénat de ce qu'il convenait de faire pour célébrer dignement le trois centième anniversaire de la publication du *Discours*. En 1987, le ministre de l'Éducation nationale se déplaça et fit une allocution lors d'un des colloques organisés pour le trois cent cinquantième anniver-saire.

Tout cela est vrai. Mais cette réputation assurément flatteuse finit par desservir le texte qu'elle prétend honorer.

En abordant un pareil monument philosophique précédé d'une semblable réputation, la curiosité, voire le désir, sont en effet aiguisés : on peut légitimement s'attendre à des révélations, à des émotions intellectuelles inédites suscitées par des thèses fracassantes. Or il faut bien convenir qu'une première lecture laisse sur sa faim : à la place de l'ivresse de la découverte ou de la satisfaction d'être tombé sur un ouvrage exceptionnel, on se retrouve avec en tête l'interrogation frustrée qui clôt les initiations décevantes : « Quoi ? Ce n'est que cela ! » Le passage de la *Seconde partie* du *Discours* où sont exposées les règles de la si fameuse « méthode » cartésienne est ici exemplaire. Descartes d'une part, dès le titre de son ouvrage, fait une annonce alléchante : la méthode permettra de « bien conduire sa raison »[1] ; la postérité semble d'autre part nous promettre le grand frisson philosophique à la lecture de ces pages. Et qu'y trouvons-nous ? Quatre rapides préceptes que le bon sens seul paraît pouvoir établir : ne pas tenir pour vraies des choses peu claires, diviser les difficultés, être ordonné dans sa réflexion, faire de temps à autre des bilans de ce sur quoi on a réfléchi. Eh quoi, ce n'est « que cela », la méthode ?

D'une certaine manière, oui. Sans se prononcer pour le moment sur la portée philosophique de ce laconisme méthodologique, sans oublier par ailleurs la complexité que recèlent souvent, chez Descartes, les énoncés en apparence les plus simples, il faut donc réfléchir sur la

---

1. Le titre complet de l'ouvrage tel qu'il parut en 1637 était : *Discours de la méthode pour bien conduire sa raison et chercher la vérité dans les sciences, plus la Dioptrique, les Météores et la Géométrie qui sont des Essais de cette Méthode.*

signification de ce sentiment de banalité qui saisit le lecteur.

En premier lieu, ce sentiment peut effectivement indiquer qu'il n'y a jamais rien eu de proprement *original* dans le *Discours*. La théorie cartésienne dite des « idées innées » ou des « premières semences de vérités » présentes en notre esprit fournit une justification philosophique à cette position de vérités en apparence banales : pour Descartes, la vérité est déjà en nous, au moins à l'état latent, séminal. Le problème est d'arriver à dégager ces semences des préjugés qui les ont recouvertes, ce qui est une tâche difficile. Mais une fois accompli ce travail de déblayage, ou en admettant qu'on n'ait pas à l'accomplir chez quelqu'un qui aurait été particulièrement favorisé par le hasard ou l'éducation, Descartes a toujours maintenu que l'accès à la vérité est quelque chose de simple, de facile, de quasi naturel et que de ce point de vue, une vraie philosophie n'a pas à être radicalement neuve : « cette philosophie n'est pas nouvelle, mais la plus ancienne et la plus commune qui puisse être » (*Principes de la philosophie*, IV, art. 200, AT, t. IX, p. 318 ; Alquié, t. III, p. 515).

En second lieu, ce sentiment de banalité peut aussi manifester le triomphe posthume des thèses que Descartes défendit en voulant les tirer de l'oubli où des siècles d'errances et d'erreurs avaient selon lui fini par les reléguer : mal acceptées voire tenues pour provocantes quand elles ont été formulées, ces thèses ont fini par s'imposer à tous — nous y compris — après des combats et des joutes que nos évidences actuelles tendent à nous faire oublier. Si nous avons souvent l'impression que Descartes pense comme nous, c'est parce qu'en fait nous pensons comme Descartes et que les modèles de philosophie et de scientificité qu'il a imposés de haute lutte sont aujourd'hui spontanément les nôtres. Une fois de plus, mais ici bien plus qu'ailleurs, *de te fabula narratur*[1] : « l'histoire de [son] esprit »[2] écrite par Descartes est aussi une analyse de nos façons de penser.

1. Circonstances et publication

Le *Discours* évite à celui qui l'introduit la rédaction de préliminaires biographiques détaillés, puisque l'ouvrage se présente comme une autobiographie[3]. Sans remettre en cause cette évidence, on remarquera toutefois que le texte est parsemé de remarques qui amènent à considérer avec circonspection l'exactitude des faits rapportés. Tout d'abord, « cet écrit [n'est proposé] que comme une histoire, ou si vous l'aimez mieux que comme une fable » (*Discours*, *Première partie*, p. 70), c'est-à-dire un récit fictif, ou en partie fictif, dont le but n'est pas de décrire la réalité, mais de proposer un enseignement, une « morale » : même si dans d'autres contextes les « fables » cartésiennes finissent par rejoindre la réalité[4], il faut tenir compte de cette mise en garde. Et même si on l'ignorait et tenait pour exact tout ce que Descartes raconte de lui[5], on devrait ne pas oublier que « même les histoires les plus fidèles, si elles ne changent ni n'augmentent la valeur des choses pour les rendre plus dignes d'être lues, au moins en omettent-elles presque toujours les plus

---

1. « C'est de toi que parle cette histoire » : citation d'Horace, *Satires*, I, 1, reprise notamment par Marx dans la *Préface* à la première édition allemande du *Capital*. **2.** On sait que Descartes projetait, dès 1628, la rédaction d'un ouvrage portant ce titre (voir AT, t. I, p. 570). Le *Discours* de 1637 peut être considéré comme la réalisation de ce projet : voir la *Lettre à Guez de Balzac* du 14 juin 1637, AT, t. I, p. 380-382 ; Alquié, t. I, p. 776-777. **3.** On trouvera des détails supplémentaires sur la vie de Descartes, et notamment sur la période qui va de la publication du *Discours* à sa mort, dans les Repères biographiques, p. 241. **4.** C'est le cas de la « fable » que Descartes met en scène pour expliquer la formation de l'univers : voir la *Cinquième partie* du *Discours*, p. 126-130 et notes correspondantes. **5.** Nous estimons, pour notre part, que c'est ce qu'il faut faire.

basses et moins illustres circonstances, d'où vient que le reste ne paraît pas tel qu'il est » (*Discours*, *Première partie*, p. 73) : dans tous les cas, le *Discours* ne prétend pas décrire intégralement la vie de René Descartes entre sa naissance et 1637, mais présenter une sélection d'événements et d'épisodes significatifs. Pour le dire autrement, si le *Discours* délimite ainsi nettement le cadre du travail d'un éventuel biographe de Descartes, il lui laisse tout de même un gros travail de recherche à effectuer pour combler au moyen d'autres matériaux les blancs qui demeurent dans la scansion de la vie de Descartes donnée par ce *Discours* : l'enfance et les études, les voyages, le commencement de métaphysique, les difficultés amenées par l'affaire Galilée, la publication de l'ouvrage[1].

Le *Discours* apparaît ainsi comme un texte dont le genre littéraire est en définitive malaisé à déterminer. Il est tout autant autobiographie scrupuleuse que reconstruction sélective qui confine à la mise en scène romancée de soi par soi, confession et manifeste, et aussi sous d'autres aspects bilan des travaux déjà effectués, programme pour les ouvrages à venir, appel au jugement de la postérité, etc. ; c'est un objet littéraire aux multiples facettes, hétéroclite presque, ce caractère protéiforme permettant sans doute d'expliquer le succès durable du texte : du lecteur de 1637 au lycéen contemporain en passant par Karl Marx et Jean-Paul Sartre, chaque époque et chaque type d'esprit peut y trouver de quoi l'intéresser.

Un désir cartésien unifie toutefois ces différents aspects, et évite l'éclatement de l'ouvrage en sections mal coordonnées : il est question, ici et enfin, de « faire voir » :

---

1. C'est pourquoi, loin de l'interdire, le *Discours* invite au contraire à rédiger des biographies de Descartes. Parmi les textes anciens, la meilleure et la plus complète est celle d'Adrien Baillet : *La Vie de Monsieur Descartes* (1691). Parmi les ouvrages récents, voir, en français, G. Rodis-Lewis, *Descartes* (1995) et, en anglais, S. Gaukroger, *Descartes. An Intellectual Biography* (1995).

« Ainsi mon dessein n'est pas d'enseigner ici la méthode que chacun doit suivre pour bien conduire sa raison ; mais seulement de faire voir en quelle sorte j'ai tâché de conduire la mienne » (Discours, *Première partie*, p. 70).

Une *Lettre à Mersenne* de mars 1636 confirme ce désir d'une large diffusion :

« J'ai envie d'en [le texte imprimé du *Discours*] distribuer à quantité de personnes » (AT, t. I, p. 339 ; Alquié, t. I, p. 516 ; texte 1.1 dans le Dossier en fin de volume).

Pourquoi, en 1637, le temps était-il donc venu pour René Descartes de « faire voir » à un large public sa vie et sa philosophie jusqu'alors occultées ? C'est que lorsque le *Discours* paraît, sans nom d'auteur, en 1637, Descartes a quarante ans et se trouve dans une situation qu'on jugerait aujourd'hui paradoxale : il a constitué l'essentiel de sa philosophie, lui-même aussi bien que ceux avec qui il en a discuté en ont reconnu le grand intérêt, et il a déjà rédigé des textes importants. Mais il n'a jamais rien publié. Trois types de raisons convergent pour expliquer cette curieuse situation, éclairer la décision de publier le *Discours*, et donner une partie de son sens au texte.

On peut tout d'abord invoquer la personnalité de Descartes, auteur à la fois prudent et exigeant, qui préférait attendre plutôt que de rendre public un texte dont il n'aurait pas été pleinement satisfait ou un corps de doctrine encore incertain. En définitive, Descartes n'a « jamais eu l'humeur portée à faire des livres »[1].

---

1. *Lettre à Mersenne* de fin novembre 1633, AT, t. I, p. 271 ; Alquié, t. I, p. 488. Voir aussi la *Sixième partie* du *Discours*, p. 152 : « mon inclination, qui m'a toujours fait haïr le métier de faire des livres ». On remarquera en ce sens que, de son vivant, Descartes a fort peu publié (pour s'en tenir aux « grands » textes : le *Discours*, les *Méditations*, les *Principes* et les *Passions de l'âme*) : d'un point de vue quantitatif, la plus grande partie des *Œuvres* de Descartes telles que nous les connaissons aujourd'hui est composée de lettres qui n'avaient pas été rendues publiques de son vivant et de textes posthumes.

Un second groupe de faits, plus mystérieux, concerne les *Regulae ad directionem ingenii*, les *Règles pour la direction de l'esprit*, ce texte où, plus encore que dans le *Discours*, il est question de la « méthode ». Une chose est très probable : après plusieurs années de réflexion, Descartes a commencé à travailler à ces *Règles* en 1627-1628. Une autre chose est absolument sûre : à la mort de Descartes, on retrouva ce texte, inachevé, dans ses papiers. Le reste est plus conjectural, et source de nombreuses interrogations : ce qui nous reste de cet ouvrage — dix-huit règles rédigées et le titre de trois autres, alors que trente-six étaient prévues par le plan donné à la *Règle 12* (AT, t. X, p. 428-430 ; Alquié, t. I, p. 156-158) — fut-il écrit d'un seul jet avant 1630, ou retravaillé par la suite ? Et quelles sont les causes de l'inachèvement de ce texte [1] ? On peut au moins affirmer une chose : le *Discours* tel que nous le connaissons, et notamment sa *Seconde partie*, n'est pas le coup d'essai de Descartes en matière de travaux sur la « méthode ». Il est l'aboutissement de toute une réflexion sur ce thème, dont il offre la récapitulation.

Une troisième raison explique également le silence de Descartes jusqu'en 1637, et elle ne fait pas partie de ces choses « basses et moins illustres » que notre prudent auteur prétend « omettre » dans son *Discours* : la *Sixième partie* fera une allusion transparente à ce fâcheux épisode. A partir de 1629, Descartes avait entrepris de rédiger le *Monde*, un texte de cosmologie et de physique, où il considérait avoir démontré à

---

1. La réponse à cette interrogation se trouve très probablement dans l'importante *Lettre à Mersenne* du 15 avril 1630, AT, t. I, p. 137-138 ; Alquié, t. I, p. 255-256, si du moins on admet que Descartes y fait allusion aux *Règles pour la direction de l'esprit* : il manquait à la méthode des *Règles* le fondement métaphysique du savoir, la garantie ultime, et extérieure à la méthode, de la validité des résultats de cette méthode. D'où l'abandon des *Règles* pour développer la métaphysique qu'on retrouvera en 1637 dans la *Quatrième partie* du *Discours*.

l'aide de principes fondamentaux de sa philosophie, le mouvement de la terre autour du soleil : « s'il [le « mouvement de la terre »] est faux, tous les fondements de ma philosophie le sont aussi, car il se démontre par eux évidemment » (*Lettre à Mersenne* de fin novembre 1633, AT, t. I, p. 271 ; Alquié, t. II, p. 487-488). En 1633, cet ouvrage était prêt à paraître quand tomba la nouvelle : l'Église venait de condamner à nouveau [1] Galilée pour son affirmation de l'héliocentrisme et du mouvement de la terre. Une série de lettres écrites au Père Mersenne entre novembre 1633 et mai 1634 montre comment Descartes réagit à cette condamnation :

« Comme je ne voudrais pour rien au monde qu'il sortît de moi un discours où il se trouvât le moindre mot qui fût désapprouvé de l'Église, aussi aimé-je mieux le [le *Monde*] supprimer que de le faire paraître estropié » (*Lettre à Mersenne* de fin novembre 1633, AT, t. I, p. 271 ; Alquié, t. I, p. 488).

Cette décision de ne pas publier le *Monde* est de nouveau justifiée quelques mois plus tard par :

« le désir que j'ai de vivre en repos et de continuer la vie que j'ai commencée en prenant pour devise : *bene vixit, bene qui latuit* [2] ».

Le rapprochement de ces deux lettres fait saisir l'ambiguïté de la renonciation de Descartes à publier son traité, une ambiguïté qui est en même temps celle de certaines positions du philosophe vis-à-vis de la religion, et qu'on retrouvera à plusieurs reprises dans le *Discours*. Dans le premier texte, Descartes annonce qu'il se soumet, par obéissance à coup sûr et par respect peut-être, aux décisions des autorités religieuses : on a là l'image d'un Descartes en catholique sincère,

---

1. Galilée avait déjà été condamné (Descartes, d'une belle expression, dit dans sa *Lettre à Mersenne* de fin novembre 1633 « criminalisé ») en 1616.   2. *Lettre à Mersenne* d'avril 1634, AT, t. I, p. 285-286 ; Alquié, t. I, p. 495 (le latin est une citation du poète Ovide : « Il a bien vécu, celui qui a vécu caché »).

par-dessus tout respectueux des décisions de son Église. Le second texte est de ce point de vue beaucoup plus désinvolte : si Descartes renonce à publier son *Monde*, c'est avant tout pour avoir la paix qu'il désire, ne pas être ennuyé par des polémiques et tracasseries qu'il juge néfastes. On semble loin, ici, du personnage pieux et soumis que pouvait évoquer le texte précédent.

Tous ces rappels permettent de restituer la situation délicate, presque contradictoire, qui mène Descartes à la décision de publier le *Discours*. Dans les années 1630, Descartes a incontestablement des choses à dire, et nous savons que beaucoup de ses amis et correspondants le pressaient de publier. Il a aussi conscience que le temps passe, et lui est compté : c'est déjà une chance, au XVIIe siècle, d'avoir vécu quarante années. Mais il ne veut en aucun cas s'opposer à l'autorité de l'Église, et s'inquiète sans doute des conséquences de la diffusion de ses thèses. La publication de 1637 apparaît comme une tentative pour surmonter ces exigences contradictoires[1]. Elle sera d'ailleurs, de ce point de vue, un plein succès : le *Discours* marque le début de treize années éditorialement fécondes, comme si ces contradictions s'étaient résorbées avec le passage à l'acte de publication, et que s'était alors imposée à Descartes la nécessité de rattraper le temps perdu. Sans

---

1. Nous ne parlerons pas de la (ou des) date(s) de rédaction du *Discours*. Il s'agit d'une question âprement disputée par les spécialistes, et qui n'a toujours pas trouvé de réponse entièrement satisfaisante : a-t-il été écrit d'un seul jet, et quand, ou s'agit-il d'un montage de textes composés à différentes époques ? On aura une bonne idée de la nature de ces débats en lisant les deux articles de G. Gadoffre (« La Chronologie des six parties ») et E. M. Curley (« Cohérence ou incohérence du *Discours* ? ») donnés au début de l'ouvrage collectif *Le Discours et sa méthode*. En mettant à part le cas, complexe, des *Essais* de la méthode, nous aurions pour notre part tendance à penser que les six parties du *Discours* ont été rédigées, ou en tout cas reprises ensemble, peu avant la publication. Sur les circonstances de publication du *Discours* proprement dites, voir la synthèse de J.-R. Armogathe, « La Publication du *Discours* et des *Essais* », p. 17-25 dans le collectif *Descartes : il metodo e i saggi*.

être effrénée, l'activité éditoriale de Descartes durant les treize années qui séparent la publication du *Discours* de sa mort fut ainsi importante.

Deux traits supplémentaires achèveront de caractériser ce *Discours*. L'ouvrage est tout d'abord écrit en français. S'il est vrai qu'il n'est pas le premier dans ce cas, il reste que cela le singularise par rapport à la très grande majorité des livres de l'époque qui étaient généralement publiés en latin, c'est-à-dire dans la langue comprise essentiellement par les savants et les ecclésiastiques. Publier en français est donc incontestablement un acte à portée politique, au sens large du terme : il s'agit d'atteindre un public plus étendu que celui des seuls spécialistes reconnus et institutionnellement consacrés. Mais il ne faut pas se méprendre, comme on le fait encore parfois, sur la nature de cet élargissement. Il est erroné de parler d'une intention « démocratique » de Descartes ou de voir dans le *Discours* un livre destiné au peuple, à la masse : au XVIIe siècle, le « peuple » n'a jamais été à l'école et ne sait pas lire [1]. Le public nouveau visé par Descartes est plutôt celui des « honnêtes hommes », des bourgeois et des femmes aisées, puisque ces dernières n'avaient alors pas accès à l'instruction latine [2]. Quand Molière, quelques années plus tard, fera son métier d'auteur satirique en se moquant des « femmes savantes », il prendra aussi à sa manière acte du succès de cette entreprise cartésienne en rédigeant la tirade bougonne de Chrysale sur ces femmes qui se consacrent désormais à la philosophie (acte II, scène 7) et en faisant

---

1. Les statistiques sont très incomplètes, mais on estime que vers 1680, 80 % des Français étaient « globalement analphabètes », c'est-à-dire ne savaient pas signer leur nom. Ce taux était sans doute encore plus élevé dans les années 1630.   2. Voir *Lettre au P. Vatier* du 22 février 1638, AT, t. I, p. 560 ; Alquié, t. II, p. 27 ; texte 1.10 dans le Dossier en fin de volume : « ...un livre [le *Discours*] où j'ai voulu que les femmes mêmes pussent entendre quelque chose ».

parler ses héroïnes avec les mots de Descartes (acte III, scène 2)[1].

Toutes ces remarques conduisent à une conclusion : le *Discours de la méthode* ne constitue en aucun cas, comme voudront l'être par exemple en 1644 les *Principes de la philosophie*, une « somme », un exposé complet et détaillé de la pensée de Descartes. Il s'agit plutôt d'une sorte de prudent ballon d'essai, ou, si l'on veut, de prospectus destiné à rendre désirable la grande œuvre qu'il annonce. Comme dans un prospectus, et comme souvent aussi les philosophes dans leur premier grand ouvrage[2], Descartes dit tout, et de façon presque haletante, comme s'il y avait urgence à enfin « faire voir » les résultats auxquels il est parvenu : les thèmes et les propositions se succèdent à vive allure, et on retrouve ainsi dans le *Discours* les thèses essentielles du cartésianisme[3]. Mais les détails, les nuances, les explications même, sont souvent remis à plus tard. En conséquence, il ne faut surtout pas perdre de vue que les parties théoriques du *Discours* sont avant tout des résumés, c'est-à-dire des présentations condensées, voire sommaires, de thèses exposées de façon beaucoup plus développée dans d'autres œuvres de Descartes : c'est vrai pour la méthode de la *Seconde partie* dont nous allons voir qu'elle renvoie aux *Règles pour la direction de l'esprit* ; c'est vrai pour la métaphysique de la *Quatrième partie*, qui abrège ce qu'on retrouvera dans les *Méditations*[4] et la *Première partie*

---

1. Pour une analyse détaillée de la portée rhétorique du choix de la langue française par Descartes, voir M. Fumaroli, « *Ego scriptor* : rhétorique et philosophie dans le *Discours de la méthode* », p. 31-46 dans le collectif *Problématique et réception du Discours de la méthode et des Essais*.   **2.** Qu'on pense à la *Recherche de la vérité* de Malebranche, ou à la *Phénoménologie de l'Esprit* de Hegel.   **3.** A la notable exception de la théorie dite de la « création des vérités éternelles » qu'on trouve dans trois *Lettres à Mersenne* du début 1630 (mais ce silence n'est pas propre au seul *Discours*). Sur le cas, plus difficile, de la liberté, voir p. 48-50.   **4.** Voir l'*Entretien avec Burman*, AT, t. V, p. 153, édition J.-M. Beyssade, Paris, PUF, 1981, p. 44 : « Cette partie du *Discours* [la quatrième] renferme un abrégé des *Méditations*, et c'est par elles qu'on doit l'éclaircir. »

des *Principes de la philosophie* ; c'est vrai pour la physique et la biologie de la *Cinquième partie*, qui reprennent les développements du *Monde*, de l'*Homme*, et annoncent les parties II, III et IV des *Principes*. Le lecteur désireux d'étudier la philosophie de Descartes devra donc prendre garde à ne pas chercher dans le *Discours* plus ou autre chose que ce qu'il peut y trouver : il s'agit d'un texte extrêmement commode pour prendre contact avec les principales thèses de cette philosophie (au moins dans l'état où elle se trouvait en 1637) : mais cet ouvrage ne permet en aucun cas d'approfondir ces thèses et de comprendre tout ce qui les justifie.

2. *Grandir et douter* (sur la Première *et la* Seconde partie)

Le consensus élogieux réalisé autour du *Discours* est aussi une façon de masquer, ou de récupérer, la violence qui émane de ce texte, et notamment de ses deux premières parties. Car le *Discours* est aussi l'ouvrage offensif, hypercritique parfois, d'un jeune esprit conscient de ses capacités et sûr de sa force, impertinent, hautain par moments, qui s'est révolté un jour pour dire sans haine mais implacablement qu'il rejetait ses maîtres et le savoir qu'ils lui avaient transmis, et pour imposer son désir de tout recommencer par lui-même : les enseignants jésuites de la Flèche qui lurent ce *Discours* durent avoir l'impression d'avoir couvé un bien vilain petit canard. C'est également la raison pour laquelle cet ouvrage demeure en définitive un texte délicat à manier pour les enseignants en philosophie, qui, s'ils souhaitent conserver les prérogatives qui leur sont reconnues, ont peut-être intérêt à en adoucir certains aspects et à canaliser l'étonnante énergie qui s'en dégage. Il s'agit tout de même d'un livre qui, si on le prend au sérieux, engage ses jeunes lecteurs à refuser l'autorité intellectuelle de leurs maîtres, et les pousse à avoir l'audace (ou, du point de vue du professeur, la « naïveté ») de penser par eux-mêmes. Les enseignants sont-ils nombreux à souhaiter que leurs élèves et étudiants appliquent vraiment ces consignes ?

Descartes veut donc rompre avec son passé intellectuel : il est ici question de grandir, c'est-à-dire, comme le dit explicitement le *Discours*, d'en finir avec une enfance tenue pour le moment de la vie où se constituent les multiples préjugés dont il faut à présent se libérer :

> « pour ce que nous avons tous été enfants avant que d'être hommes, et qu'il nous a fallu longtemps être gouvernés par nos appétits et nos précepteurs, qui étaient souvent contraires les uns aux autres, et qui ni les uns ni les autres ne nous conseillaient peut-être pas toujours le meilleur, il est presque impossible que nos jugements soient si purs ni si solides qu'ils auraient été, si nous avions eu l'usage entier de notre raison dès le point de notre naissance, et que nous n'eussions jamais été conduits que par elle » (*Discours, Seconde partie*, p. 81-82).

Et les *Principes de la philosophie* (I, art. 71) renchériront quelques années plus tard : « Que la première et principale cause de nos erreurs sont les préjugés de notre enfance. »

Prendre au sérieux et pousser autant que possible cette hypothèse de lecture qui voit dans le *Discours* une histoire sur ce qu'est grandir, en finir avec l'enfant en moi et parvenir à la maturité intellectuelle, peut aider à s'orienter dans ce texte touffu. Sans préjuger de bien d'autres développements envisageables, nous indiquerons trois façons de parcourir cette piste de lecture, en laissant au lecteur le soin de les appliquer à la lettre de la narration cartésienne [1].

• *De l'enfance à l'âge adulte, il y a des moments de crise et des phases d'apprentissage.* Parmi les moments

---

[1]. On pourra ici s'aider des réflexions de H. Gouhier, *La Pensée métaphysique de Descartes*, ch. 2.

de crise figure celui qu'on identifie, souvent de manière rétrospective, comme le « commencement », le premier pas vers la vie d'adulte, ce moment de rupture violente avec le passé. Il marque le début d'années de bohème, d'expériences à la fois indécises et enrichissantes. Ce sont des années où on promène sur le monde un regard à la fois grave, voire inquiet — est-ce vraiment ici et ainsi qu'il va falloir vivre ? — et distancié, ou nuancé d'une touche d'ironie : on n'est pas dupe de ces comédies du « grand livre du monde » qu'on est en train de parcourir. D'autres crises, d'autres interrogations, lancinantes ou ponctuelles, scandent ce parcours : ne me suis-je pas trompé ? Faut-il continuer en cette voie ? Où tout cela va-t-il m'emmener ?

• *C'est difficile de grandir.* Au départ, tout semble aller de soi : on quitte un jour dans l'euphorie les lieux où on a vécu jusque-là [1], et on s'engage avec assurance vers un avenir prometteur. Mais l'indépendance nouvelle se conquiert souvent moins bien ou moins vite que prévu ; les difficultés, les effets de résistance rencontrés finissent par amenuiser la détermination initiale. En finir avec l'enfant en moi est une tâche ardue, qui n'est peut-être jamais vraiment achevée [2].

• *On finit toujours par ressembler à ceux qu'on a rejetés.* On se rend compte un jour qu'on est devenu « grand ». C'est assurément un progrès. Mais le résultat ne correspond pas forcément à ce qu'on envisa-

---

1. Chez Descartes, ce moment d'euphorie initiale correspond à la nuit du 10 au 11 novembre 1619, où il fit trois songes après avoir « découvert les fondements d'une science admirable ». Voir la narration de cet épisode, qui demeure assez mystérieux dans le détail, dans *La Vie de Monsieur Descartes* d'Adrien Baillet, Livre II, ch. 1, p. 81-86 (ou bien AT, t. X, p. 182-188 ; Alquié, t. I, p. 52-61). 2. Voir *Principes de la philosophie*, I, art. 72 : « ... bien que nous remarquions que les jugements que nous avons faits lorsque nous étions enfants sont pleins d'erreurs, nous avons assez de peine à nous en délivrer entièrement, et néanmoins il est certain que si nous manquons à nous souvenir qu'ils sont douteux, nous sommes toujours en danger de retomber en quelque fausse prévention ».

geait : être adulte, c'est aussi réaliser qu'un adulte est quelqu'un de plus fragile et de moins accompli que ce qu'on s'en représentait étant enfant. Être adulte, c'est également se retrouver parent, maître, éducateur, conseiller, etc., c'est-à-dire occuper les places de ceux qu'on a critiqués, remplir les fonctions dont on s'est moqué, reproduire des mimiques et des postures auparavant détestées : nous voilà bardés de certitudes à défendre, soucieux de notre autorité, fermés à la critique, peu disponibles aux sollicitations du monde, plus préoccupés parfois de l'acquis que de l'avenir. Reste alors à essayer de ne pas (trop) mal vieillir en conservant un soupçon de l'enthousiasme des jeunes années : être parent, maître, éducateur, conseiller, etc., certes, mais au moins l'être (un peu) mieux que ceux que j'ai remplacés !

L'opération emblématique de cet arrachement cartésien à l'enfance et aux « préjugés » qu'elle a inscrits en nos esprits est le doute. Les *Principes de la philosophie* relieront explicitement les deux thèmes :

« Comme nous avons été enfants avant que d'être hommes, et que nous avons jugé tantôt bien et tantôt mal des choses qui se sont présentées à nos sens lorsque nous n'avions pas encore l'usage entier de notre raison, plusieurs jugements ainsi précipités nous empêchent de parvenir à la connaissance de la vérité et nous préviennent de telle sorte qu'il n'y a point d'apparence que nous puissions nous en délivrer, si nous n'entreprenons de douter, une fois en notre vie, de toutes les choses où nous trouverons le moindre soupçon d'incertitude » (*Principes de la philosophie*, I, art. 1).

A la lecture du *Discours*, on prendra garde à distinguer deux figures du doute souvent confondues ou mêlées sous la dénomination canonique de « doute cartésien ». Le doute est tout d'abord une posture globale, presque une façon d'exister, proche de certaines formes de dandysme intellectuel. C'est le doute généralisé et permanent de celui qui fait profession d'être

« dubitatif », soupçonneux face aux certitudes de tous ordres, parce qu'il a compris qu'en matière de vérité, les choses ne sont pas si simples qu'on le croit à l'accoutumée : les théories professées avec le plus d'assurance résistent parfois mal à l'examen ; il y a des évidences communément acceptées, des certitudes affichées qui finissent par se révéler hypothétiques, voire mal fondées ; et les voyages nous apprennent que ce qui nous paraît spontanément bien ou vrai est considéré ailleurs de façon toute différente. Dans la vie de Descartes, la période du « doute » ainsi entendu s'étendit de la fin des études et de la décision de trouver la vérité (1616-1619) au moment d'élaboration de la métaphysique (probablement 1629-1630) ; dans le *Discours*, c'est ce qui est narré dans les trois premières parties — la troisième traitant le cas particulier des rapports du doute et de la morale (voir p. 41-43).

La seconde figure du doute apparaît seulement au début de la *Quatrième partie* du *Discours*. Il s'agit ici d'un doute ponctuel [1], d'un outil méthodologique poussé aussi loin et de façon aussi exigeante que possible pour tester de façon systématique la validité de tous les énoncés que nous recevons. Ce doute-là est destructeur, extrême, hyperbolique, c'est-à-dire qu'il serait exagéré et inopportun hors du moment de vérité métaphysique qu'il inaugure en un pari risqué : ou bien tout se révèle douteux, ou bien ce mouvement même du doute poussé à l'extrême me conduit à une vérité indubitable qui l'annule [2]. Ce doute sera présenté de façon détaillée en 1641 dans la *Première méditation*. La *Quatrième partie* du *Discours* en donne une version

---

1. Le début de la *Première méditation* et l'article 1 de la *Première partie* des *Principes de la philosophie* précisent qu'on doit se livrer à un tel doute « une fois en sa vie ».   2. C'est le cas, on le sait, du fameux *cogito* qui pourrait de ce point de vue tout aussi bien s'énoncer « je doute donc je suis ».

adoucie[1], parce que Descartes craignait que ce doute radical se révélât plus nocif qu'utile pour le public philosophiquement peu averti auquel était destiné le *Discours*[2].

En revenir au thème de l'enfance aide à saisir la différence et l'articulation entre ces deux figures cartésiennes du doute. La première figure est celle d'un doute qu'on dirait aujourd'hui adolescent, celui des années d'errance : devenir « doutant », c'est donner congé à ses maîtres, prendre ses distances par rapport à ce qu'ils nous ont enseigné, parcourir le monde et prendre acte de la formidable diversité d'opinions qu'on y rencontre. On peut, en ce sens, demeurer adolescent toute sa vie. On peut aussi un jour décider de tout faire pour sortir, si c'est possible, de cette situation. C'est alors la seconde figure du doute, qui est comme une accentuation de la première et donne lieu à un moment de crise dont il va s'avérer que c'est le moment de vérité. Elle permettra l'adieu définitif à l'enfance et le passage à l'âge adulte, celui du savoir affermi et assuré qui se développera en prenant appui sur ce point d'Archimède[3] atteint au cœur même du doute : le *cogito*. Les deux figures du doute sont donc distinctes mais solidaires : la seconde est l'aboutissement de la première qui la prépare. Et c'est bien le

---

1. C'est-à-dire que Descartes ne mentionne pas dans le *Discours* les deux étapes ultimes et radicales du doute tel que le met en scène la *Première méditation* : les hypothèses dites du « Dieu trompeur » et du « malin génie ». **2.** Outre les mises en garde contenues dans le *Discours* (p. 84-85, 108), voir par exemple *Lettre à Mersenne* du 27 février 1637, AT, t. I, p. 350 ; Alquié, t. I, p. 522 ; texte 1.3 dans le Dossier en fin de volume ; *Préface au lecteur* des *Méditations*, AT, t. VII, p. 7 ; Alquié, t. II, p. 390 ; texte 1.13 dans le dossier en fin de volume ; *Réponses aux quatrièmes objections*, AT, t. IX, p. 191 ; Alquié, t. II, p. 692. **3.** Voir le début de la *Seconde méditation*, AT, t. IX, p. 19 ; Alquié, t. II, p. 414 : « Archimède, pour tirer le globe terrestre de sa place et le transporter en un autre lieu, ne demandait rien qu'un point qui fût fixe et assuré. Ainsi j'aurai droit de concevoir de hautes espérances, si je suis assez heureux pour trouver seulement une chose qui soit certaine et indubitable. »

doute, au singulier, qui apparaît rétrospectivement comme un moment de la vie de l'esprit, à la fois inévitable, décisif et appelé à être dépassé par celui qui veut grandir et trouver la vérité.

3. *La méthode (sur la* Seconde partie*)*

Le titre complet du *Discours* promet beaucoup : *Discours de la méthode pour bien conduire sa raison et chercher la vérité dans les sciences, plus la Dioptrique, les Météores et la Géométrie qui sont des Essais de cette Méthode*. Un autre titre un moment envisagé par Descartes était lui aussi très engageant :

« Le projet d'une science universelle qui puisse élever notre nature à son plus haut degré de perfection. Plus la Dioptrique, les Météores et la Géométrie, où les plus curieuses matières que l'Auteur ait pu choisir pour rendre preuve de la science universelle qu'il propose sont expliquées en telle sorte que ceux mêmes qui n'ont point étudié les peuvent entendre » (*Lettre à Mersenne* de mars 1636, AT, t. I, p. 339 ; Alquié, t. I, p. 516 ; texte 1.1 dans le Dossier en fin de volume).

Et la définition de la méthode donnée dans les *Règles pour la direction de l'esprit* ne peut que renforcer les attentes suscitées :

« par méthode [j'entends] des règles certaines et faciles par l'observation exacte desquelles on sera sûr de ne jamais prendre une erreur pour une vérité, et, sans y dépenser inutilement les forces de son esprit, mais en accroissant son savoir par un progrès continu, de parvenir à la connaissance vraie de tout ce dont on sera capable » (*Règle* IV, AT, t. X, p. 371-372 ; Alquié, t. I, p. 91).

Le projet est donc aussi ambitieux que les résultats annoncés sont alléchants, et comme nous le disions, on peut par contraste trouver décevants le laconisme et la simplicité des quatre « préceptes » qui font la « méthode » telle qu'elle est exposée dans la *Seconde partie* du *Discours*. Cette déception se fonde sur une série de reproches adressés à cette « méthode », qui sont autant de malentendus à éviter d'emblée.

Nous avons déjà parlé du premier malentendu, celui qui consiste à regretter la trivialité de ces règles. Notre familiarité avec les thèses cartésiennes nous empêche aujourd'hui d'apercevoir qu'elles représentent en fait une considérable rupture avec les façons de penser et de procéder de la majorité des savants de l'époque. On s'en rendra compte de façon plaisante en ouvrant les *Questions inouïes* du Père Marin Mersenne [1], l'ami de Descartes, qui était une personnalité importante et reconnue de l'Europe savante des années 1630. La première de cette série de trente-sept questions auxquelles Mersenne répond à chaque fois en quelques pages est : « Si l'art de voler est possible, et si les hommes peuvent voler aussi haut, aussi loin et aussi vite que les oiseaux ? » ; la question quatre : « La perspective est-elle plus difficile et de plus grande étendue que la musique ? » ; la question onze : « Peut-on savoir si la terre se meut tous les jours autour de son axe, et chaque année autour du Soleil, et s'il y a des habitants dans les astres ? » ; la question vingt-quatre : « Peut-on savoir [...] à quelle heure, à quel jour, en quel mois et en quelle année le monde a commencé, et quand il finira ? » ; la question vingt-cinq : « Peut-on dire combien chaque homme a de cheveux dans la tête, et concevoir le nombre infini ? [2] » ; la question trente-trois : « Peut-on apprendre à composer en musique dans l'espace d'une heure, ou dans moins de temps ? » ; etc. On ne sait pas trop ce qui pour nous,

---

1. Le texte date de 1634. Il a été réédité chez Fayard, dans la collection « Corpus des Œuvres de philosophie en langue française », en 1985. **2.** On s'en voudrait de laisser ici la curiosité du lecteur insatisfaite : la réponse de Mersenne à cette vingt-cinquième question est que « l'infini trouble nos raisonnements par l'excès de sa grandeur » ; et, au terme d'un calcul, que « la place des cheveux de la plus grosse tête n'a pas plus d'un pied en carré, par conséquent on ne peut avoir tout au plus que 186 624 cheveux, dont on peut ôter la moitié pour la tête de plusieurs ».

modernes, est ici le plus « inouï », l'aspect déconcertant des questions posées, ou bien l'hétérogénéité conceptuelle et disciplinaire de ces interrogations que rien ne relie. Ce qui apparaît donc, à nos yeux au moins, comme un fatras sans méthode, permet de réaliser le profond changement des mentalités et pratiques scientifiques amené par Descartes lorsqu'il décida de « ne jamais recevoir aucune chose pour vraie qu'il ne la connût évidemment être telle » et de « conduire par ordre ses pensées, en commençant par les objets les plus simples et les plus aisés à connaître » (*Discours, Seconde partie,* p. 88-90).

Un second reproche est envisageable : ces quatre règles sont bien trop rapides, allusives, laconiques. C'est vrai, mais il n'y a pas lieu de s'en étonner : ces pages du *Discours* présentent avant tout un résumé de la réflexion beaucoup plus fine et développée[1] entreprise quelques années plus tôt avec les *Règles pour la direction de l'esprit*. Une étude poussée de la « méthode » présentée dans la *Seconde partie* du *Discours* et des principales notions autour desquelles elle s'organise suppose donc un retour à ces *Règles*[2]. On le vérifiera par exemple avec la notion d'ordre, de toute évidence centrale pour la méthode du *Discours*[3], mais qui n'y est jamais définie ni précisée : il faudra se reporter aux *Règles pour la direction de l'esprit*, notamment les règles quatre à sept, douze et quatorze pour trouver

---

1. Voir la *Lettre au P. Vatier* du 22 février 1638, AT, t. I, p. 559 ; Alquié, t. II, p. 25-26 ; texte 1.10 dans le Dossier en fin de volume : « ... mon dessein n'a point été d'enseigner toute ma Méthode dans le discours où je la propose, mais seulement d'en dire assez pour faire juger que les nouvelles opinions [contenues dans les *Essais*] n'étaient point conçues à la légère ». 2. Ce qui n'exclut pas qu'on découvre, dans ce mouvement de « retour », des différences entre la méthode des *Règles* et celle qui est présentée, puis mise en œuvre, dans le *Discours*. 3. Le mot « ordre » lui-même est relativement rare dans le *Discours* : treize occurrences, dont seulement neuf au sens de « disposition organisée des pensées et des thèses ». Mais sur ces neuf occurrences, cinq se trouvent concentrées dans le passage de la *Seconde partie* qui énonce et commente la « méthode » (p. 88-92).

des analyses plus poussées sur ce concept essentiel et difficile [1].

Le troisième reproche est celui auquel il importe le plus de répondre, parce qu'il semble le mieux fondé : ces quatre règles sont en définitive trop vagues pour être applicables de manière concrète et efficace à des questions forcément particulières, qui réclament, en tant que telles, qu'on les aborde de façon spécifique. Ainsi, cette « méthode générale » [2] serait au mieux inopérante, au pire mal adaptée à la tâche qu'elle prétend pourtant permettre de mener à bien : chercher la vérité dans tous les domaines où on peut prétendre l'atteindre philosophiquement.

Il faut en premier lieu comprendre que cette généralité assumée de la méthode n'est pas l'indice d'une négligence ou d'une désinvolture cartésiennes, mais constitue une thèse philosophique. Elle indique l'unité du savoir tel que Descartes entend le bâtir, et, plus encore, ce qui est au principe de cette unité : l'esprit, qui applique partout et identiquement sa puissance de penser dont la première manifestation est justement cette capacité d'investigation ordonnée qu'on appelle méthode. La thèse avait été posée dès le début de la première des *Règles pour la direction de l'esprit* :

« Toutes les sciences ne sont en effet rien d'autre que l'humaine sagesse, qui demeure toujours une et identique à elle-même, quelque différents que soient les objets auxquels elle s'applique, et qui ne reçoit pas d'eux plus de diversité que n'en reçoit la lumière du soleil de la variété des choses qu'elle éclaire » (AT, t. X, p. 360 ; Alquié, t. I, p. 78).

---

1. Sur l'ordre, et notamment les rapports entre l'ordre de découverte et l'ordre d'exposition de la connaissance, on pourra également consulter un autre texte important : les *Réponses aux secondes objections*, AT, t. IX, p. 121-123 ; Alquié, t. II, p. 581-585. **2.** Descartes, *Lettre à X* d'avril ou mai 1637, citée p. 34, note 1. Voir aussi *Lettre à Mersenne* du 27 février 1637, AT, t. I, p. 349 ; Alquié, t. I, p. 522 ; texte 1.3 dans le Dossier en fin de volume : la méthode « s'étend à toutes sortes de matières ».

Le début de la *Règle six* l'avait redit de façon plus technique :

> « Toutes les choses peuvent se disposer sous forme de séries, non point en tant qu'on les rapporte à quelque genre d'être, comme ont fait les philosophes qui les ont réparties en leurs catégories, mais en tant qu'elles peuvent se connaître les unes à partir des autres en sorte que, chaque fois qu'il se présente une difficulté, nous puissions aussitôt nous rendre compte qu'il sera utile d'en résoudre d'autres au préalable, lesquelles, et dans quel ordre » (AT, t. X, p. 381 ; Alquié, t. I, p. 101-102).

Ce n'est donc pas la nature présumée du réel ou de l'objet (une cosmologie préexistante ou les « catégories » dont parle ce dernier texte) qui décide en l'imposant de la manière dont les choses sont disposées dans la science : la structure de cette science, que Descartes appelle « ordre », est à l'inverse suscitée par la manière que nous avons de penser les choses. En ce sens on peut parler d'une « révolution cartésienne » (qui n'est pas loin d'être « copernicienne » au sens où Kant l'entendra cent cinquante ans plus tard) : c'est la pensée, et non plus l'objet pensé, qui organise le savoir et en définit les modalités de constitution. C'est l'esprit qui fait la loi, et cette loi s'appelle méthode.

Mais cet esprit législateur ne versera pas pour autant dans l'impérialisme de celui qui oublierait que les objets ordonnés par la méthode ont des caractéristiques propres, et réclament en conséquence d'être abordés de façon particulière : on n'étudie pas Dieu, infini, comme un esprit fini, et on ne peut pas considérer ces deux choses qui pensent, immatérielles, objets de la métaphysique[1], comme on le fera en physique pour les objets matériels. La généralité de cette première présentation de la méthode se légitime donc aussi dans la mesure où cette énumération de

---

1. Sur la définition cartésienne de la « métaphysique », voir p. 53.

quatre règles ne prétend pas *tout* dire de cette méthode : elle fournit une armature assurément opératoire dans tous les secteurs du savoir philosophique et quel que soit l'objet qu'on y considère, mais qui n'interdit en rien de spécifier les procédures de recherche en fonction des exigences propres du domaine qu'on investit, ou des caractéristiques de l'objet considéré. La généralité des quatre préceptes du *Discours* signifie donc aussi que Descartes veut éviter toute intransigeance ou tout rigorisme méthodologique (sur le mode du : « mes quatre règles, seulement mes quatre règles et rien d'autre surtout que mes quatre règles »), et veut au contraire donner à sa méthode autant de souplesse et d'adaptabilité que possible.

Un quatrième reproche pourrait enfin servir à résumer les trois précédents, en remettant en cause la nature même de la méthode cartésienne. Si on attend d'une « méthode » en philosophie une sorte de « mode d'emploi » détaillé pour bien penser, une série de règles ou de protocoles toujours applicables et qui produiraient mécaniquement du savoir correctement formé, on ne peut en effet qu'être déçu par la méthode de Descartes. Et il n'y a pas lieu d'invoquer en l'occurrence le caractère abrégé des textes du *Discours* : quoiqu'un peu plus développées, les « règles » des *Règles pour la direction de l'esprit* ne satisferont pas davantage une semblable attente.

Une *Lettre à Mersenne* du début 1637, où Descartes discute avec son correspondant du titre de l'ouvrage alors à paraître, est ici éclairante :

> « Je ne mets pas *Traité de la méthode*, mais *Discours de la méthode*, ce qui est le même que *Préface* ou *Avis touchant la méthode*, pour montrer que je n'ai pas dessein de l'enseigner, mais seulement d'en parler. Car, comme on peut voir de ce que j'en ai dit, elle consiste plus en pratique qu'en théorie ; et je nomme les traités suivants des *Essais de cette méthode*, parce que je prétends

que les choses qu'ils contiennent n'ont pu être trouvées sans elle, et qu'on peut connaître par eux ce qu'elle vaut[1]. »

Ce texte décisif atteste tout d'abord que nous, modernes, ne respectons pas le projet de Descartes quand nous appelons *Discours de la méthode* et lisons à part les seules six « parties » de nos éditions classiques. Pour Descartes, le volume intitulé *Discours* était, indissociablement, composé des six parties *et* des *Essais* qui, plus encore que les résultats de la méthode, servaient à montrer la méthode en acte[2]. On apprend aussi que « la méthode consiste plus en pratique qu'en théorie ». Cette affirmation congédie définitivement la conception de la méthode comme mode d'emploi, ensemble de règles pour bien penser qui seraient indifférentes au contenu de cette pensée. La méthode n'est pas entendue comme un préalable à la science ; elle est avant tout la prise de conscience de ce qui fait la scientificité de la science,

---

1. *Lettre à Mersenne* du 27 février 1637, AT, t. I, p. 349 ; Alquié, t. I, p. 521-522 ; texte 1.3 du Dossier en fin de volume. Voir aussi *Lettre à X* d'avril ou mai 1637, AT, t. I, p. 370 ; Alquié, t. I, p. 540 ; texte 1.7 dans le Dossier en fin de volume : « Je propose [...] une méthode générale, laquelle véritablement je n'enseigne pas, mais je tâche d'en donner des preuves par les trois Traités suivants, que je joins au *Discours* où j'en parle [...] Il me semble par là donner occasion de juger que j'use d'une méthode par laquelle je pourrais expliquer aussi bien toute autre matière, en cas que j'eusse les expériences qui y seraient nécessaires et le temps pour les considérer. »   2. Mais à défaut d'être fidèle à l'intention de Descartes, ce parti pris éditorial qui est le nôtre semble tout à fait justifiable d'un point de vue contemporain. Voir en ce sens J.-M. Beyssade, « *Certitude et fondement...* », p. 341 dans l'ouvrage collectif *Le Discours et sa méthode* : « Si l'ouvrage de 1637 a gardé une certaine efficace, ce n'est pas d'abord par les trois *Essais* de la méthode, qui certes mettent bien si l'on veut la méthode à l'épreuve, mais en l'appliquant et non pas en l'interrogeant. Sauf pour quelques spécialistes, ces trois traités scientifiques ont perdu leur saveur originale. Ils ont été assimilés. Ce qui était faux [...] dort au cimetière des erreurs dépassées. Ce qui était vrai est intégré, comme bien connu [...] Dans le *Discours*, il y a autre chose : ce que Descartes appelle les fondements. » Pour une analyse des modalités et de la portée intellectuelle du mouvement qui a fini par séparer le *Discours* des *Essais*, voir l'introduction de F. de Buzon à son édition du *Discours*, Paris, Gallimard, 1991, p. 46-59.

et la vérité du vrai. Le mouvement qui, dans la *Quatrième partie* du *Discours*, permet de passer du fameux
« *cogito* » (« je pense donc je suis ») à la « règle générale » que nous appelons parfois critère de la vérité
(« les choses que nous concevons fort clairement et fort
distinctement sont toutes vraies ») est ici exemplaire
de cette subtile relation entre savoir et règles qui fait
la saveur propre de la méthode cartésienne. Je sais,
d'une science certaine, que le « cogito » est vrai. Mais
comment le sais-je, quelle est la marque de la présence
à ma pensée de ce type remarquable de pensées qui
s'imposent à moi comme vraies ? Ce sont deux qualités
particulières de cette pensée, sa clarté et sa distinction[1]. J'en conclus que je peux « prendre pour règle
générale que les choses que nous concevons fort clairement et fort distinctement sont toutes vraies ». Il s'agit
à la fois d'une nouvelle vérité, et d'une nouvelle règle,
dont l'application va me permettre d'atteindre des
vérités elles-mêmes nouvelles, sur le modèle de la
chaîne proposé dans la *Seconde partie* du *Discours* :
« chaque vérité que je trouvais étant une règle qui me
servait après à en trouver d'autres ». La méthode, c'est
ainsi le savoir en acte, en train de s'édifier tout en
prenant conscience des conditions de cette édification.
C'est pourquoi Descartes évite les deux écueils entre
lesquels ont à louvoyer tous ceux qui se soucient de
méthode : le formalisme creux de règles totalement
dissociées des contenus auxquels elles s'appliquent ; et
la prolifération anarchique de contenus dont rien n'organise les rapports. C'est aussi pourquoi Descartes
échappe de façon magistrale à une classique objection
sceptique, qui n'est jamais qu'une version savante de
l'histoire de l'œuf et de la poule : si la méthode est
selon vous nécessaire pour trouver la vérité, quelle a

---

1. Sur le sens technique de ces deux notions, voir ci-dessous *Seconde
partie*, note 3, p. 89.

été votre méthode pour trouver la vraie méthode[1] ?
Pour montrer l'inanité de cet apparent cercle logique et
la vacuité de cette disjonction factice et prétendument
paralysante entre les règles de méthode et les énoncés
vrais, Descartes met en scène ce que le philosophe et
historien de l'art Erwin Panofsky nommera dans un
autre contexte la « situation organique[2] » caractérisant
la « spirale de la méthode[3] » : nous pouvons connaître,
sans piétiner ni tourner en rond, par un mouvement
continu de va et vient des règles aux énoncés et des
énoncés aux règles, qui permet leur enrichissement
mutuel et fait progresser le savoir.

4. Mathesis *et méthode (sur la* Seconde partie*)*

« Ces longues chaînes de raisons toutes simples et faciles, dont
les géomètres ont coutume de se servir pour parvenir à leurs plus
difficiles démonstrations, m'avaient donné occasion de m'imaginer
que toutes les choses qui peuvent tomber sous la connaissance des
hommes s'entresuivent en même façon » (*Discours, Seconde partie,* p. 90).

Ce texte suit l'énoncé des quatre « préceptes » de la
Seconde partie du *Discours*. Il indique nettement que
les mathématiques — c'est-à-dire essentiellement
l'arithmétique et la géométrie[4] — fournissent un

---

1. Au paragraphe 26 (dans le découpage le plus courant) du *Traité de la
réforme de l'entendement*, Spinoza met en scène une telle objection. Il y
répond d'une manière qui nous semble très fidèle à Descartes dans l'inspiration : voir texte 2.1 dans le Dossier en fin de volume.   2. « L'Histoire
de l'art est une discipline humaniste », p. 37 dans *L'Œuvre d'art et ses
significations*, Paris, Gallimard, 1969.   3. L'expression est de B. Teys-
sèdre, « Iconologie : réflexions sur un concept d'Erwin Panofsky », p. 375
dans *Revue philosophique*, 1964.   4. Sans oublier toutefois qu'au
XVIIe siècle, la définition des mathématiques est beaucoup plus large que la
nôtre. Voir la *Règle IV* des *Règles pour la direction de l'esprit*, AT, t. X,
p. 377 ; Alquié, t. I, p. 98 : « On appelle parties de la mathématique non
seulement [arithmétique et géométrie] mais aussi l'astronomie, la musique,
l'optique, la mécanique et beaucoup d'autres sciences » : ce sont, comme
le précise la suite du texte, des sciences qui ont pour objet « les choses dans
lesquelles c'est l'ordre ou la mesure que l'on examine ».

modèle applicable à l'ensemble des objets de connaissance et occupent une place privilégiée dans l'exercice de la « méthode ». Quelques précisions sont toutefois nécessaires pour comprendre comment les mathématiques jouent ce rôle.

En premier lieu, ce ne sont pas les *contenus* des mathématiques comme discipline déjà constituée qui importent pour Descartes. Ce dernier, quoique assurément bon mathématicien, mettait même une certaine coquetterie à expliquer qu'il ne prétendait en aucun cas faire progresser cette discipline en lui apportant de nouveaux résultats.

« Il y a déjà plus de quinze ans que je fais profession de négliger la géométrie, et de ne m'arrêter jamais à la solution d'aucun problème, si ce n'est à la prière de quelque ami [1]. »

« Pour ce qui est des nombres, je n'ai jamais prétendu d'y rien savoir, et je m'y suis si peu exercé que je puis dire avec vérité que bien que j'aie autrefois appris la division et l'extraction de la racine carrée, il y a toutefois plus de dix-huit ans que je ne les sais plus, et si j'avais besoin de m'en servir, il faudrait que je les étudiasse dans quelque livre d'Arithmétique », (*Lettre à Mersenne* du 03 juin 1638, AT, t. II, p. 168 ; non donnée en Alquié).

La quatrième des *Règles pour la direction de l'esprit* avait déjà précisé, de façon plus technique :

« bien que je sois ici amené à parler souvent de figures et de nombres, puisqu'on ne peut demander à aucune autre science des exemples aussi évidents et aussi certains, quiconque considérera attentivement ma pensée s'apercevra facilement que je ne songe ici à rien moins qu'à la mathématique ordinaire, et que j'expose une

---

1. *Lettre à Mersenne* du 31 mars 1638 (AT, t. II, p. 95 ; non donnée en Alquié). Cette affirmation peut toutefois surprendre si on se souvient qu'un an auparavant un « Essai » intitulé *La Géométrie* accompagnait le *Discours* et que Descartes y présentait, entre autres, une solution originale au problème de Pappus sur lequel les géomètres butaient depuis l'Antiquité (voir sur ce point la présentation claire et complète de V. Jullien, *Descartes. La géométrie de 1637*, p. 81-85).

autre discipline dont ces exemples sont les revêtements plutôt que les parties constituantes » [1].

Quelle est cette « autre discipline » ? Il s'agit de la *mathesis universalis*, la mathématique universelle qui est définie dans la suite de la *Règle quatre* :

« Toutes les choses dans lesquelles c'est l'ordre ou la mesure que l'on examine se rapportent à la mathématique, peu importe que cette mesure soit à chercher dans des nombres, des figures, des astres, des sons, ou quelque autre objet ; par conséquent il doit y avoir une science générale qui explique tout ce qu'il est possible de rechercher touchant l'ordre et la mesure, sans assignation à quelque matière particulière que ce soit ; et cette science s'appelle [...] la mathématique universelle, puisqu'elle contient tout ce en vertu de quoi l'on dit d'autres sciences qu'elles sont des parties de la mathématique » (*Règle IV*, AT, t. X, p. 378 ; Alquié, t. I, p. 98-99).

L'intérêt de Descartes se porte donc sur ce qu'il y a d'universalisable dans la mathématique, c'est-à-dire ce qu'on peut extraire de ce domaine du savoir pour l'appliquer à d'autres : l'ordre et la mesure. Nous avons déjà donné ci-dessus quelques indications sur la première de ces deux notions. Il sera en revanche plus difficile de définir de façon succincte ce que Descartes met sous le concept de « mesure ». Même s'il ne le dit jamais explicitement, il n'est pas exclu tout d'abord qu'il joue sur le sens éthique du mot : être mesuré, c'est faire preuve de pondération, de calme, et donc savoir éviter ces deux défauts cardinaux que sont la précipitation et la prévention. La mesure est aussi le résultat de l'acte de mesurer, au sens de quantifier [2]. Enfin, comme l'indique le titre de la *Règle cinq* qui

---

1. *Règle IV*, AT, t. X, p. 373-374 ; Alquié, t. I, p. 94. « Revêtements » traduit le latin *integumentum* : l'habit, ce qui est posé sur le corps. 2. Voir en ce sens la *Règle XIV*, AT, t. X, p. 447 ; Alquié, t. I, p. 178 : « Par dimension, nous n'entendons rien d'autre que le mode et le rapport sous lequel un sujet quelconque est considéré comme mesurable : de sorte que ce ne sont pas seulement la longueur, la largeur et la profondeur qui sont les dimensions du corps, mais encore [le poids, la vitesse] et une infinité d'autres choses de cette sorte. »

substitue l'expression « ordre et disposition » à « ordre et mesure », mesurer, c'est aussi déterminer la *place* d'un énoncé, c'est-à-dire lui assigner un lieu en même temps qu'une fonction dans une « chaîne de raisons ».

L'expression « mathématique universelle » n'apparaît pas dans le *Discours*, mais on y retrouve bien les deux déterminations fondamentales de la *mathesis* — ordre et mesure — dans la « méthode » : cette dernière « enseigne à suivre le vrai ordre, et à dénombrer [1] exactement toutes les circonstances de ce qu'on cherche » *(Discours, Seconde partie*, p. 93). Ainsi entendue, la méthode est elle aussi universelle pour autant qu'elle offre une théorie générale de la constitution et de la résolution des problèmes en nous donnant les moyens de déterminer les rapports qu'entretiennent entre eux les différents éléments du savoir.

On voit à présent en quoi les mathématiques sont pour Descartes un modèle : on y découvre et utilise de façon privilégiée l'ordre et la mesure. C'est la raison pour laquelle Descartes recommande de pratiquer les mathématiques [2] : elles sont un bon terrain d'entraînement pour apprendre à construire *méthodiquement* le savoir. Mais dans cette optique, on comprend aussi qu'il ne faut pas dire sans nuance que la méthode de Descartes consiste en une « mathématisation du réel » : seul l'aspect « ordre et mesure » du savoir mathématique est méthodiquement « universel », c'est-à-dire utilisable et exigible dans la totalité du champ de la

---

1. Si l'on suit notre hypothèse de lecture, le terme est ici l'équivalent de « mesurer » dans les *Règles pour la direction de l'esprit*. Des quatre occurrences de la notion de « mesure » dans le *Discours*, seule celle de la fin de la *Cinquième partie* (« compter les heures et mesurer le temps », p. 149) est proche du sens technique des *Règles pour la direction de l'esprit*. **2.** Voir la *Lettre-Préface* des *Principes de la philosophie*, AT, IX, p. 13-14 ; Alquié, t. III, p. 779 : avant de commencer à édifier l'arbre du savoir, il faut faire de la logique qui « apprend à bien conduire sa raison pour découvrir les vérités qu'on ignore ; et parce qu'elle dépend beaucoup de l'usage, il est bon qu'[on] s'exerce longtemps à en pratiquer les règles touchant des questions simples et faciles, comme sont celles des mathématiques ».

connaissance. Mais cela n'implique pas que *tous* les outils mathématiques puissent *toujours* être utilisés pour appréhender *toutes* les choses qui se rencontrent dans l'univers. Certains outils de traitement quantitatif des données, comme les pourcentages par exemple, sont pour un cartésien tout à fait opératoires lorsqu'il s'agit de décrire l'ordre de l'étendue, de la matière : on peut calculer la surface de tel pourcentage de l'aire totale d'un carré, se demander aujourd'hui quel est le pourcentage de véhicules défectueux sur tous ceux qui sortent d'une chaîne de montage, etc. Mais contrairement à ce que pourraient nous faire croire quelques-uns de nos tics de langage contemporains, ces outils se révèlent structurellement inadéquats pour parler des choses qui pensent et des modalités de leur pensée : on n'aime pas telle personne « deux fois plus » que telle autre, mais on aime différemment chacune ; on n'est pas « à soixante-quinze pour cent » d'accord avec telle ou telle théorie, mais on accepte les trois quarts des énoncés qui la constituent.

La promotion de la *mathesis universalis* au rang de méthode générale ne signifie donc en aucun cas qu'on peut tout et toujours mathématiser intégralement[1] dans le monde selon Descartes. La « méthode » est ainsi très éloignée de l'impérialisme d'un modèle de scientificité mathématique intransigeante qui réclamerait pour elle seule le droit de décrire le monde. Au contraire et à nouveau, cette méthode cartésienne apparaît avant tout comme une affaire de tact et de souplesse intellectuelle : à l'intérieur du cadre général défini par les deux exigences d'ordre et de mesure, il faut savoir sélectionner les outils adéquats pour bien penser les objets auxquels on s'intéresse.

---

1. Ce qui est selon Descartes intégralement mathématisable, c'est le monde matériel en son essence, en tant qu'il est étendu.

5. *Que faire ?* (sur la Troisième partie)

Le ton change nettement avec la *Troisième partie* du *Discours*[1], qu'il faut replacer dans la biographie de Descartes pour en percevoir la portée. La scène se joue probablement aux alentours de 1619, alors que le jeune et ambitieux Descartes a décidé de ne plus se satisfaire d'opinions mal assurées ou seulement probables : il a entrepris la première et longue étape du doute, celle qui consiste à « se défaire de ses anciennes opinions », et a décidé de n'admettre plus que de la certitude. Dans le vocabulaire technique de Descartes et en attendant cette certitude encore absente, il s'agit de parvenir (car ce n'est pas si facile) à « demeurer irrésolu en ses jugements », c'est-à-dire à ne pas se prononcer sur ce qui est vrai ou ce qui ne l'est pas.

Cette suspension du jugement ne saurait cependant valoir dans tous les domaines. Il faut ici prendre en compte une distinction essentielle entre la théorie et la pratique, de manière à ne pas « demeurer irrésolu en mes actions pendant que la raison m'obligerait de l'être en mes jugements ». On illustre parfois la nécessité d'opérer cette distinction par l'anecdote de l'âne de Buridan : l'âne a faim et soif, on met à sa disposition de l'eau et de l'avoine, mais ne parvenant pas à décider par quoi il doit commencer son repas, il finit par mourir de faim. Cet âne-là a trop attendu une certitude qui

---

1. On a parfois prétendu, en s'appuyant sur la *Lettre à Reneri pour Pollot* d'avril ou mai 1638 (AT, t. II, p. 35 ; Alquié, t. II, p. 50-51 ; texte 1.11 dans le Dossier en fin de volume) et sur un texte de l'*Entretien avec Burman* (AT, t. V, p. 178, traduction de J.-M. Beyssade, p. 144 ; texte 1.18 dans le Dossier en fin de volume) que cette *Troisième partie* avait été hâtivement rédigée par Descartes juste avant la publication du *Discours*, pour éviter qu'on lui reproche de ne pas parler de morale dans ce texte. La persistance de ce thème de la morale provisoire jusque dans la *Lettre-Préface* des *Principes de la philosophie* en 1647 (voir p. 50) nous paraît une raison suffisante pour réfuter cette interprétation.

n'est jamais venue. Descartes donne sa version de cette fable dans sa *Lettre à l'Hyperaspistes*[1] d'août 1641 :

> « Il faudrait assurément souhaiter autant de certitude dans les choses qui regardent la conduite de la vie, qu'il en est requis pour acquérir la science ; mais pourtant, il est très facile de démontrer qu'il n'y en faut pas chercher ni attendre une si grande [...] cela peut [...] être démontré [...] facilement *a posteriori*, par les conséquences qui s'ensuivraient : comme par exemple, si quelqu'un voulait s'abstenir entièrement de nourriture, jusqu'à ce qu'il mourût de faim, sous ce prétexte qu'il ne serait pas certain qu'aucun poison n'y aurait été mêlé, et qu'il croirait n'être point obligé de manger, parce qu'il ne serait pas clair ni évident qu'il ait devant lui de quoi sustenter sa vie, et qu'il vaut mieux attendre la mort en s'abstenant de manger que de se tuer soi-même en mangeant ; certainement, celui-là devrait être qualifié de fou et accusé d'être son propre assassin. »

Il faut vivre, et vivre le mieux possible, en attendant de savoir, alors qu'il y a dans la vie une forme d'urgence qui ne se retrouve pas dans le champ théorique : autant dans ce dernier domaine il est légitime de douter, de ne pas se précipiter, de se forcer à attendre, autant ces attitudes seraient nuisibles, voire fatales, quand il s'agit de la vie concrète. Là, on doit au contraire se décider vite, et souvent même de façon précipitée.

La *Troisième partie* du *Discours* veut donc tirer les conséquences d'un postulat simple, mais que les philosophes ont peut-être tendance à oublier : l'activité philosophique, entendue comme recherche de la vérité, et ses exigences propres, si nobles et rigoureuses soient-elles, ne doivent pas aller contre la vie. Ce serait une bien triste et vaine méthode que celle

---

1. Texte latin en AT, t. III, p. 422-423 ; traduction française ici légèrement modifiée dans Alquié, t. II, p. 359-360 ; texte 1.15 dans le Dossier en fin de volume. *Hyperaspistes* est un mot grec qui signifie « défenseur » ou « protecteur » (d'une cause). C'était le pseudonyme d'un anonyme qui, en 1641, adressa à Descartes une série d'objections sur les *Méditations*.

dont l'application ferait mourir l'âne, ou le philosophe ! Descartes va donc tenter de se donner les moyens de s'installer dans un domaine, celui de la pratique, où les préceptes de la méthode n'ont plus cours. Il présente alors une morale « par provision », c'est-à-dire une morale provisoire, substitutive, qui sera valable et appliquée dans l'attente de la certitude souhaitée mais pas encore acquise. Cette *Troisième partie* du *Discours* préconise ainsi la mise en œuvre délibérée d'attitudes et de choix qui contredisent ce que recommandait la « méthode » de la *Seconde* : du point de vue des facultés de l'esprit, il va s'agir de choisir en l'absence d'évidence, de clarté et de distinction ; du point de vue des contenus sélectionnés, il va falloir apprendre à se contenter de vraisemblable, voire de douteux.

On voit donc l'enjeu, capital et complexe, de cette *Troisième partie* du *Discours* : il s'agit de prendre acte de l'hétérogénéité de la pratique et de la théorie, pour parvenir, alors même que rien n'est encore certain, à déterminer des règles d'action aussi assurées que possible. On rencontre ainsi dans ce texte un Descartes inattendu, un « guide des égarés » très différent du froid théoricien seulement préoccupé de certitude mathématique qu'on présente parfois.

Les notes accompagnant le texte proposeront plus bas quelques explications sur le détail des « trois ou quatre maximes » qui constituent cette morale. Nous ne présenterons ici que trois remarques pour guider la réflexion à ce sujet.

Morale provisoire et morale définitive. Il ne faut pas oublier que cette morale exposée dans la *Troisième partie* du *Discours* est pensée comme provisoire, c'est-à-dire qu'elle est adoptée faute de mieux, dans l'attente de la morale certaine qu'on devrait pouvoir atteindre par l'édification de la vraie philosophie. On le voit bien à nouveau dans le projet cartésien tel qu'il est récapitulé en 1647 par la fameuse et décisive comparaison entre la philosophie et un arbre présentée dans la *Lettre-Préface* des *Principes de la philosophie* :

« toute la Philosophie est comme un arbre dont les racines sont la Métaphysique, le tronc est la Physique, et les branches qui sortent de ce tronc sont toutes les autres sciences, qui se réduisent à trois principales, à savoir la Médecine, la Mécanique et la Morale ; j'entends la plus haute et la plus parfaite Morale, qui, présupposant une entière connaissance des autres sciences, est le dernier degré de la Sagesse » (*Lettre-Préface* des *Principes de la philosophie*, AT, t. IX, p. 14 ; Alquié, t. III, p. 779-780).

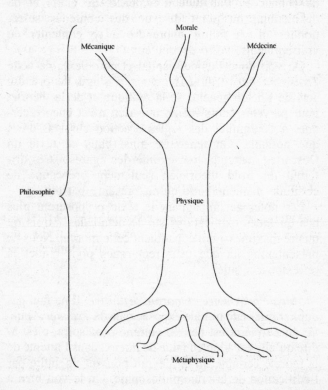

Une fois obtenue la connaissance claire et distincte de ce qu'est mon esprit (métaphysique), de ce que sont le corps en général (physique) et mon corps en particulier (médecine), on pourra comprendre ce qu'est le « vrai homme » constitué de l'union de cet esprit et de ce corps, et « déduire [1] » de là, avec une clarté et une distinction identiques à celles des résultats précédents, ce qu'il convient de faire pour bien agir. La morale définitive telle qu'elle était projetée par Descartes lorsqu'il rédigeait la *Troisième partie* du *Discours* aurait donc dû être le fruit de l'extension réussie du modèle « scientifique » de la *Seconde partie* à l'ensemble de l'existence, actions humaines comprises.

Or cette extension n'a pas été réalisée par Descartes, ou en tout cas pas de manière nette et explicite. On trouve bien des réflexions sur la morale dans les importantes correspondances que le philosophe entretint dans les années 1640 avec la princesse Élisabeth de Bohême et la reine Christine de Suède. Descartes publia aussi en 1649 un dernier ouvrage, les *Passions de l'âme*, centré sur l'étude de l'union de l'âme et du corps et des phénomènes passionnels spécifiques auxquels cette union donne lieu. Mais ces textes ne présentent rien qui ressemble vraiment à une « morale », si on entend par là un ensemble de règles suffisamment précises pour être applicables, comme l'étaient les « trois ou quatre maximes » de la *Troisième partie* du *Discours*. Plus troublant encore : en 1645, Descartes, qui était alors de façon certaine en possession de sa métaphysique et de sa physique, correspondait avec la princesse Élisabeth de Bohême sur des questions de morale. Il lui expliqua que :

« chacun se peut rendre content de soi-même et sans rien attendre d'ailleurs [2], pourvu seulement qu'il observe trois choses,

---

1. C'est le mot utilisé par Descartes dans la *Lettre-Préface* pour décrire la relation logique entre ses « principes ».   **2.** C'est-à-dire : sans rien attendre de l'extérieur, qui vienne d'autre chose que de lui-même.

auxquelles se rapportent les trois règles de morale, que j'ai mises dans le *Discours de la Méthode* »[1].

Le « provisoire » de 1637 semble ainsi devenu définitif, ou du moins devoir durer beaucoup plus longtemps que ce qui avait été initialement envisagé. Pour le dire en une phrase, et sans apporter les nuances qui seraient ici nécessaires[2] : Descartes qui, de son point de vue tout au moins, a réussi à obtenir des résultats assurés en matière de métaphysique, de physique et de médecine, a échoué dans son projet de constitution d'une morale « certaine » et par conséquent définitive.

Comment interpréter cet échec ? On peut estimer qu'il s'agit là d'un problème de fait : Descartes est mort en 1650 et n'a tout simplement pas eu le temps d'achever ce qu'il avait entrepris. Dans cette optique, on n'est pas conduit à remettre en cause la viabilité du projet cartésien de constitution d'une éthique à partir du savoir scientifique et avec des procédures intellectuelles équivalentes à celles qui sont utilisées dans ces domaines. Ceux de nos contemporains qui voudraient élaborer une éthique à partir des observations « biologiques » sur le fonctionnement du cerveau faites dans le cadre de nos modernes neurosciences sont ainsi, dans l'inspiration, tout à fait fidèles au projet de Descartes.

Ou bien — c'est l'avis de l'auteur de ces lignes — on estime que l'échec cartésien est avant tout un échec de droit : Descartes n'a pas *déduit* sa morale comme il entendait le faire, parce que cela s'est avéré impos-

---

1. *Lettre à Élisabeth* du 4 août 1645, AT, t. IV, p. 263-268 ; Alquié, t. III, p. 587-591 ; texte 1.16 dans le Dossier. La suite du texte reprend effectivement presque à l'identique les trois premières maximes de la *Troisième partie* du *Discours*. On notera toutefois la disparition de la quatrième de ces « trois ou quatre maximes » : voir sur ce point nos notes sur la *Troisième partie* du *Discours* (p. 96 et 102) et J.-M. Beyssade, « Sur les "trois ou quatre maximes" de la morale par provision », p. 139-153 dans le collectif *Descartes : il metodo e i saggi*.   2. Voir notamment sur ce point l'article de D. Kambouchner « Descartes et la perfection de la morale ».

sible[1]. L'homogénéité postulée entre les champs disciplinaires qui constituent l'arbre du savoir s'est révélée problématique quand il a fallu passer à la branche « morale » : il s'agit là d'un domaine du savoir irréductible aux autres, et qui réclame en tant que tel des réflexions et des démarches particulières. Cela ne signifie pas, bien sûr, que la morale soit absolument indifférente aux résultats obtenus dans le domaine de la théorie : avoir montré, en métaphysique, que mon esprit est radicalement distinct de mon corps permet d'envisager, à titre de possibilité, une survie de cet esprit après la mort[2], et cela n'est sans doute pas sans incidence sur la manière dont je décide de me comporter en cette vie. Mais la morale reste irréductible : à chaque fois que je me demande « que faire ? », les réponses ne se présentent pas comme des conséquences directes ou logiques de ce que je sais, même d'une science très assurée, sur le monde et sur moi-même.

Dans cette hypothèse de lecture, Descartes est, une fois de plus mais dans un domaine où on ne lui décerne pas ce titre à l'accoutumée, le penseur qui inaugure notre modernité intellectuelle. En caricaturant des thèses en elles-mêmes extrêmement subtiles et élaborées, on pourrait en effet dire que, chez les anciens comme chez les médiévaux, le passage de la science à la morale se fait sans heurts : la règle des grandes éthiques de l'Antiquité est *naturam sequi*, « suivre la nature » et ce qu'on découvre en l'observant[3] ; et de

---

1. On peut lire en ce sens l'ensemble du passage sur la morale de la *Lettre à l'Hyperaspistes* : voir le Dossier, p. 206-207.   **2.** Rappelons que Descartes ne prétend pas avoir démontré que l'âme est immortelle, mais qu'il est possible qu'elle le soit : voir sur ce point *Discours, Cinquième partie*, p. 150 et notes correspondantes.   **3.** C'est pourquoi les philosophes de l'Antiquité, notamment épicuriens et stoïciens, pensaient que nous pouvons découvrir ce que nous avons à faire en observant les bébés, ces êtres en qui les tendances naturelles sont encore bien visibles puisqu'elles n'ont pas été modifiées ou contrariées par l'éducation et le milieu où l'enfant va évoluer : voir sur ce point Cicéron, *Des fins*, V, 55. Le rejet cartésien de l'enfance que nous évoquions plus haut s'inscrit dans le cadre

semblable manière, pour les philosophes et théologiens du Moyen Age, on découvre en connaissant bien l'homme la « loi naturelle » qui doit guider ses comportements. Dans tous ces cas de figure, on comprend ce qu'il faut faire en décrivant ce qui est. A l'opposé, depuis trois siècles au moins, notre modernité refuse cette continuité entre la nature et la pratique, entre le descriptif et le prescriptif, entre l'être et le devoir-être. C'est le cas de Hume, quand il attire notre attention sur la difficulté de passer de *is* à *ought*, ce « c'est ainsi » à « il faut que ce soit ainsi »[1]. C'est aussi d'une tout autre manière le cas de Kant, attentif à séparer aussi nettement que possible l'ordre de la raison théorique et celui de la raison pratique. Cette coupure entre les « anciens » et les « modernes » dans l'histoire de la morale est donc aussi nette que décisive, mais on hésite souvent à désigner le moment où elle a précisément eu lieu. Nous suggérerions volontiers que c'est entre 1630 et 1649 quand, Descartes, le fondateur de la science moderne, dut renoncer à la couronner d'une éthique conçue à la manière des anciens.

Apprendre à être libre. La morale par provision peut se lire comme un texte sur l'usage de la volonté, c'est-à-dire sur ce qui fait selon Descartes notre liberté[2]. Mais il n'est pas ici question de la liberté « éclairée » dans laquelle la *Quatrième méditation* identifiera le meilleur usage possible de notre liberté, cette liberté d'une volonté qui opère ses choix guidée par l'évidence, en connaissance de cause. La *Troisième partie* du *Discours* met en scène une liberté en sous-régime, proche de la liberté d'indifférence que la *Quatrième*

---

de cette rupture avec une conception antique et « continuiste » du rapport entre le savoir descriptif et la morale.

1. Voir Hume, *Traité de la nature humaine*, III, 1, 1, *in fine*. 2. On peut même dire que cette *Troisième partie* est *le* texte du *Discours* sur la liberté, puisque à la différence de ce qui aura lieu en 1641 dans les *Méditations*, la « métaphysique » exposée dans la *Quatrième partie* du *Discours* n'aborde pas la question de la liberté.

méditation qualifiera de « plus bas degré de la liberté »[1], puisqu'il s'agit de programmer la volonté pour qu'elle opère hors de toute clarté et distinction. Dans la première maxime, Descartes tente ainsi de mettre en œuvre une théorie de la bonne vraisemblance : il s'agit d'identifier, pour m'y conformer, les attitudes de mes contemporains qui sont « les plus commodes pour la pratique et vraisemblablement les meilleures ». Plus encore, dans la seconde maxime, il est question d'apprendre à choisir, et à persévérer dans ce choix, alors qu'il n'y a même pas de vraisemblance pour le guider : pour essayer de sortir de la forêt où je me suis égaré en atteignant un jour la lisière (le savoir certain) dont je postule l'existence sans pour autant l'apercevoir au moment où je fais ce postulat, il faut se décider pour une direction et se tenir à cette décision, alors que rien ne justifie qu'on sélectionne cette direction-là plutôt qu'une autre.

La morale par provision sert donc à (bien) faire usage de sa volonté alors qu'on n'en a pas encore les moyens théoriques. Dans l'itinéraire intellectuel de Descartes, la mise en œuvre de cette morale correspond alors autant au moment où le philosophe identifie sa liberté qu'au temps où il en fait l'apprentissage. C'est parce qu'il y a liberté de choix que la morale par provision est possible, mais c'est l'exercice des maximes de cette morale qui fortifie la liberté et autorisera son usage à plein régime au moment crucial du cartésianisme : le doute paroxystique, « métaphysique » des *Méditations*, c'est-à-dire cette opération d'une volonté devenue tellement forte qu'elle peut refuser non seulement le vraisemblable de la coutume intellectuelle,

---

1. *Quatrième méditation*, AT, t. IX, p. 46 ; Alquié, t. II, p. 462 : « Cette indifférence que je sens, lorsque je ne suis point emporté vers un côté plutôt que vers un autre par le poids d'aucune raison, est le plus bas degré de la liberté, et fait plutôt paraître un défaut dans la connaissance qu'une perfection dans la volonté. »

mais aussi la clarté et la distinction des mathématiques. Le doute, on l'a dit, est une opération délicate, périlleuse peut-être : c'est parce que sa morale lui avait préalablement appris à vouloir et à être libre que Descartes put la mener à bien.

Sous la racine, la morale. En admettant que Descartes ait été fidèle à ce qu'il énonce, toute sa pratique, dans l'attente de la constitution éventuelle d'une morale définitive, dut être conditionnée par cette morale provisoire exposée dans la *Troisième partie* du *Discours* : elle est comme le socle éthique silencieusement présent à l'arrière-fond de toutes les actions du philosophe, y compris les actions qui le guidèrent dans sa recherche de savoir. On peut d'ailleurs considérer que Descartes lui-même confirme cette hypothèse lorsqu'il récapitule sa conception de la philosophie en décrivant la démarche qu'il a adoptée : la morale provisoire est mise en place avant même qu'on s'attelle à l'examen des racines de l'arbre de la philosophie.

« Premièrement [c'est-à-dire avant même d'entreprendre de bâtir une vraie philosophie], un homme qui n'a encore que la connaissance [...] imparfaite [...] doit avant tout tâcher de se former une Morale qui puisse suffire pour régler les actions de sa vie, à cause que cela ne souffre point de délai, et que nous devons surtout tâcher de bien vivre » (*Lettre-Préface* des *Principes de la philosophie*, AT, t. IX, p. 13 ; Alquié, t. III, p. 778).

Il reste donc à rechercher en quoi, et comment, les actes de Descartes obéissent à cette morale. Cette recherche peut s'opérer dans les différentes biographies de l'auteur du *Discours* dont nous disposons, mais aussi dans les textes où Descartes lui-même raconte sa vie et présente ses actions. On peut ainsi se demander si l'abandon du projet de publication du *Monde* en 1633 n'est pas une application de la première maxime de la morale provisoire : dans cette soumission à l'autorité catholique, ne s'agit-il pas de « retenir constamment la religion en laquelle Dieu m'a fait la grâce d'être instruit dès mon enfance », et peut-être également de se « [gouverner] en toute autre chose suivant les opinions les plus modérées et les plus éloignées de l'excès qui fussent communément reçues en pratique par les mieux sensés de ceux avec lesquels » Descartes vivait ? De même, si du moins on admet que Descartes continue à « vivre » pendant qu'il médite, il doit être possible de retrouver la morale provisoire à l'œuvre dans ces *Méditations* qui sont le récit du moment de l'existence de Descartes où se constitua la racine de l'arbre de la philosophie. On peut ainsi penser, par exemple, que lorsque à la fin de la première méditation, le sujet méditant est gagné par le découragement parce que le doute semble aussi inefficace que peu fructueux, c'est l'application de la seconde maxime qui l'amène à s'obstiner, malgré tout, en cette voie dont il ne sait plus trop où elle le mène, parce que c'est celle qui a été choisie.

Sous réserve d'une plus ample vérification de cette hypothèse qui fait de la morale par provision une clé de lecture pour l'ensemble des textes cartésiens autobiographiques, on est ici conduit à deux conclusions. Descartes était, tout d'abord, un philosophe qui mettait en pratique ses principes moraux : un tel constat est toujours rassurant pour le lecteur qui se demande dans quelle mesure les principes en question sont effectivement applicables. La seconde conclusion concerne ce qui vient en « premier » chez Descartes, c'est-à-dire ce qui constitue le point de départ du développement de la pensée cartésienne. On sait que les candidats à cette fonction inaugurale sont multiples, suivant le point de vue où on se place : on peut dire que le doute est la première opération, que le *cogito* est le « premier principe » ou la première vérité, que la métaphysique est le premier domaine, que Dieu est dans le monde selon Descartes le « premier objet », au sens du « plus important ». Mais puisque la posture même où se tient le sujet méditant (celui qui doute, qui dit « je pense, donc je suis », qui constitue la métaphysique et prouve l'« existence de Dieu ») est rendue possible et organisée par les maximes de la morale par provision, il faut peut-être dire que ce qui est vraiment premier chez Descartes, c'est la morale.

6. *La métaphysique et le cercle (sur la* Quatrième partie*)*

Avec la *Quatrième partie* du *Discours*, on entre déjà en quelque façon dans l'ordre des « essais de la méthode », puisqu'il s'agit à présent d'exposer les connaissances que l'exercice de cette méthode, et la vie organisée selon la morale par provision, ont permis de constituer.

Les premiers résultats présentés sont ceux que Descartes a obtenus dans le domaine de la métaphysique. Du point de vue de la chronologie qui scande la constitution de la métaphysique cartésienne, cette *Quatrième partie* du *Discours* est avant tout une étape au statut indécis, située entre deux dates déterminantes : en 1629, Descartes entreprit un « petit traité de métaphysique » (*Lettre à Mersenne* du 25 novembre 1630, AT, t. I, p. 182 ; Alquié, t. I, p. 287) qui demeura à l'état de « commencement » (*Lettre à Mersenne* du 27 février 1637, AT, t. I, p. 350 ; Alquié, t. I, p. 522 ; texte 1.3 dans le Dossier en fin de volume) ; et d'autre part Descartes publia en 1641 des *Méditations métaphysiques*[1] accompagnées d'amples *Objections* et *Réponses*, où on trouve l'exposé complet et développé de sa métaphysique. Sans nous étendre sur ce point, indiquons seulement ici que ce statut intermédiaire de la métaphysique

---

1. Ou, plus exactement c'est-à-dire en suivant le titre latin de l'édition de 1641, des *Méditations de philosophie première*. Le titre « Méditations métaphysiques », que l'usage a fini par imposer, est le titre courant (en haut des pages) de l'édition latine, et le titre de la traduction française de 1647.

présentée dans le *Discours* fournit aux spécialistes un bel objet de discussions : la métaphysique de 1641 était-elle déjà toute constituée en 1637, ce qui amène à considérer la *Quatrième partie* du *Discours* comme un simple résumé anticipé des *Méditations* ? Ou bien, comme certaines différences entre les deux textes peuvent le laisser penser[1], faut-il estimer que le texte du *Discours* est plus proche du premier jet métaphysique de 1629 que de la version achevée de 1641, et que la métaphysique cartésienne fut ainsi l'objet d'une nouvelle élaboration entre 1637 et la parution des *Méditations*[2] ?

Qu'est-ce que la *métaphysique* ? Elle se définit selon Descartes par ses objets : Dieu, nos esprits, et « toutes les notions simples et claires qui sont en nous », c'est-à-dire nos idées (*Lettre-Préface* des *Principes de la philosophie,* AT, t. IX, p. 14 ; Alquié, t. III, p. 779). A la différence de la physique, qui porte sur les objets matériels et dont la *Cinquième partie* du *Discours* présentera les principes fondamentaux, la métaphysique se caractérise donc comme le savoir de l'immatériel.

Pourquoi, lorsqu'il s'agit d'exposer les contenus de la vraie philosophie que Descartes estime avoir constituée, la métaphysique vient-elle en première place, ainsi que le confirmera l'arbre de 1647 ?

> « toute la Philosophie est comme un arbre dont les racines sont la Métaphysique, le tronc est la Physique, et les branches qui sortent de ce tronc sont toutes les autres sciences, qui se réduisent à trois principales, à savoir la Médecine, la Mécanique et la Morale ».

Si la métaphysique vient en premier, c'est parce qu'elle est selon Descartes « à la racine ». Pour pouvoir

---

1. La plus notable concerne le thème de la liberté, absent (du moins explicitement) de la *Quatrième partie* du *Discours* et qui sera largement abordé dans la *Quatrième méditation*. **2.** Parmi les nombreuses études qui essaient de répondre à ces questions, voir notamment G. Rodis-Lewis, « L'État de la métaphysique cartésienne en 1637 », p. 105-118 dans le collectif *Descartes : il metodo e i saggi*.

édifier le savoir sur des bases assurées, il faut avoir répondu à certaines questions fondamentales — et qui pourraient dans un autre contexte que celui de cette recherche inaugurale et hyper-exigeante apparaître à juste titre comme bien « métaphysiques » au sens cette fois de « presque éthérées, extravagantes »[1] : Dieu existe-t-il, et est-il ou non trompeur ? Que suis-je, moi qui pense et cherche la vérité ? Comment reconnaître la vérité d'une pensée ? C'est un cliché, mais cela reste vrai : Descartes est un philosophe du fondement. Il estime qu'il faut avoir, au moins une fois dans sa vie, posé ces questions, faute de quoi le savoir qu'on construira resterait peu assuré : quelles que soient par ailleurs son organisation et sa clarté, il reposerait sur des bases obscures et mal affermies.

On se heurte alors à une série de difficultés, qui sont comme différentes versions de la célèbre objection dite du « cercle cartésien ». Admettons que la métaphysique joue ce rôle fondamental, et que son établissement soit nécessaire pour assurer la vérité de nos énoncés. C'est donc cette métaphysique qui garantit, entre autres, la validité des règles de la méthode, et celle du critère de la vérité qui stipule que : « les choses que nous concevons fort clairement et fort distinctement sont toutes vraies »[2]. Mais pour constituer la métaphysique, il a fallu appliquer les règles de la méthode (procéder par ordre, etc.) et se servir de ce critère de la vérité. Les règles permettent donc de constituer la métaphysique qui assure leur validité à ces règles : à nouveau, la démarche cartésienne semble

---

1. C'est le sens de la seule occurrence du mot « métaphysique » dans les *Méditations* : « une opinion [le latin dit « une raison de douter »] bien légère et pour ainsi dire métaphysique » (AT, t. IX, p. 28 ; Alquié, t. II, p. 433). Dans le *Discours*, il y a deux occurrences du mot, là encore comme adjectif et toutes deux dans la *Quatrième partie* : voir p. 108 et 118.   2. Pour l'explication de ce « critère », voir ci-dessous *Seconde partie*, note 3, p. 89.

viciée par un grossier cercle logique [1], et, à nouveau, il y a là pour les commentateurs de Descartes matière à exercer leur sagacité.

Sans rentrer dans le détail des multiples analyses envisageables au sujet de ce fameux cercle [2], suggérons deux pistes. La première, dont la désinvolture n'est à notre sens qu'apparente, s'inscrit dans la droite ligne des remarques d'E. Panofsky signalées plus haut : il n'y a peut-être pas lieu de trop s'attarder sur ces objections de circularité logique parce que de tels cercles, on en trouve partout. Pour savoir nager il faut s'être mis à l'eau ; mais pour s'être mis à l'eau il faut savoir nager. En conclura-t-on que personne n'a jamais su nager ? On ne peut pas comprendre le sens d'une phrase sans comprendre le sens des mots qui la composent ; mais le sens des mots est fonction du sens de la phrase. Et pourtant, nous comprenons bien les phrases dont nous nous servons. Ces objections de circularité peuvent donc souvent sembler paralysantes quand, de fait, elles ne le sont pas. On peut dès lors se demander si ces nombreux « cercles », que toute une tradition s'attache à déceler dans les raisonnements cartésiens, sont autre chose que la marque formelle des difficultés

---

1. L'objection sera faite à Descartes en 1641 après la publication des *Méditations* (voir par exemple *Secondes objections*, point 3, AT, t. IX, p. 98-99 ; Alquié, t. II, p. 545-546 ; *Quatrièmes objections*, AT, t. IX, p. 166 ; Alquié, t. II, p. 652), mais elle porte déjà pleinement contre la métaphysique telle qu'elle est exposée dans la *Quatrième partie* du *Discours*. De façon plus précise, comme le marque nettement Arnauld dans les *Quatrièmes objections*, c'est le rapport du critère de la vérité et de la garantie apporté par le Dieu « vérace » qui est ici en jeu : la considération d'idées tenues pour claires et distinctes permet d'établir que Dieu existe et n'est pas trompeur ; mais c'est parce que Dieu n'est pas trompeur que nous sommes assurés de la vérité des idées claires et distinctes. **2.** Voir notamment H. Gouhier, *La Pensée métaphysique de Descartes*, ch. 11 ; et J.-M. Beyssade, *La Philosophie première de Descartes*, ch. VI, § 3. Pour le cas particulier du *Discours*, voir surtout M. Beyssade, « La problématique du "cercle" et la métaphysique du *Discours* », p. 189-198 dans le volume collectif *Problématique et réception du Discours de la méthode et des Essais*.

inévitables, mais de fait surmontables, rencontrées par une pensée engagée dans un processus de perfectionnement.

De façon plus technique, il existe aussi quelques textes où Descartes donne, rapidement, les éléments d'une réponse à cette objection en indiquant qu'il convient selon lui de différencier l'évidence actuelle de l'évidence remémorée [1]. On peut préciser cette distinction en revenant à la formulation du *cogito* proposée dans la *Seconde méditation* : Descartes y explique que cette proposition « je suis j'existe » ou « je pense donc je suis », « est nécessairement vraie *toutes les fois que je la prononce, ou que je la conçois en mon esprit* » (AT, t. IX, p. 19 ; Alquié, t. II, p. 415-416). La question vient alors naturellement : et lorsque je ne la conçois plus ou ne la profère plus, lorsque je me la remémore, que se passe-t-il ? L'évidence de cette proposition perd alors de sa force, comme d'ailleurs celle de toutes les autres propositions que j'ai pu concevoir de façon claire et distincte : le temps mine l'évidence, introduit la distance, et le doute peut (re)prendre subrepticement sa place dans l'intervalle ainsi creusé entre mon esprit et les pensées reconnues comme vraies lorsqu'elles étaient pleinement les siennes dans l'actualité de la conscience. Or notre esprit est fini, limité dans ses capacités. Notre savoir ne peut donc pas se composer seulement d'évidences actuelles : dans une « chaîne de raisons » par exemple, le maillon évident ou en train de le devenir qui occupe actuellement ma pensée est inséparable de l'enchaînement d'évidences (la « preuve ») qui a permis de parvenir jusqu'à lui. Le travail de la pensée serait ainsi considérablement freiné, voire stoppé à la longue, s'il

---

1. Les deux plus clairs sont les *Réponses aux quatrièmes objections*, AT, t. IX, p. 189-190 ; Alquié, t. II, p. 690-691 ; et l'*Entretien avec Burman* AT, t. V, p. 178 ; édition J.-M. Beyssade, p. 146 ; texte 1.18 dans le Dossier en fin de volume.

fallait réitérer la preuve et l'enchaînement de toutes les propositions dont nous nous servons, jusqu'à embrasser l'ensemble d'un seul coup d'œil, chaque fois que nous nous en servons. Pour garantir la validité de ces évidences passées en voie d'affadissement, Descartes a donc besoin d'une assurance extérieure à ces évidences elles-mêmes ; c'est ce qu'on a pris l'habitude d'appeler la « garantie »[1] divine :

> « si nous ne savions point que tout ce qui est en nous de réel, et de vrai, vient d'un être parfait et infini, pour claires et distinctes que fussent nos idées, nous n'aurions aucune raison qui nous assurât qu'elles eussent la perfection d'être vraies » ; « cela même que j'ai tantôt pris pour une règle [...] n'est assuré qu'à cause que Dieu est ou existe » (*Discours, Quatrième partie*, p. 119 et 120).

Ainsi, si on « [fait] distinction des choses que nous concevons en effet fort clairement, d'avec celles que nous nous ressouvenons d'avoir autrefois fort clairement conçues »[2], il n'y a pas de cercle, mais à nouveau une progression ordonnée : on va d'une évidence actuellement perçue à une évidence remémorée et « assurée », qui devient un des éléments du raisonnement aboutissant à une nouvelle évidence actuellement perçue, etc.

L'objection dite du « cercle cartésien » ne contraint pas seulement à cette mise au point technique. Elle attire également l'attention sur un thème essentiel du *Discours*, même s'il n'y est jamais explicitement dégagé : le temps. Invitons donc le lecteur à se perdre une fois, ou une fois encore, dans le dédale du texte cartésien en suivant le triple fil directeur qu'offre cette notion : le présent euphorique d'une grande pensée en train de s'accomplir et qui souhaiterait prolonger autant que possible l'actualité de ce moment privilégié ; le

---

1. Le mot n'est pas de Descartes, qui parle plutôt d'un Dieu qui « assure » les connaissances.　2. *Réponses aux quatrièmes objections*, AT, t. IX, p. 190 ; Alquié, t. II, p. 690. « En effet » signifie ici, comme souvent chez Descartes, « réellement », « effectivement ».

passé, liquidé, mais toujours inquiétant sous l'aspect des préjugés qui reviennent, et menaçant quand les évidences perdent leur force pour se constituer en souvenir ; le futur d'un projet qui reste à accomplir mais dont Descartes sait bien qu'il ne pourra l'achever seul, ni durant le peu de temps qu'il lui reste à vivre.

7. « *Tous ensemble* » (sur la Cinquième *et la* Sixième partie)

A l'articulation des deux dernières parties du *Discours*, la narration rejoint le présent de la vie de Descartes quand il rédige son texte. La *Cinquième partie* suggère la fécondité de la méthode en indiquant, en un bilan extrêmement dense et technique, que l'arbre de la philosophie a déjà bien poussé : elle expose quelques résultats fondamentaux obtenus en physique sans toutefois dégager nettement les principes qui les soutiennent [1], et donne une idée des acquis dans le domaine de la médecine, notamment à propos de la circulation du sang [2]. Avec la *Sixième partie*, on bascule de la récapitulation vers les projets, et les perspectives sur tout ce qui reste encore à accomplir. On rencontre alors ce texte à bon droit fameux, où Descartes affirme sa volonté de développer un savoir concret, utile, et dit sa confiance en la technique qui assurera une domination de la nature, permettant ainsi le bien-être des humains :

« [les premières conséquences tirées de la physique] m'ont fait voir qu'il est possible de parvenir à des connaissances qui soient fort utiles à la vie, et qu'au lieu de cette philosophie spéculative

---

1. A nouveau, la prudence et la retenue de Descartes ont ici à voir avec l'affaire Galilée : voir p. 17-19 et 151.　　**2.** Tous ces textes sont aujourd'hui très difficiles à lire, non seulement à cause de la complexité propre des sujets qu'ils abordent et du vocabulaire spécialisé qu'on y rencontre, mais aussi parce qu'il faut posséder quelques éléments d'histoire des sciences pour les comprendre. Voir sur tout cela notre annotation de la *Cinquième partie*.

qu'on enseigne dans les écoles, on en peut trouver une pratique par laquelle, connaissant la force et les actions du feu, de l'eau, de l'air, des astres, des cieux, et de tous les autres corps qui nous environnent, aussi distinctement que nous connaissons les divers métiers de nos artisans, nous les pourrions employer en même façon à tous les usages auxquels ils sont propres, et ainsi nous rendre comme maîtres et possesseurs de la nature. Ce qui n'est pas seulement à désirer pour l'invention d'une infinité d'artifices [1] qui feraient qu'on jouirait sans aucune peine des fruits de la terre et de toutes les commodités qui s'y trouvent, mais principalement aussi pour la conservation de la santé, laquelle est sans doute le premier bien, et le fondement de tous les autres biens de cette vie. [En développant ainsi la médecine] on se pourrait exempter [2] d'une infinité de maladies, tant du corps que de l'esprit, et même aussi peut-être de l'affaiblissement de la vieillesse, si on avait assez de connaissance de leurs causes, et de tous les remèdes dont la nature nous a pourvus » (*Discours, Sixième partie*, p. 153-154).

Il s'agit d'un texte « humaniste » — au sens où il fait de l'humain ce vers quoi il faut orienter le monde et toutes les choses qui le composent — qui rappelle la portée pratique de la philosophie telle que la conçoit Descartes : elle sert à bien vivre, ou elle ne sert à rien. Ce texte frappe de plus par l'aspect exagéré, « hyperbolique » de son projet de domination technicienne du monde et de la vie, qui contredit presque la nuance apportée par le « comme » du « comme maître et possesseur de la nature » : il s'agit ici, tout de même, de parvenir à ne pas vieillir, Descartes trouvant ainsi à sa manière une place aux côtés de Faust et de Dorian Gray dans la galerie de ces personnages étranges, voire inquiétants, qui ont décidé de conserver l'éternelle jeunesse. Ce projet a enfin un aspect prométhéen qui explique peut-être que, dès ce *Discours* inaugural, la pensée de Descartes ait laissé pour le moins perplexes bon nombre de théologiens chrétiens. En effet, depuis saint

---

1. Des choses artificielles, des machines et des outils. 2. Éviter de, se libérer de.

Augustin au moins, tout un courant de la théologie chrétienne a interprété la maladie et la vieillesse comme des conséquences du péché originel : au jardin d'Éden et avant leur faute, Adam et Ève « n'étaient pas touchés par la corruption des corps »[1]. Or Descartes annonce dans cette *Sixième partie* du *Discours* que technique et médecine vont permettre de nous libérer « d'une infinité de maladies, tant du corps que de l'esprit, et même aussi peut-être de l'affaiblissement de la vieillesse » : c'est dire que le savoir philosophique et la technique qu'il permet produiront les effets de rédemption[2] habituellement réservés au Christ et à la grâce par la théologie chrétienne orthodoxe[3].

Un fait grammatical singularise également ces deux dernières parties du *Discours* : au « je » qui dominait largement les quatre premières se mêlent à présent des « nous » de plus en plus nombreux. C'est autour du thème des expériences restant à réaliser que se fait ce passage du « je » au « nous », c'est-à-dire de la solitude dubitative puis méditative de l'*ego* qui dit « moi » à la dynamique collective d'une communauté intellectuelle. A ce stade du *Discours* en effet, les expériences devenues nécessaires pour continuer à bâtir la science sont à la fois trop nombreuses et trop coûteuses pour être menées par un seul individu. Le développement des sciences conduit donc à une nouvelle étape et une

---

1. Thomas d'Aquin, *Somme contre les Gentils*, IV, ch. 83. Voir à ce sujet les analyses de J. Delumeau, *Une histoire du Paradis*, t. I, Paris, Fayard, 1992, p. 250-251 et notes correspondantes. **2.** C'est-à-dire le rachat de la faute originelle, et la guérison de ses funestes conséquences. **3.** A moins de faire l'hypothèse que le savoir et la technique qu'il permet sont eux-mêmes des grâces divines, ce qui est à la fois intellectuellement séduisant et théologiquement audacieux. Sur la conception cartésienne de la technique, voir notamment G. Canguilhem, « Descartes et la technique », t. I, fascicule II, p. 77-85 dans les *Travaux du neuvième Congrès international de philosophie. Congrès Descartes*, et P. Guenancia, *Lire Descartes*, p. 350-371.

nouvelle logique de la recherche, celle du « tous ensemble » :

> « ...[il est à souhaiter que] joignant les vies et les travaux de plusieurs, nous allassions tous ensemble beaucoup plus loin que chacun en particulier ne saurait faire » (*Discours, Sixième partie*, p. 154-155).

Ces textes amènent à nuancer l'image convenue d'un Descartes en penseur individualiste, solitaire voire solipsiste, qui aurait passé son temps à philosopher coupé du monde et enfermé dans son « poêle ». Cette image n'est certes pas totalement fausse : il y a un moment de la vie où il faut savoir « se procurer un repos assuré dans une paisible solitude » (début de la *Première méditation*, AT, t. IX, p. 13 ; Alquié, t. II, p. 405), puis décider que « je fermerai maintenant les yeux, je boucherai mes oreilles, je détournerai tous mes sens [...] et ainsi, m'entretenant seulement moi-même, et considérant mon intérieur, je tâcherai de me rendre peu à peu plus connu et plus familier à moi-même » (début de la *Troisième méditation*, AT, t. IX, p. 27 ; Alquié, t. II, p. 430). Ce moment solitaire est celui de la *méditation*, qui permet de constituer la *métaphysique*. Mais d'autres moments lui succèdent, qui permettent d'aborder d'autres domaines du savoir et conduisent à adopter d'autres postures de recherche. Comme toujours chez Descartes, l'essentiel est de ne pas laisser l'indispensable rigueur méthodique dégénérer en rigidité dogmatique. Les attitudes qui sont ainsi opportunes à certains moments et dans certains domaines ne le sont plus pour d'autres, l'erreur étant, comme on l'a déjà dit, d'exporter imprudemment dans un domaine des attitudes adéquates dans un autre : par exemple, vouloir faire de la métaphysique en « équipe », ou de la science tout seul.

8. « *Les poils blancs qui se hâtent de me venir...* »

Le *Discours* se vendit mal[1]. Les aides escomptées pour la réalisation d'expériences se firent attendre. Du vivant de Descartes, sa philosophie ne s'imposa ni dans les Écoles ni parmi le public cultivé. La morale « définitive » ne fut sans doute jamais écrite. Très vite, il ne fut plus question pour l'auteur du *Discours* de ne pas vieillir, mais plus modestement de retarder les effets des ans :

> « Les poils blancs qui se hâtent de me venir m'avertissent que je ne dois plus étudier à autre chose qu'aux moyens de les retarder » (*Lettre à Huygens* d'octobre 1637, AT, t. I, p. 434-435 ; Alquié, t. I, p. 800).

Et quelques années plus tard, le philosophe songera seulement à s'assurer une vieillesse sereine :

> « ...au lieu de trouver les moyens de conserver la vie, j'en ai trouvé un autre, bien plus aisé et plus sûr, qui est de ne pas craindre la mort » (*Lettre à Chanut* du 15 juin 1646, AT, t. IV, p. 442 ; Alquié, t. III, p. 657).

On pourrait multiplier ce type de remarques et constats désabusés : pensé par son auteur comme l'acte inaugural de ce qui devait être un triomphe intellectuel doublé d'une révolution scientifique, le *Discours* fut, au moins à l'échelle de la vie de Descartes, le commencement d'un crépuscule. Les tentatives qui suivirent le *Discours* n'y changèrent rien : les *Méditations* de 1641, destinées cette fois aux savants, puis les *Principes* de 1644, conçus comme un manuel pour faciliter la diffusion du cartésianisme dans les écoles, ne provoquèrent pas davantage la rapide et large révolution intellectuelle escomptée. Elle vint, mais plus tard, après la

---

1. Voir sur ce point G. Rodis-Lewis, *Descartes*, p. 161. Pour une présentation synthétique des réactions des premiers lecteurs du *Discours*, voir ce même ouvrage p. 161-184, et S. Gaukroger, *Descartes. An Intellectual Biography*, p. 321-332.

mort du philosophe. La vie se chargea donc de rappeler au naïf et trop confiant auteur de 1637 qu'il n'est pas si facile de changer le monde, que ce soit celui des idées ou la nature. Et nous qui le savons pouvons sourire aujourd'hui de cette ambition à la fois ingénue et démesurée qui fut celle de René Descartes.

Ce point de vue rétrospectif sur l'œuvre a certes sa légitimité. Mais il conduit aussi à négliger ce qui fait la saveur propre du texte de 1637, où rien n'évoque une telle atmosphère d'échec ou de débâcle. Ce sont au contraire l'espoir et la confiance qui y dominent, un espoir et une confiance incroyables, hyperboliques, qui poussent le prudent Descartes à d'étonnantes fanfaronnades :

> « Ils [les « scolastiques » partisans d'Aristote, adversaires de Descartes en philosophie] me semblent pareils à un aveugle qui, pour se battre sans désavantage contre un qui voit, l'aurait fait venir dans le fond de quelque cave fort obscure ; et je puis dire que ceux-ci ont intérêt que je m'abstienne de publier les principes de la philosophie dont je me sers, car étant très simples et très évidents, comme ils sont, je ferais quasi le même, en les publiant, que si j'ouvrais quelques fenêtres, et faisais entrer du jour dans cette cave où ils sont descendus pour se battre » (*Discours, Sixième partie*, p. 163-164).

Il y a du Matamore, du Don Quichotte [1] ou de l'hercule de foire chez ce Descartes-là ; chez ce philosophe resté célèbre pour avoir tant douté, on voit encore toute l'insolence assurée de l'adolescent certain de son énergie et qui, comme on dit, *ne doute de rien* ; et chez ce penseur qui voulait tant grandir et liquider l'enfant en lui, il demeure un aspect « sale gosse », teigneux et entêté, qui domine toute la *Sixième partie* du *Discours*.

On pourra s'amuser de ces postures puériles prises ici par notre philosophe. On pourra aussi remarquer

---

1. Sur ces rapprochements, voir P.-A. Cahné, *Un autre Descartes*, Paris, Vrin, 1980, p. 80, et J.-P. Cavaillé, « Une histoire, un discours, des méditations : récit, éloquence et métaphysique dans le *Discours de la méthode* », p. 192 dans le collectif *Descartes : il metodo e i saggi*.

que c'est là une façon comme une autre d'échapper à « l'affaiblissement de la vieillesse », au moins celle de l'esprit. Dans tous les cas, il restera toujours dans ces dernières pages du *Discours* un puissant souffle de jeunesse, des retrouvailles réussies avec l'enthousiasme qui avait donné naissance au projet cartésien exposé dans la *Première partie*. On comprend alors qu'il faut lire le *Discours* quand on est jeune, bien sûr, parce que c'est de la jeunesse qu'il parle, de cette force qui va et vous habite alors ; mais aussi et surtout quand avec l'âge l'esprit devient, déjà, moins vif et le corps un peu plus pesant, que les habitudes s'installent, qu'on se dit que finalement les choses ne sont pas si mauvaises en l'état où elles sont, qu'on s'apprête à se satisfaire d'une petite vie de petit vieux content de ses petites pensées : vite alors il faut relire le *Discours*, et essayer d'y puiser, pour ne pas sombrer trop vite, un peu de l'énergie et de l'ambition rares qui l'animent[1].

Denis MOREAU

1. Je remercie Jean-Marie Beyssade, qui était l'auteur des *Commentaires* pour la précédente édition du *Discours* dans Le Livre de Poche : il a eu la générosité de m'encourager à faire ce travail, et a relu cette Introduction. Je remercie également Marie Oger (terminale L), qui a bien voulu me signaler les points obscurs et les passages difficiles de mon texte.

[1] * DISCOURS DE LA MÉTHODE
pour bien conduire sa raison,
et chercher la vérité dans les sciences

Si ce discours semble trop long pour être tout lu en une fois, on le pourra distinguer[1] en six parties. Et en la première on trouvera diverses considérations touchant les sciences. En la seconde, les principales règles de la méthode que l'auteur a cherchée. En la troisième, quelques-unes de celles de la morale qu'il a tirée de cette méthode. En la quatrième, les raisons par lesquelles il prouve l'existence de Dieu, et de l'âme humaine, qui sont les fondements de sa métaphysique. En la cinquième, l'ordre des questions de physique qu'il a cherchées[2], et particulièrement l'explication du mouvement du cœur, et de quelques autres difficultés qui appartiennent à la médecine, puis aussi la différence qui est entre notre âme et celle des bêtes. Et, en la dernière, quelles choses il croit être requises pour aller plus avant en la recherche de la nature qu'il n'a été, et quelles raisons l'ont fait écrire.

---

* Les chiffres gras entre crochets renvoient à la pagination de l'éd
Adam et Tannery, t. VI.
1. Diviser. **2.** A propos desquelles il a fait des recherches.

PREMIÈRE PARTIE

Le bon sens[1] est la chose du monde la mieux partagée[2] : car chacun pense en être si bien pourvu que [2] ceux même qui sont les plus difficiles à contenter en toute autre chose n'ont point coutume d'en désirer plus qu'ils en ont. En quoi il n'est pas vraisemblable que tous se trompent ; mais plutôt cela témoigne que la puissance de bien juger, et distinguer le vrai d'avec le faux, qui est proprement ce qu'on nomme le bon sens, ou la raison, est naturellement égale en tous les hommes ; et ainsi que la diversité de nos opinions ne vient pas de ce que les uns sont plus raisonnables que les autres, mais seulement de ce que nous conduisons nos pensées par diverses voies, et ne considérons pas les mêmes choses. Car ce n'est pas assez d'avoir l'esprit bon[3], mais le principal est de l'appliquer bien[4]. Les plus grandes

---

1. Comme le précise la suite du texte, ce « bon sens » n'a rien à voir avec la signification actuelle du terme (la sagesse raisonnable et mesurée, la « jugeote ») : bon sens est ici synonyme de « raison », c'est-à-dire la capacité à bien penser présente en tous les hommes. 2. La mieux répartie, communément possédée. 3. Capable, doté de qualités qui permettent de bien penser. 4. De bien l'utiliser. On voit donc apparaître ici le thème de la méthode : ce qui permettra d'utiliser au mieux cette raison que chacun possède. Voir la définition de la méthode donnée dans la quatrième des *Règles pour la direction de l'esprit*, AT, t. X, p. 371-372 ; Alquié, t. I, p. 91 : « Ce que j'entends par méthode, ce sont des règles certaines et faciles par l'observation exacte desquelles on sera sûr de ne jamais prendre une erreur pour une vérité, et, sans y dépenser inutilement les forces de son

âmes sont capables des plus grands vices aussi bien
que des plus grandes vertus ; et ceux qui ne marchent
que fort lentement peuvent avancer beaucoup davantage, s'ils suivent toujours le droit chemin, que ne
font ceux qui courent, et qui s'en éloignent.

Pour moi, je n'ai jamais présumé que [1] mon esprit
fût en rien plus parfait que ceux du commun : même
j'ai souvent souhaité d'avoir la pensée aussi prompte,
ou l'imagination aussi nette et distincte, ou la mémoire
aussi ample, ou aussi présente, que quelques autres. Et
je ne sache point de qualités que celles-ci [2] qui servent
à la perfection de l'esprit : car pour la raison, ou le
sens [3], d'autant qu'elle est la seule chose qui nous rend
hommes, et nous distingue des bêtes, je veux croire
qu'elle est tout entière en un chacun [4] et suivre en ceci
l'opinion commune des philosophes, qui disent qu'il
n'y a du plus et du moins qu'entre les **[3]** *accidents* et
non point entre les *formes* ou natures des *individus*
d'une même *espèce*. [5]

Mais je ne craindrai pas de dire que je pense avoir
eu beaucoup d'heur de m'être rencontré [6] dès ma
jeunesse en certains chemins qui m'ont conduit à des

---

esprit, mais en accroissant son savoir par un progrès continu, de parvenir à
la connaissance vraie de tout ce dont on sera capable. »
   1. Eu la présomption d'estimer que...   **2.** Je ne connais pas d'autres
qualités.   **3.** Le bon sens dont parle la première phrase du *Discours*.
4. En chacun, en tout un chacun.   **5.** Toute cette fin de phrase reprend,
dans le vocabulaire technique utilisé par les scolastiques, l'affirmation initiale de l'universalité de la raison. Les accidents sont les variations qui
affectent les individus sans modifier radicalement ce qu'ils sont : « avoir
les cheveux blancs » est un accident pour Socrate, qui demeure Socrate
quelle que soit la couleur de ses cheveux. Les trois qualités intellectuelles
mentionnées plus haut — rapidité de la pensée, netteté de l'imagination,
capacité de la mémoire — sont des accidents en ce sens. La forme est au
contraire ce qui fait la nature (on dirait aujourd'hui l'essence) de chaque
individu : la forme de Socrate, comme de tout être humain, c'est sa raison.
L'espèce est l'ensemble des individus de même forme : c'est donc la raison
qui définit l'espèce humaine, et la différencie, par exemple, des autres espèces
animales.   **6.** Beaucoup de chance, de bonheur, de m'être trouvé dès...

considérations et des maximes dont j'ai formé une méthode par laquelle il me semble que j'ai moyen d'augmenter par degrés ma connaissance, et de l'élever peu à peu au plus haut point auquel la médiocrité de mon esprit et la courte durée de ma vie lui pourront permettre d'atteindre[1]. Car j'en ai déjà recueilli de tels fruits qu'encore qu'aux jugements que je fais de moi-même[2] je tâche toujours de pencher vers le côté de la défiance[3] plutôt que vers celui de la présomption, et que, regardant d'un œil de philosophe les diverses actions et entreprises de tous les hommes, il n'y en ait quasi[4] aucune qui ne me semble vaine et inutile, je ne laisse pas[5] de recevoir une extrême satisfaction du progrès que je pense avoir déjà fait en la recherche de la vérité, et de concevoir de telles espérances pour l'avenir que si entre les occupations des hommes purement hommes[6], il y en a quelqu'une qui soit solidement bonne et importante, j'ose croire que c'est celle que j'ai choisie.

Toutefois il se peut faire que je me trompe. Et ce n'est peut-être qu'un peu de cuivre et de verre que je prends pour de l'or et des diamants. Je sais combien nous sommes sujets à nous méprendre en ce qui nous touche, et combien aussi les jugements de nos amis

---

1. Écho du titre projeté en 1636 pour ce qui deviendra le *Discours* : « Le projet d'une science universelle qui puisse élever notre nature à son plus haut degré de perfection » (*Lettre à Mersenne* de mars 1636, AT, t. I, p. 339 ; Alquié, t. I, p. 516 ; texte 1.1 dans le Dossier en fin de volume). 2. Qu'encore qu'aux [...] moi-même = que même si dans les jugements que je porte sur moi-même. Les « fruits » dont parle Descartes sont les parties de sa philosophie qu'il a déjà constituées au moment où il publie le *Discours* : la physique et la physiologie du *Monde* et de *L'Homme* (voir ci-dessous la *Cinquième partie*), la métaphysique (voir la *Quatrième partie*), ainsi que les *Essais* qui accompagnaient le *Discours*. 3. La méfiance. 4. Quasiment, presque. 5. Ne pas laisser de = ne pas cesser, continuer. 6. C'est-à-dire les hommes qui ne se servent que de leur raison, des outils de connaissance dont ils sont naturellement dotés, par opposition à ceux qui utilisent des données d'origine « surnaturelle », par exemple les théologiens qui se servent de la révélation contenue dans la Bible.

nous doivent être suspects lorsqu'ils sont en notre faveur. Mais je serai bien aise de faire voir en ce discours **[4]** quels sont les chemins que j'ai suivis, et d'y représenter ma vie comme en un tableau, afin que chacun en puisse juger, et qu'apprenant du bruit commun [1] les opinions qu'on en aura, ce soit un nouveau moyen de m'instruire que j'ajouterai à ceux dont j'ai coutume de me servir.

Ainsi mon dessein n'est pas d'enseigner ici la méthode que chacun doit suivre pour bien conduire sa raison ; mais seulement de faire voir en quelle sorte j'ai tâché de conduire la mienne [2]. Ceux qui se mêlent de donner des préceptes [3] se doivent estimer plus habiles que ceux auxquels ils les donnent, et s'ils manquent [4] en la moindre chose, ils en sont blâmables. Mais ne proposant cet écrit que comme une histoire, ou si vous l'aimez mieux que comme une fable [5], en laquelle, parmi quelques exemples qu'on peut imiter, on en trouvera peut-être aussi plusieurs [6] autres qu'on aura raison de ne pas suivre, j'espère qu'il sera utile à quelques-uns, sans être nuisible à personne, et que tous me sauront gré [7] de ma franchise.

---

1. L'opinion publique, l'avis général des lecteurs du *Discours*.
2. Remarque importante : la méthode du *Discours* ne consiste pas en un ensemble de règles formelles applicables dans toutes les situations et tous les domaines et qui permettraient de « fabriquer » de la science à partir de rien (de fait, seuls les quatre « préceptes » de la *Seconde partie* du *Discours* peuvent évoquer ce type de « mode d'emploi ») ; la méthode est plutôt une prise de conscience de la façon dont a été constitué le savoir. D'où le rôle important des *Essais* (*Météores, Dioptrique, Géométrie*) qui accompagnaient les six parties du *Discours* dans l'édition de 1637 : ils présentent la méthode en acte.   3. Des conseils, des règles qu'il faut suivre.   4. S'ils se trompent.   5. Le *Discours de la méthode* est une histoire, c'est-à-dire un récit, celui de la vie et des recherches de Descartes. Mais on peut aussi le prendre comme une fable, c'est-à-dire comme un récit fictif qui propose une morale, dont on peut tirer un enseignement. Voir sur ce point notre Introduction p. 14-15.   6. Ici comme dans tout le *Discours*, « plusieurs » signifie « beaucoup ».   7. Me seront reconnaissants.

J'ai été nourri aux lettres[1] dès mon enfance, et pource qu'on[2] me persuadait que par leur moyen on pouvait acquérir une connaissance claire et assurée de tout ce qui est utile à la vie, j'avais un extrême désir de les apprendre. Mais sitôt que j'eus achevé tout ce cours d'études au bout duquel on a coutume d'être reçu au rang des doctes[3], je changeai entièrement d'opinion. Car je me trouvais embarrassé de tant de doutes et d'erreurs qu'il me semblait n'avoir fait autre profit[4] en tâchant de m'instruire, sinon que j'avais découvert de plus en plus mon ignorance. Et néanmoins **[5]** j'étais en l'une des plus célèbres écoles de l'Europe[5], où je pensais qu'il devait y avoir de savants hommes s'il y en avait en aucun endroit de la terre. J'y avais appris tout ce que les autres y apprenaient ; et même, ne m'étant pas contenté des sciences qu'on nous enseignait, j'avais parcouru tous les livres traitant de celles qu'on estime les plus curieuses[6] et les plus rares, qui avaient pu tomber entre mes mains. Avec cela je savais les jugements que les autres faisaient de moi ; et je ne voyais point qu'on m'estimât inférieur à mes condisciples, bien qu'il y en eût déjà entre eux[7] quelques-uns qu'on destinait à remplir les places[8] de nos maîtres. Et enfin notre siècle me semblait aussi fleurissant, et aussi fertile en bons esprits, qu'ait été aucun des précédents. Ce qui me faisait prendre la liberté de juger par moi de tous les autres, et de penser qu'il n'y avait aucune

---

1. J'ai étudié, appris en lisant des livres.   **2.** Ici comme dans tout le reste du *Discours*, « pource que » = parce que, à cause du fait que, comme.   **3.** Les savants, les érudits.   **4.** N'avoir fait autre profit [...] sinon que : n'avoir tiré aucun profit [...] si ce n'est que.   **5.** Le collège de La Flèche : voir les Repères biographiques en fin de volume aux années 1607-1615.   **6.** On appelait questions ou sciences « curieuses » les questions ou sciences difficiles et réservées à un petit nombre d'initiés. Il pouvait s'agir aussi bien de questions occultes (magie, astrologie) que de secteurs particulièrement délicats des disciplines plus conventionnelles. **7.** Parmi eux.   **8.** Remplacer.

doctrine dans le monde qui fût telle qu'on m'avait auparavant fait espérer.

Je ne laissais pas[1] toutefois d'estimer les exercices auxquels on s'occupe dans les écoles. Je savais que les langues[2] qu'on y apprend sont nécessaires pour l'intelligence des livres anciens ; que la gentillesse[3] des fables réveille l'esprit ; que les actions mémorables des histoires le relèvent, et qu'étant lues avec discrétion[4] elles aident à former le jugement ; que la lecture de tous les bons livres est comme une conversation avec les plus honnêtes gens[5] des siècles passés qui en ont été les auteurs, et même une conversation étudiée[6], en laquelle ils ne nous découvrent que les meilleures de leurs pensées ; que l'éloquence a des forces et des beautés incomparables ; que la poésie a des **[6]** délicatesses et des douceurs très ravissantes ; que les mathématiques ont des inventions très subtiles, et qui peuvent beaucoup servir tant à contenter les curieux qu'à faciliter tous les arts[7] et diminuer le travail des hommes ; que les écrits qui traitent des mœurs contiennent plusieurs enseignements et plusieurs exhortations à la vertu qui sont fort utiles ; que la théologie enseigne à gagner le ciel ; que la philosophie donne moyen de parler vraisemblablement de toutes choses, et se faire admirer des moins savants[8] ; que la jurisprudence[9], la médecine et les autres sciences apportent des honneurs

---

1. Je ne cessais pas, je continuais à.   2. En l'occurrence, le grec et le latin.   3. Le caractère agréable des fables, et la noblesse de leur sujet. 4. Précautions, discernement.   5. « Honnête » n'a pas au XVIIᵉ siècle le sens exclusivement moral que le terme a pris aujourd'hui : les auteurs honnêtes sont aussi les auteurs « intéressants », de qui nous avons à apprendre.   6. Réfléchie, organisée, qui n'est pas menée n'importe comment.   7. Les techniques : il s'agit des applications pratiques des mathématiques.   8. On remarquera la nuance critique, ou à tout le moins ironique, de cette caractérisation de la philosophie. La « philosophie » enseignée à La Flèche contenait de la logique, de la physique et de la métaphysique, et suivait de près Aristote et ses commentateurs.   9. Le droit, la science du droit. Après ses études au collège de La Flèche, Descartes étudia le droit à l'Université de Poitiers.

et des richesses à ceux qui les cultivent ; et enfin qu'il est bon de les avoir toutes examinées, même les plus superstitieuses et les plus fausses[1], afin de connaître leur juste valeur, et se garder d'en être trompé.

Mais je croyais avoir déjà donné assez de temps aux langues ; et même aussi à la lecture des livres anciens, et à leurs histoires, et à leurs fables. Car c'est quasi le même de converser avec ceux des autres siècles que de voyager. Il est bon de savoir quelque chose des mœurs de divers peuples, afin de juger des nôtres plus sainement, et que[2] nous ne pensions pas que tout ce qui est contre nos modes soit ridicule et contre raison, ainsi qu'ont coutume de faire ceux qui n'ont rien vu ; mais lorsqu'on emploie trop de temps à voyager on devient enfin étranger en son pays ; et lorsqu'on est trop curieux des choses qui se pratiquaient aux siècles passés, on demeure ordinairement fort ignorant de celles qui se pratiquent en celui-ci. Outre que les fables font imaginer plusieurs **[7]** événements comme possibles qui ne le sont point ; et que même les histoires les plus fidèles, si elles ne changent ni n'augmentent la valeur des choses pour les rendre plus dignes d'être lues, au moins en omettent-elles presque toujours les plus basses et moins illustres circonstances, d'où vient que le reste ne paraît pas tel qu'il est, et que ceux qui règlent leurs mœurs par les exemples qu'ils en tirent sont sujets à tomber dans les extravagances des paladins de nos romans[3], et à concevoir des desseins qui passent[4] leurs forces.

J'estimais fort l'éloquence, et j'étais amoureux de la poésie ; mais je pensais que l'une et l'autre étaient des

---

1. Descartes expliquera plus loin (p. 76) qu'il s'agit de l'alchimie, de l'astrologie et de la magie. **2.** Et afin que... **3.** Les héros des légendes ou des romans de chevalerie, par exemple Roland (la *Chanson de Roland*), Lancelot et Arthur (cycle du Graal). Descartes songe peut-être ici au *Don Quichotte* de Cervantès (paru en 1605 et 1614, traduit en français en 1614 et 1618) : ce personnage est un bon exemple de la confusion entre le monde romanesque et le réel qui est ici dénoncée. **4.** Dépassent.

dons de l'esprit, plutôt que des fruits de l'étude. Ceux qui ont le raisonnement le plus fort, et qui digèrent [1] le mieux leurs pensées afin de les rendre claires et intelligibles, peuvent toujours le mieux persuader ce qu'ils proposent, encore qu'ils ne parlassent que bas breton, et qu'ils n'eussent jamais appris de rhétorique ; et ceux qui ont les inventions les plus agréables et qui les savent exprimer avec le plus d'ornement et de douceur ne laisseraient pas d'être [2] les meilleurs poètes, encore que l'art poétique leur fût inconnu.

Je me plaisais surtout aux mathématiques, à cause de la certitude et de l'évidence de leurs raisons, mais je ne remarquais point encore leur vrai usage, et, pensant qu'elles ne servaient qu'aux arts mécaniques [3], je m'étonnais de ce que, leurs fondements étant si fermes et si solides, on n'avait rien bâti dessus de plus relevé [4]. Comme au contraire [5] je comparais les écrits des anciens païens [6] qui traitent des mœurs à des palais **[8]** fort superbes et fort magnifiques, qui n'étaient bâtis que sur du sable et sur de la boue ; ils élèvent fort haut les vertus, et les font paraître estimables par-dessus toutes les choses qui sont au monde, mais ils n'enseignent pas assez à les connaître, et souvent ce qu'ils appellent d'un si beau nom n'est qu'une insensibilité, ou un orgueil, ou un désespoir, ou un parricide [7].

---

1. Assimilent, mettent en ordre. **2.** N'en seraient pas moins. **3.** Les applications techniques pratiques des mathématiques, sur lesquelles insistait l'enseignement des jésuites de La Flèche. **4.** Cette phrase caractérise parfaitement le projet philosophique de Descartes : prendre pour modèle l'évidence et l'organisation démonstrative des mathématiques, pour passer ensuite à des sciences « un peu plus relevées » (*Règles pour la direction de l'esprit*, IV, AT, t. X, p. 379 ; Alquié, t. I, p. 99) et constituer un savoir complet. **5.** De même qu'à l'inverse. **6.** En général, les Grecs et les Romains, et plus particulièrement les Stoïciens qui sont visés dans les lignes qui suivent. La correspondance de Descartes atteste qu'il connaissait bien ce courant de pensée, et notamment Sénèque. Voir les notes de la *Troisième partie*, p. 101. **7.** Allusions à des thèmes de la morale stoïcienne, ce qu'on appelle parfois les « paradoxes du sage ». La douleur ou les événements habituellement tenus pour tristes (le décès d'un proche) ne sont pas vraiment des maux : Descartes voit là de « l'insensibilité » ; le

Je révérais notre théologie[1], et prétendais autant qu'aucun autre à gagner le ciel ; mais ayant appris comme chose très assurée que le chemin n'en est pas moins ouvert aux plus ignorants qu'aux plus doctes, et que les vérités révélées qui y conduisent sont au-dessus de notre intelligence, je n'eusse osé les soumettre à la faiblesse de mes raisonnements, et je pensais que pour entreprendre de les examiner, et y réussir, il était besoin d'avoir quelque extraordinaire assistance du ciel, et d'être plus qu'homme[2].

Je ne dirai rien de la philosophie, sinon que, voyant qu'elle a été cultivée par les plus excellents esprits qui aient vécu depuis plusieurs siècles, et que néanmoins il ne s'y trouve encore aucune chose dont on ne dispute, et par conséquent qui ne soit douteuse, je n'avais point assez de présomption pour espérer d'y rencontrer[3] mieux que les autres ; et que, considérant combien il peut y avoir de diverses opinions touchant une même matière qui soient soutenues par des gens doctes, sans qu'il y en puisse avoir jamais plus d'une seule qui soit vraie, je réputais[4] presque pour faux tout ce qui n'était que vraisemblable[5].

---

sage est parfaitement maître de lui et capable de parvenir au bonheur par ses propres moyens : c'est pour Descartes de « l'orgueil » ; le suicide est parfois légitime (c'est du « désespoir »), tout comme le meurtre d'un tyran (par exemple le « parricide » de Brutus tuant César). Toutes ces critiques faites aux Stoïciens se retrouvent fréquemment chez les auteurs chrétiens du XVIIᵉ siècle, et se laissent résumer dans l'accusation « d'orgueil » : les Stoïciens prétendent pouvoir être heureux et vertueux seuls, par leurs propres forces et sans l'aide de Dieu.

1. Ici : la connaissance de Dieu et de ce qui le concerne au moyen des vérités « révélées » de la Bible, accessibles à tous les hommes, mais situées hors du domaine de compétence des raisonnements des philosophes.   2. C'est-à-dire de bénéficier, pour accomplir ce travail, d'une aide surnaturelle (la grâce) qui n'est pas donnée à tout le monde. L'expression s'oppose à « purement homme », ci-dessus p. 69.   3. Réussir.   4. Je tenais, je considérais comme.   5. Le « doute » érigé en méthode et présenté au début de la *Quatrième partie* du *Discours* consistera à oublier la nuance apportée ici par le « presque » : le « vraisemblable », le « probable » seront alors tenus pour faux.

Puis, pour les autres sciences, d'autant qu'elles[1] empruntent leurs principes de la philosophie, je jugeais **[9]** qu'on ne pouvait avoir rien bâti qui fût solide sur des fondements si peu fermes ; et ni l'honneur ni le gain qu'elles promettent n'étaient suffisants pour me convier à[2] les apprendre : car je ne me sentais point, grâces à Dieu, de condition qui m'obligeât à faire un métier de la science, pour le soulagement de ma fortune[3] ; et quoique je ne fisse pas profession de mépriser la gloire en cynique[4], je faisais néanmoins fort peu d'état[5] de celle que je n'espérais point pouvoir acquérir qu'à faux titres[6]. Et enfin, pour les mauvaises doctrines, je pensais déjà connaître assez ce qu'elles valaient pour n'être plus sujet à être trompé ni par les promesses d'un alchimiste[7], ni par les prédictions d'un astrologue[8], ni par les impostures d'un magicien[9], ni par les artifices ou la vanterie d'aucun de ceux qui font profession de savoir plus qu'ils ne savent.

C'est pourquoi, sitôt que l'âge me permit de sortir de

---

1. Dans la mesure où. Indépendamment des considérations sur la nécessité générale de la méthode, la fameuse comparaison de « l'arbre de la Philosophie » présentée par Descartes dans la *Lettre-Préface* des *Principes de la philosophie* permet de comprendre comment les « autres sciences » (sans doute ici le droit et la médecine dont il a été question plus haut, p. 72) reposent sur des principes philosophiques : la médecine (science du fonctionnement du corps humain) présuppose une physique (science de la matière en général) ; le droit a du rapport avec la morale.   2. M'inciter à.   3. C'est-à-dire : pour gagner de l'argent.   4. Comme un Cynique. Les Cyniques étaient des philosophes de l'Antiquité qui professaient le mépris pour les valeurs établies, par exemple la gloire que confère la reconnaissance institutionnelle d'un savoir.   5. Fort peu de cas.   6. C'est-à-dire : en travaillant dans les « autres sciences » dont Descartes vient de dire qu'elles étaient « peu solides ».   7. Les alchimistes prétendaient par exemple transformer les métaux en or, ou détenir des remèdes pour guérir toutes les maladies.   8. Les horoscopes étaient très en vogue au début du XVIIᵉ siècle.   9. Un mage, quelqu'un prétendant détenir des pouvoirs capables de produire des effets extraordinaires (et non un artiste se produisant en spectacle, comme on l'entend aujourd'hui).

la sujétion de mes précepteurs[1], je quittai entièrement l'étude des lettres. Et me résolvant de[2] ne chercher plus d'autre science que celle qui se pourrait trouver en moi-même, ou bien dans le grand livre du monde, j'employai le reste de ma jeunesse à voyager, à voir des cours et des armées[3], à fréquenter des gens de diverses humeurs[4] et conditions, à recueillir diverses expériences, à m'éprouver moi-même dans les rencontres que la fortune me proposait, et partout à faire telle réflexion sur les choses qui se présentaient que j'en pusse tirer quelque profit. Car il me semblait que je pourrais rencontrer beaucoup plus de vérité dans les raisonnements que chacun fait touchant les affaires qui lui importent, et dont l'événement[5] **[10]** le doit punir bientôt après s'il a mal jugé, que dans ceux que fait un homme de lettres dans son cabinet[6] touchant des spéculations qui ne produisent aucun effet[7], et qui ne lui sont d'autre conséquence sinon[8] que peut-être il en tirera d'autant plus de vanité qu'elles seront plus éloignées du sens commun[9], à cause qu'il aura dû employer d'autant plus d'esprit et d'artifice[10] à tâcher de les rendre vraisemblables. Et j'avais toujours un extrême désir d'apprendre à distinguer le vrai d'avec le faux, pour voir clair en mes actions, et marcher avec assurance en cette vie.

Il est vrai que, pendant que[11] je ne faisais que considérer les mœurs des autres hommes, je n'y trouvais guère de quoi m'assurer[12], et que j'y remarquais quasi

---

1. La domination de mes maîtres, le fait d'être assujetti à mes enseignants.   2. Me résolvant à.   3. Voir les Repères biographiques pour les années 1616-1619.   4. De genres d'esprits différents, avec différentes façons de penser.   5. Dont les résultats, les conséquences que s'ensuivent.   6. Son bureau, la pièce où il travaille.   7. Aucun résultat concret.   8. Qui ne lui feront rien d'autre, sinon que.   9. De l'opinion commune, de ce que pense la majorité.   10. D'effort, d'ingéniosité : plus une opinion sera bizarre, plus il faudra être astucieux pour la rendre crédible et la faire accepter.   11. Tant que, aussi longtemps que.   12. De quoi être assuré, de quoi posséder l'assurance dont Descartes parlait quelques lignes plus haut.

autant de diversité que j'avais fait[1] auparavant entre les opinions des philosophes. En sorte que le plus grand profit que j'en retirais était que, voyant plusieurs choses qui, bien qu'elles nous semblent fort extravagantes et ridicules, ne laissent pas d'être communément reçues et approuvées par d'autres grands peuples, j'apprenais à ne rien croire trop fermement de ce qui ne m'avait été persuadé que par l'exemple et par la coutume : et ainsi je me délivrais peu à peu de beaucoup d'erreurs qui peuvent offusquer[2] notre lumière naturelle[3], et nous rendre moins capables d'entendre raison. Mais après que j'eus employé quelques années à étudier ainsi dans le livre du monde et à tâcher d'acquérir quelque expérience, je pris un jour résolution d'étudier aussi en moi-même, et d'employer toutes les forces de mon esprit à choisir les chemins que je devais suivre. Ce qui me réussit beaucoup [11] mieux, ce me semble, que si je ne me fusse jamais éloigné ni de mon pays ni de mes livres.

---

1. Que j'avais déjà remarqué. 2. Obscurcir. 3. La « lumière naturelle » (distinguée de la « lumière surnaturelle », la révélation) est la capacité de bien penser dont tout homme est naturellement doté : l'expression est, ici, quasiment synonyme de « raison » ou « bon sens ».

SECONDE PARTIE

J'étais alors en Allemagne[1] où l'occasion des
guerres qui n'y sont pas encore finies[2] m'avait appelé,
et comme je retournais du couronnement de l'Empereur vers l'armée, le commencement de l'hiver m'arrêta
en un quartier[3] où, ne trouvant aucune conversation qui
me divertît, et n'ayant d'ailleurs par bonheur aucuns
soins[4] ni passions qui me troublassent, je demeurais
tout le jour enfermé seul dans un poêle[5], où j'avais
tout loisir de m'entretenir de[6] mes pensées. Entre lesquelles[7] l'une des premières fut que je m'avisai de
considérer que souvent il n'y a pas tant de perfection
dans les ouvrages composés de plusieurs pièces, et faits
de la main de divers maîtres, qu'en ceux auxquels un
seul a travaillé[8]. Ainsi voit-on que les bâtiments qu'un

---

1. Sur l'ensemble des circonstances et événements dont parle cette première phrase de la *Seconde partie*, voir les Repères biographiques à l'année 1619.   2. La guerre de Trente Ans, entre les princes protestants et
l'empereur catholique en Allemagne, qui dura de 1618 à 1648.   3. Une
demeure, ou un village.   4. Aucune préoccupation, aucun souci.
5. Une pièce chauffée par un poêle.   6. S'entretenir de = méditer.
7. Parmi lesquelles.   8. C'est le thème de l'unité du savoir qui va ici être
mis en avant, et longuement précisé dans une série de comparaisons emprun-
tées à des domaines divers (architecture et urbanisme, politique, philosophie).
Pour les décrypter, on pourra se souvenir que cette unité sur laquelle insiste
Descartes est tout autant celle de l'édifice (la science) que celle de l'esprit qui
le construit (le philosophe travaillant selon la méthode). Sur ce rôle unifiant
de l'esprit, voir par exemple la première des *Règles pour la direction de l'esprit*, AT, t. X, p. 360 ; Alquié, t. I, p. 78, citée dans notre Introduction p. 31.

seul architecte a entrepris et achevés ont coutume
d'être plus beaux et mieux ordonnés que ceux que plusieurs ont tâché de raccommoder[1], en faisant servir de
vieilles murailles qui avaient été bâties à d'autres fins.
Ainsi ces anciennes cités qui, n'ayant été au commencement que des bourgades, sont devenues par succes-
sion de temps[2] de grandes villes, sont ordinairement si
mal compassées[3], au prix de[4] ces places[5] régulières
qu'un ingénieur trace à sa fantaisie[6] dans une plaine,
qu'encore que[7], considérant leurs édifices chacun à
part, on y trouve souvent autant ou plus d'art qu'en
ceux des autres ; toutefois, à voir comme ils sont
arrangés, ici un grand, là un petit, et comme ils rendent
les rues courbées et inégales[8] **[12]**, on dirait que c'est
plutôt la fortune[9] que la volonté de quelques hommes
usant de raison qui les a ainsi disposés. Et si on considère qu'il y a eu néanmoins de tout temps quelques
officiers[10] qui ont eu charge de prendre garde aux bâtiments des particuliers pour les faire servir à l'ornement
du public, on connaîtra bien[11] qu'il est malaisé, en ne
travaillant que sur les ouvrages d'autrui, de faire des
choses fort accomplies[12]. Ainsi je m'imaginai que les
peuples qui, ayant été autrefois demi-sauvages et ne
s'étant civilisés que peu à peu, n'ont fait leurs lois qu'à
mesure que l'incommodité[13] des crimes et des que-

---

1. De réhabiliter, de moderniser en conservant et utilisant les éléments
déjà existants.   2. Au fil du temps.   3. Si mal conçues et dessinées
par les architectes, qui utilisaient le *compas*.   4. Par comparaison avec.
5. Villes fortifiées.   6. A son gré, à sa guise. Descartes fait ici allusion
à ces cités fortifiées avec des rues larges, droites et régulières qui ont été
construites aux XVIe et XVIIe siècles : par exemple Henrichemont (près de
Bourges) ou Richelieu (près de Chinon).   7. Quoique, même
si.   8. En pente. Une promenade dans la vieille ville de Poitiers, où Descartes fit ses études de droit, permet de comprendre ce dont il parle
ici.   9. Le hasard.   10. Ici : des fonctionnaires chargés de l'urbanisme, qui veillaient à ce que les constructions des particuliers s'intègrent
correctement dans l'environnement urbain (ce que la suite de la phrase
appelle « l'ornement du public »).   11. On se rendra bien compte.
12. Bien achevées.   13. Les désagréments, les troubles causés par les
actions criminelles.

relles les y a contraints, ne sauraient être si bien poli-
cés[1] que ceux qui, dès le commencement qu'ils se sont
assemblés, ont observé les constitutions de quelque
prudent législateur. Comme il est bien certain que l'état
de la vraie religion, dont Dieu seul a fait les ordon-
nances[2], doit être incomparablement mieux réglé que
tous les autres. Et pour parler des choses humaines, je
crois que si Sparte a été autrefois très florissante, ce
n'a pas été à cause de la bonté de chacune de ses lois
en particulier, vu que plusieurs étaient fort étranges, et
même contraires aux bonnes mœurs, mais à cause que,
n'ayant été inventées que par un seul, elles tendaient
toutes à même fin[3]. Et ainsi je pensai que les sciences
des livres, au moins celles dont les raisons ne sont que
probables, et qui n'ont aucunes démonstrations, s'étant
composées et grossies peu à peu des opinions de plusieurs diverses personnes[4], ne sont point si appro-
chantes de la vérité que les simples raisonnements que
peut faire naturellement un homme **[13]** de bon sens
touchant les choses qui se présentent. Et ainsi encore
je pensai que, pour ce que[5] nous avons tous été enfants
avant que d'être hommes[6], et qu'il nous a fallu longtemps être gouvernés par nos appétits[7] et nos précepteurs, qui étaient souvent contraires les uns aux autres,

---

1. Dotés d'une organisation politique et sociale.   **2.** Les commande-
ments, les prescriptions.   **3.** La légende raconte que les lois de la cité
grecque de Sparte avaient toutes été établies par Lycurgue dans le seul but
d'assurer la stabilité et la puissance (notamment militaire) de la cité. D'où
les règles « contraires aux bonnes mœurs » dont parle Descartes : les Spar-
tiates supprimaient les enfants infirmes ou trop faibles, félicitaient ceux qui
parvenaient à voler sans se faire prendre, etc.   **4.** De plusieurs personnes
différentes.   **5.** Comme, parce que.   **6.** L'enfance, c'est-à-dire l'âge
où l'on fait confiance sans recul critique à ce que nous apprennent nos
maîtres et à l'ensemble des informations des sens, est pour Descartes le
moment de notre vie où se constitue la majorité de nos préjugés (voir en
ce sens les *Principes de la philosophie*, I, art. 71). De ce point de vue, le
doute, destiné à arracher ces préjugés, s'apparentera à un vigoureux effort
pour grandir et passer à l'âge adulte. Voir sur ce point notre Introduction,
section 2.   **7.** Nos désirs spontanés. On dirait aujourd'hui : gouvernés
par le principe de plaisir.

et qui ni les uns ni les autres ne nous conseillaient peut-être pas toujours le meilleur, il est presque impossible que nos jugements soient si purs ni si solides [1] qu'ils auraient été, si nous avions eu l'usage entier de notre raison dès le point de notre naissance, et que nous n'eussions jamais été conduits que par elle.

Il est vrai que nous ne voyons point qu'on jette par terre toutes les maisons d'une ville, pour le seul dessein de les refaire d'autre façon, et d'en rendre les rues plus belles ; mais on voit bien que plusieurs font abattre les leurs pour les rebâtir, et que même quelquefois ils y sont contraints, quand elles sont en danger de tomber d'elles-mêmes, et que les fondements n'en sont pas bien fermes. A l'exemple de quoi je me persuadai qu'il n'y aurait véritablement point d'apparence [2] qu'un particulier fît dessein de réformer un État en y changeant tout dès les fondements, et en le renversant pour le redresser, ni même aussi [3] de réformer le corps des sciences [4], ou l'ordre établi dans les écoles pour les enseigner ; mais que, pour toutes les opinions que j'avais reçues jusques alors en ma créance [5], je ne pouvais mieux faire que d'entreprendre une bonne fois de les en ôter, afin d'y en remettre [6] par après ou d'autres meilleures ou bien les mêmes [7], lorsque je les aurais

---

1. Aussi purs et aussi solides.   2. Il ne serait pas raisonnable, convenable.   3. Et pas davantage, et pas non plus.   4. L'ensemble organisé des différentes sciences.   5. Croyance.   6. D'y en remettre : d'utiliser, de remplacer par.   7. Précision importante : Descartes ne prétend pas faire « table rase » pour innover à tout prix et remplacer tous les contenus de l'ancien savoir par d'autres, nouveaux, qu'il aurait lui-même constitués. Il cherche plutôt à opérer un tri qui permettra de rejeter le faux et le douteux, mais aussi de conserver ce qui est valable parmi les sciences déjà établies. Descartes utilise à ce sujet une image très parlante dans les *Réponses aux septièmes objections* (AT, t. VII, p. 481 ; Alquié, t. II, p. 982-983) : celui qui doute est dans la position de celui qui, face à une corbeille pleine de pommes, craint que quelques-unes soient pourries et corrompent les fruits sains. La seule solution est de vider toute la corbeille, puis de trier pour ne conserver que les fruits en bon état.

[14] ajustées au niveau de la raison[1]. Et je crus fermement que par ce moyen je réussirais à conduire ma vie beaucoup mieux que si je ne bâtissais que sur de vieux fondements, et que je ne m'appuyasse que sur les principes que je m'étais laissé persuader en ma jeunesse sans avoir jamais examiné s'ils étaient vrais. Car bien que je remarquasse en ceci diverses difficultés, elles n'étaient point toutefois sans remède, ni comparables à celles qui se trouvent en la réformation[2] des moindres choses qui touchent le public. Ces grands corps[3] sont trop malaisés à relever étant abattus, ou même à retenir étant ébranlés, et leurs chutes ne peuvent être que très rudes. Puis pour leurs imperfections, s'ils en ont, comme la seule diversité qui est entre eux suffit pour assurer que plusieurs en ont, l'usage les a sans doute fort adoucies, et même il en a évité, ou corrigé insensiblement[4] quantité, auxquelles on ne pourrait si bien pourvoir par prudence. Et enfin elles sont quasi toujours plus supportables que ne serait leur changement, en même façon que les grands chemins qui tournoient entre des montagnes deviennent peu à peu si unis[5] et si commodes, à force d'être fréquentés, qu'il est beaucoup meilleur de les suivre que d'entreprendre d'aller plus droit, en grimpant au-dessus des rochers, et descendant jusques au bas des précipices.

C'est pourquoi je ne saurais aucunement approuver ces humeurs brouillonnes et inquiètes qui, n'étant appelées ni par leur naissance[6] ni par leur fortune au maniement des affaires publiques, ne laissent pas[7] d'y faire toujours en idée quelque nouvelle [15] réformation. Et si je pensais qu'il y eût la moindre chose en cet écrit par laquelle on me pût soupçonner de cette

---

1. Grâce à la raison : il s'agit d'une image faisant de la raison un outil (un niveau) qui permet de vérifier qu'une construction est bien droite et que ses éléments sont bien ajustés. **2.** La réforme. **3.** Les sociétés. **4.** Sans que ce soit remarqué, de manière inconsciente. **5.** Aplanis, rendus égaux. **6.** Leur noblesse. **7.** Ne cessent pas.

folie, je serais très marri[1] de souffrir[2] qu'il fût publié. Jamais mon dessein ne s'est étendu plus avant que de tâcher à réformer mes propres pensées, et de bâtir dans un fonds qui est tout à moi. Que si, mon ouvrage m'ayant assez plu, je vous en fais voir ici le modèle, ce n'est pas pour cela que je veuille conseiller à personne de l'imiter ; ceux que Dieu a mieux partagés de ses grâces[3] auront peut-être des desseins plus relevés, mais je crains bien que celui-ci ne soit déjà que trop hardi pour plusieurs[4]. La seule résolution de se défaire de toutes les opinions qu'on a reçues auparavant en sa créance n'est pas un exemple que chacun doive suivre[5] ; et le monde n'est quasi composé que de deux sortes d'esprits auxquels il ne convient aucunement. A savoir de ceux qui, se croyant plus habiles qu'ils ne sont, ne se peuvent empêcher de précipiter leurs jugements, ni avoir assez de patience pour conduire par ordre toutes leurs pensées[6] : d'où vient que s'ils

---

1. Attristé, contrarié.   **2.** D'accepter.   **3.** Ceux auxquels Dieu a donné davantage de capacités et de talents qu'à moi, ceux qui sont plus doués que moi.   **4.** Pour beaucoup.   **5.** Avertissement important, sur lequel Descartes reviendra à plusieurs reprises (voir les textes cités dans notre Introduction, p. 27) : le doute tel qu'il est poussé à l'extrême au moment fondateur de la philosophie (c'est-à-dire, ici, au début de la *Quatrième partie* du *Discours*) est une opération délicate, voire dangereuse pour la plupart des esprits, qui feront donc mieux de l'éviter. La suite du texte donne deux exemples de ces personnes à qui le doute n'est pas destiné : ceux qui font preuve de précipitation, c'est-à-dire jugent trop vite, n'auront donc pas la patience de laisser le doute porter ses fruits théoriques, et accepteront en conséquence à nouveau des conclusions erronées ou probables ; et, de façon symétrique, les esprits peu entraînés à la spéculation, incapables d'échapper à un doute qui pourrait ainsi les fixer de manière définitive dans le scepticisme.   **6.** Cette capacité à « conduire par ordre » ses pensées est ce que Descartes nomme la sagacité dans la dixième des *Règles pour la direction de l'esprit*. On peut selon lui l'acquérir, ou la renforcer, par l'observation « des techniques les plus insignifiantes et les plus simples, et de préférence celles où règne davantage un ordre, comme celles des artisans qui tissent des toiles et des tapis, ou celles des femmes qui piquent à l'aiguille, ou tricotent des fils pour en faire des tissus de structures infiniment variées ; comme également tous les jeux mathématiques, tout ce qui touche à l'arithmétique, et autres choses de ce genre » (AT, t. X, p. 404 ; Alquié, t. I, p. 127).

avaient une fois pris la liberté de douter des principes qu'ils ont reçus, et de s'écarter du chemin commun, jamais ils ne pourraient tenir le sentier qu'il faut prendre pour aller plus droit, et demeureraient égarés toute leur vie. Puis de ceux qui, ayant assez de raison, ou de modestie, pour juger qu'ils sont moins capables de distinguer le vrai d'avec le faux que quelques autres par lesquels ils peuvent être instruits, doivent bien plutôt se contenter de suivre les opinions de ces autres qu'en chercher eux-mêmes de meilleures. **[16]**

Et pour moi j'aurais été sans doute du nombre de ces derniers si je n'avais jamais eu qu'un seul maître, ou que je n'eusse point su les différences qui ont été de tout temps entre les opinions des plus doctes. Mais ayant appris dès le collège qu'on ne saurait rien imaginer de si étrange et si peu croyable qu'il n'ait été dit par quelqu'un des philosophes ; et depuis, en voyageant, ayant reconnu que tous ceux qui ont des sentiments fort contraires aux nôtres ne sont pas pour cela barbares ni sauvages, mais que plusieurs usent autant ou plus que nous de raison ; et ayant considéré combien un même homme, avec son même esprit, étant nourri[1] dès son enfance entre des Français ou des Allemands, devient différent de ce qu'il serait s'il avait toujours vécu entre des Chinois ou des Cannibales[2] ; et comment, jusques aux modes de nos habits, la même chose qui nous a plu il y a dix ans, et qui nous plaira peut-être encore avant dix ans, nous semble maintenant extravagante et ridicule, en sorte que c'est bien plus la coutume et l'exemple qui nous persuadent qu'aucune connaissance certaine ; et que néanmoins la pluralité des voix[3] n'est pas une preuve qui vaille rien, pour les vérités un peu malaisées à découvrir, à cause qu'il est bien plus vraisemblable qu'un homme seul les ait rencontrées que

---

1. Éduqué, élevé. 2. Allusion possible à Montaigne (voir *Essais*, I, 31, *Des cannibales*) dont tout ce développement retrouve le relativisme culturel. 3. La majorité des opinions, des suffrages.

tout un peuple ; je ne pouvais choisir personne dont les opinions me semblassent devoir être préférées à celles des autres, et je me trouvai comme contraint d'entreprendre moi-même de me conduire.

Mais, comme un homme qui marche seul et dans les ténèbres, je me résolus d'aller si lentement et d'user **[17]** de tant de circonspection en toutes choses que, si je n'avançais que fort peu, je me garderais bien, au moins, de tomber. Même je ne voulus point commencer à rejeter tout à fait aucune des opinions qui s'étaient pu glisser autrefois en ma créance sans y avoir été introduites par la raison, que je n'eusse auparavant employé assez de temps à faire le projet de l'ouvrage que j'entreprenais, et à chercher la vraie méthode pour parvenir à la connaissance de toutes les choses dont mon esprit serait capable.

J'avais un peu étudié, étant plus jeune, entre les parties de la philosophie à la logique [1] et entre les mathématiques à l'analyse des géomètres [2] et à

---

1. Il s'agit d'une logique d'inspiration aristotélicienne, et plus spécialement de la théorie des syllogismes démonstratifs, du type : tout homme est mortel, or Socrate est un homme, donc Socrate est mortel. Pour Descartes, la logique ainsi entendue ne permet pas de produire un savoir nouveau (on présuppose, par exemple, que « Socrate est mortel » aussitôt qu'on pose que « tout homme est mortel » : ainsi la conclusion est déjà contenue dans les prémisses et le syllogisme n'amène pas à un résultat à proprement parler *nouveau*) ; elle ne sert donc qu'à exposer de façon claire et structurée un savoir déjà constitué par d'autres voies. Voir en ce sens la fin de la dixième des *Règles pour la direction de l'esprit*, AT, t. X, p. 406 ; Alquié, t. I, p. 130. **2.** Descartes explique à plusieurs reprises que selon lui, les géomètres de l'Antiquité se sont servis d'une méthode d'analyse (c'est-à-dire la mise au jour analytique, par décomposition, de tous les éléments simples d'un problème géométrique) pour constituer leur géométrie, mais qu'ils ont refusé de rendre publique cette méthode et ont préféré exposer seulement les résultats de leurs recherches (voir par exemple *Réponses aux secondes objections*, AT, t. IX, p. 122 ; Alquié, t. II, p. 583 ; et la quatrième des *Règles pour la direction de l'esprit*, AT, t. X, p. 373 ; Alquié, t. I, p. 93). On saisit par contraste le caractère universaliste, et presque politique, du geste cartésien qui consiste à dévoiler dans le *Discours* non seulement le savoir, mais aussi la méthode qui a permis d'y parvenir.

l'algèbre[1], trois arts ou sciences[2] qui semblaient devoir contribuer quelque chose[3] à mon dessein. Mais en les examinant je pris garde que, pour la logique, ses syllogismes et la plupart de ses autres instructions servent plutôt à expliquer à autrui les choses qu'on sait, ou même, comme l'art de Lulle[4] à parler sans jugement de celles qu'on ignore, qu'à les apprendre. Et bien qu'elle contienne en effet beaucoup de préceptes très vrais et très bons, il y en a toutefois tant d'autres mêlés parmi[5], qui sont ou nuisibles ou superflus, qu'il est presque aussi malaisé de les en séparer que de tirer une Diane ou une Minerve[6] hors d'un bloc de marbre qui n'est point encore ébauché. Puis, pour l'analyse des anciens et l'algèbre des modernes, outre qu'elles ne s'étendent qu'à des matières fort abstraites, et qui ne semblent d'aucun usage, la première est toujours si astreinte à la considération des figures qu'elle ne peut exercer **[18]** l'entendement sans fatiguer beau-

---

1. Peut-être inventée par les Grecs, ou plus probablement par les Arabes, l'algèbre que Descartes avait apprise utilisait un système de notation très complexe au moyen de caractères dits « cossiques » : de là la critique des « certains chiffres » (c'est-à-dire les symboles algébriques) « obscurs » qu'on trouve quelques lignes plus bas. Sur la critique cartésienne de l'algèbre telle qu'elle était alors pratiquée, voir la synthèse de V. Jullien, *Descartes. La géométrie de 1637*, p. 32-35.   **2.** Les scolastiques entendaient par « science » un savoir, et par « art » la méthode, les protocoles de recherche permettant de constituer ce savoir. Pour Descartes, les mathématiques sont effectivement les deux à la fois : leurs contenus, les vérités mathématiques, font d'elles une science, mais elles fournissent également un modèle de méthode, et peuvent donc de ce point de vue être également considérées comme un « art ».   **3.** Apporter quelque chose.   **4.** Le moine espagnol Raymond Lulle (1235-1315) était l'auteur d'ouvrages qui prétendaient exposer une méthode pour convertir infailliblement les infidèles. Cette méthode de Lulle, ou de ses disciples, représente pour Descartes le prototype de la méthode purement formaliste qui permet de discourir de façon creuse sur n'importe quel sujet (voir la *Lettre à Beeckman* du 29 avril 1619, AT, t. X, p. 164-166 ; Alquié, t. I, p. 42-44, dans laquelle Descartes raconte une rencontre avec un disciple de Lulle).   **5.** Mélangés parmi eux.   **6.** Une sculpture représentant une de ces déesses.

coup l'imagination[1] ; et on s'est tellement[2] assujetti
en la dernière à certaines règles et à certains chiffres[3]
qu'on en a fait un art confus et obscur[4] qui embar-
rasse l'esprit, au lieu d'une science qui le cultive.
Ce qui fut cause que je pensai qu'il fallait chercher
quelque autre méthode qui, comprenant les avantages
de ces trois, fût exempte de leurs défauts[5]. Et comme
la multitude des lois fournit souvent des excuses aux
vices, en sorte qu'un État est bien mieux réglé lorsque, n'en ayant que fort peu, elles y sont fort étroitement observées[6] ; ainsi, au lieu de ce grand nombre
de préceptes dont la logique est composée, je crus
que j'aurais assez des quatre suivants, pourvu que je
prisse une ferme et constante résolution[7] de ne manquer pas une seule fois à les observer.

Le premier était de ne recevoir jamais aucune
chose pour vraie que je ne la connusse évidemment

---

1. L'imagination est chez Descartes la faculté qu'a notre esprit de penser
par images en se « figurant », en se représentant de manière spatiale, des
objets (voir le début de la *Sixième méditation*, AT, t. IX, p. 57-59 ; Alquié,
t. II, p. 481-483). C'est dire que seuls les objets matériels inscrits dans
l'espace, du type de ceux que manipulent les géomètres, sont imaginables
au sens rigoureux du terme, et que la considération de ces objets est le
domaine d'application privilégié de l'imagination. Au contraire, il faut éviter de faire appel à cette dernière pour penser des objets immatériels (Dieu
et l'esprit humain, mais aussi des idées ou des règles), qui sont, eux, du
ressort de l'entendement.   **2.** Comme c'est souvent le cas chez Descartes,
« tellement » signifie moins « d'une manière si intensive » que, plus simplement, « de telle manière ».   **3.** Voir note 1, p. 87.   **4.** Par opposition à
la *clarté* et à la *distinction* obtenues grâce à la méthode cartésienne : voir
ci-dessous note 3, p. 89.   **5.** La principale fonction de ce paragraphe
difficile est donc de présenter la méthode cartésienne comme substitutive :
elle vise à remplacer les anciennes méthodes dont Descartes va toutefois
s'efforcer de conserver les avantages, et dont la critique a permis de faire
apparaître les exigences d'une méthode convenable.   **6.** Le laconisme et
la sécheresse de la méthode cartésienne sont donc justifiés par une remarque
de philosophie politique : dans un État, la multiplication des lois finit par
donner des excuses au vice, puisque les méchants peuvent essayer d'en
profiter pour opposer les lois entre elles.   **7.** On remarquera qu'affleu-
rent ici les thèmes de la liberté et de la fermeté dans la décision qu'on
retrouvera plus bas dans la *Troisième partie* du *Discours* consacrée à la
morale. On a ici une intéressante rencontre entre l'éthique et le spéculatif.

être telle : c'est-à-dire d'éviter soigneusement la pré-cipitation et la prévention[1] et de ne comprendre[2] rien de plus en mes jugements que ce qui se présen-terait si clairement et si distinctement[3] à mon esprit que je n'eusse aucune occasion de le mettre en doute.

Le second, de diviser chacune des difficultés que j'examinerais en autant de parcelles qu'il se pourrait, et qu'il serait requis pour les mieux résoudre[4].

---

1. Ces deux défauts, distincts, mais souvent associés par Descartes, sont selon lui les principales causes de l'erreur : la précipitation consiste à juger trop vite, avant d'être parvenu à la clarté et à la distinction requises pour assurer la certitude d'une idée ; la prévention consiste à se contenter de faire confiance à ses préjugés, ses idées toutes faites. Sur les préjugés, qui se constituent selon Descartes surtout au moment de l'enfance, voir la synthèse de *Principes de la philosophie*, I, art. 71.   **2.** Au sens ici de « englober », « intégrer ». **3.** L'évidence, ou, plus techniquement, la clarté et la distinction, constituent donc le critère de la vérité cartésien. Descartes définit plus précisément ces termes dans les *Principes de la philosophie*, I, art. 45 et 46. Une perception est claire quand elle « est présente et manifeste à un esprit attentif » ; elle est dis-tincte quand « elle est tellement précise et différente de toutes les autres qu'elle ne comprend en soi que ce qui paraît manifestement à celui qui la considère comme il faut ». Une idée peut donc être claire (j'y pense, elle est manifeste-ment présente à mon esprit) sans pour autant être distincte (je ne suis pas sûr de la différencier correctement d'autres idées perçues en même temps qu'elle) : c'est par exemple, explique Descartes dans les *Principes*, le cas d'une douleur vive et nette (claire) dont j'ignore la cause et la nature précises. Une idée dis-tincte est, en revanche, toujours claire. On voit donc que ce critère de la vérité, souvent appelé « critère de l'évidence », est extrêmement exigeant : clarté et distinction ne peuvent être obtenues qu'au terme d'un patient et méticuleux tra-vail d'élucidation de mes représentations.   **4.** C'est la règle dite de l'ana-lyse : il s'agit de décomposer la difficulté sur laquelle on travaille jusqu'à apercevoir clairement les éléments simples qui la composent (voir note sui-vante). Ces éléments simples, aperçus par « intuition » si l'on conserve le voca-bulaire des *Règles pour la direction de l'esprit*, fournissent le point de départ pour les « déductions » dont parle le précepte suivant. Sur cette division des problèmes en éléments simples, voir par exemple les cinquième, sixième, trei-zième et quatorzième des *Règles pour la direction de l'esprit*. Ces deuxième et troisième règles de la méthode présentent en deux moments ce que synthétisait la cinquième des *Règles pour la direction de l'esprit* : « Toute la méthode réside dans la mise en ordre et la disposition des objets vers lesquels il faut tourner le regard de l'esprit pour découvrir quelque vérité. Et nous l'observerons fidèle-ment si nous réduisons par degrés les propositions complexes et obscures à des propositions plus simples, et si ensuite, partant de l'intuition des plus simples de toutes, nous essayons de nous élever par les mêmes degrés jusqu'à la connaissance de toutes les autres » (AT, t. X, p. 379 ; Alquié, t. I, p. 100).

Le troisième, de conduire par ordre mes pensées, en commençant par les objets les plus simples et les plus aisés à connaître[1], pour monter peu à peu comme par degrés jusques à la connaissance des plus composés : et supposant même de l'ordre entre ceux [19] qui ne se précèdent point naturellement les uns les autres[2].

Et le dernier, de faire partout des dénombrements si entiers[3] et des revues si générales que je fusse assuré de ne rien omettre.

Ces longues chaînes de raisons[4] toutes simples et faciles, dont les géomètres ont coutume de se servir pour parvenir à leurs plus difficiles démonstrations, m'avaient donné occasion de m'imaginer[5] que toutes les choses qui peuvent tomber sous la connaissance des hommes s'entresuivent en même façon[6], et que, pourvu seulement qu'on s'abstienne d'en recevoir

---

1. C'est-à-dire les idées les plus simples, celles qui ne se réduisent pas à d'autres idées et qui viennent en premier dans l'ordre de la déduction : c'est ce que Descartes appelle des « natures simples » dans les *Règles pour la direction de l'esprit* (Règle XII), des « semences de vérités » dans le *Discours*, ou encore des « notions primitives » dans sa correspondance avec la princesse Élisabeth de Bohême.　　**2.** L'ordre suivi pour bâtir le savoir ne reproduit donc pas forcément un ordre naturel qui serait découvert dans le monde ou dicté par la structure des objets que l'on considère : c'est avant tout un ordre qui n'existe pas en soi, mais comme corrélat de la connaissance qui l'engendre en s'édifiant. Sur ce thème de l'ordre, voir par exemple la dixième des *Règles pour la direction de l'esprit*, AT, t. X, p. 404 ; Alquié, t. I, p. 127 : « la méthode [...] n'est le plus souvent rien d'autre que l'observation scrupuleuse d'un ordre, que cet ordre existe dans la chose même ou bien qu'on l'ait ingénieusement introduit par la pensée ».　　**3.** Complets, exhaustifs. Sur ces dénombrements, voir la septième des *Règles pour la direction de l'esprit*.　　**4.** C'est-à-dire les enchaînements d'énoncés évidents (premier précepte), commençant par des vérités simples (second précepte), progressant par déduction (troisième précepte), et ressaisis dans leur ensemble (quatrième précepte) : on voit ici le rapport privilégié entre la méthode et les mathématiques, sur lequel vont insister les développements qui suivent.　　**5.** Faire l'hypothèse. « Imaginer » n'a pas ici le sens précis de « penser par images ».　　**6.** C'est le thème décisif de la *mathesis universalis* (mathématique universelle) : les mathématiques, et ici plus spécifiquement la géométrie, fournissent un modèle de rigueur démonstrative et des procédures applicables à l'ensemble des choses que nous pouvons connaître. Voir sur ce point notre Introduction, p. 36-40.

aucune pour vraie qui ne le soit, et qu'on garde toujours l'ordre qu'il faut pour les déduire les unes des
autres, il n'y en peut avoir de si éloignées auxquelles
enfin on ne parvienne, ni de si cachées qu'on ne découvre [1]. Et je ne fus pas beaucoup en peine de chercher
par lesquelles il était besoin de commencer : car je
savais déjà que c'était par les plus simples et les plus
aisées à connaître ; et considérant qu'entre tous ceux
qui ont ci-devant [2] recherché la vérité dans les sciences,
il n'y a eu que les seuls mathématiciens qui ont pu
trouver quelques démonstrations, c'est-à-dire quelques
raisons certaines et évidentes, je ne doutais point que
ce ne fût par les mêmes [3] qu'ils ont examinées ; bien
que je n'en espérasse aucune autre utilité, sinon
qu'elles accoutumeraient mon esprit à se repaître de
vérités, et ne se contenter point de fausses raisons [4].
Mais je n'eus pas dessein pour cela de tâcher d'apprendre toutes ces sciences particulières qu'on nomme
communément mathématiques [5] : et **[20]** voyant qu'encore que leurs objets soient différents, elles ne laissent
pas de s'accorder toutes, en ce qu'elles n'y considèrent
autre chose que les divers rapports ou proportions [6] qui
s'y trouvent, je pensai qu'il valait mieux que j'exami-

---

1. Voir la troisième « règle de la méthode ».   **2.** Jusqu'ici, auparavant.   **3.** Les mêmes choses, les mêmes vérités : ces vérités « par
lesquelles il était besoin de commencer » sont celles des mathématiciens.
4. Ce ne sont pas les mathématiques comme telles, comme discipline déjà
constituée qui comptent pour Descartes. Les mathématiques sont un moyen,
et non un but : elles accoutument à la rigueur démonstrative, familiarisent
avec les énoncés clairs et distincts.   **5.** Non seulement l'arithmétique et
la géométrie, mais aussi les sciences qui utilisaient certains outils mathématiques. Voir la quatrième des *Règles pour la direction de l'esprit*, AT, t. X,
p. 377 ; Alquié, t. I, p. 98 : « On appelle parties de la mathématique non
seulement [l'arithmétique et la géométrie], mais aussi l'astronomie, la
musique, l'optique, la mécanique, et beaucoup d'autres sciences. »   **6.** Les rapports sont généralement les relations qu'entretiennent
des objets. La proportion est un rapport qui se laisse caractériser quantitati-
vement, et se traite donc avec les outils de la mathématique (plus grand
que, plus petit que, égal à). Sur la « proportion » comme « idée directrice
de la mathématique cartésienne », voir V. Jullien, *op. cit.*, p. 41-42.

nasse seulement ces proportions en général, et sans les
supposer que dans[1] les sujets qui serviraient à m'en
rendre la connaissance plus aisée ; même aussi sans les
y astreindre aucunement, afin de les pouvoir d'autant
mieux appliquer après à tous les autres auxquels elles
conviendraient. Puis ayant pris garde que, pour les
connaître, j'aurais quelquefois besoin de les considérer
chacune en particulier, et quelquefois seulement de les
retenir[2], ou de les comprendre plusieurs ensemble[3], je
pensai que, pour les considérer mieux en particulier, je
les devais supposer en des lignes[4], à cause que je ne
trouvais rien de plus simple, ni que je pusse plus distinctement représenter à mon imagination et à mes
sens[5] ; mais que, pour les retenir, ou les comprendre
plusieurs ensemble, il fallait que je les expliquasse par
quelques chiffres les plus courts[6] qu'il serait possible ;
et que par ce moyen j'emprunterais tout le meilleur de
l'analyse géométrique et de l'algèbre, et corrigerais
tous les défauts de l'une par l'autre[7].

---

1. En les supposant seulement dans.   **2.** M'en souvenir.   **3.** D'en
considérer beaucoup à la fois : il s'agit ici d'appliquer la quatrième règle de la
méthode.   **4.** Tous les rapports de proportion, même entre des grandeurs
incommensurables entre elles, peuvent être représentés par des lignes, qui constituent donc un système de symboles à la fois simple et efficace. Voir à ce sujet
l'ensemble de la quatorzième des *Règles pour la direction de l'esprit*.   **5.** On
remarquera que, loin de condamner les sens ou l'imagination, Descartes en
recommande ici l'usage : dès lors qu'on réfléchit sur des objets matériels, spa-
tiaux, ou représentables dans l'espace (à l'aide de lignes dont il vient d'être question), l'imagination et la perception sensible des images sont de précieux
auxiliaires pour l'entendement pur.   **6.** Les chiffres que Descartes veut rendre
« courts », c'est-à-dire simples et donc aisés à manier, ne sont pas ici des
nombres, mais les symboles de la notation algébrique dite « cossique » (voir
note 1, p. 87). Descartes décida de substituer à ces caractères bizarres des lettres
de l'alphabet courant (a, b, x, y) et des chiffres pour les puissances (a^3). Sur cette
réforme cartésienne de la notation algébrique, voir G. Milhaud, *Descartes savant*,
ch. 3.   **7.** C'est la réalisation du projet annoncé plus haut (p. 88) : « chercher
quelque autre méthode qui, comprenant les avantages de ces trois, fût exempte
de leurs défauts ». De l'analyse géométrique, on retient l'aide apportée par la
figuration, et donc l'usage des sens et de l'imagination ; mais on évite de négliger,
comme le font les géomètres, l'usage de l'entendement pur ; de l'algèbre on
retient le symbolisme et l'abstraction ; mais on répudie sa complexité.

Comme en effet j'ose dire que l'exacte observation de ce peu de préceptes que j'avais choisis me donna telle facilité[1] à démêler toutes les questions auxquelles ces deux sciences s'étendent, qu'en deux ou trois mois que j'employai à les examiner, ayant commencé par les plus simples et plus générales, et chaque vérité que je trouvais étant une règle qui me **[21]** servait après à en trouver d'autres, non seulement je vins à bout de plusieurs que j'avais jugées autrefois très difficiles[2], mais il me sembla aussi vers la fin que je pouvais déterminer, en celles même que j'ignorais, par quels moyens, et jusques où[3], il était possible de les résoudre. En quoi je ne vous paraîtrai peut-être pas être fort vain[4], si vous considérez que, n'y ayant qu'une vérité de chaque chose, quiconque la trouve en sait autant qu'on en peut savoir : et que par exemple un enfant instruit en l'arithmétique, ayant fait une addition suivant ses règles, se peut assurer[5] d'avoir trouvé, touchant la somme qu'il examinait, tout ce que l'esprit humain saurait trouver. Car enfin la méthode qui enseigne à suivre le vrai ordre, et à dénombrer exactement toutes les circonstances de ce qu'on cherche, contient tout ce qui donne de la certitude aux règles d'arithmétique[6].

---

1. Une telle facilité. Voir note 1, p. 165.   **2.** Allusion aux travaux mathématiques réalisés par Descartes dans les années 1619-1620 : voir G. Milhaud, *op. cit.* et P. Costabel, « La Mathématique de Descartes antérieure à la *Géométrie* », p. 27-37 dans *Démarches originales de Descartes savant*. A plus long terme, les trois *Essais* (*Dioptrique*, *Météores*, *Géométrie*) qui figuraient dans l'édition de 1637 du *Discours* prouvent également la fécondité mathématique de la méthode.   **3.** Précision importante : la raison cartésienne est capable de déterminer elle-même ses limites, elle ne se les voit pas imposer de l'extérieur, par quelque chose d'autre qu'elle-même. On parlerait aujourd'hui d'*autonomie* de la rationalité.   **4.** Orgueilleux, ayant une trop bonne opinion de lui-même.   **5.** Peut être sûr.   **6.** Cette dernière phrase permet d'éviter une mauvaise interprétation à laquelle l'insistance de Descartes sur le rôle des mathématiques dans la méthode pourrait amener : c'est bien la méthode qui rend les mathématiques assurées, et non l'inverse.

Mais ce qui me contentait[1] le plus de cette méthode
était que par elle j'étais assuré d'user en tout de ma
raison, sinon parfaitement, au moins le mieux qui fût
en mon pouvoir ; outre que je sentais en la pratiquant
que mon esprit s'accoutumait peu à peu à concevoir
plus nettement et plus distinctement ses objets, et que,
ne l'ayant point assujettie à aucune matière particulière, je me promettais de l'appliquer aussi utilement
aux difficultés des autres sciences que j'avais fait à
celles de l'algèbre. Non que pour cela j'osasse entreprendre d'abord d'examiner toutes celles qui se présen-
teraient ; car cela même eût été contraire à l'ordre
qu'elle prescrit. Mais ayant pris garde que leurs principes devaient tous être empruntés de[2] **[22]** la philosophie, en laquelle je n'en trouvais point encore de
certains, je pensai qu'il fallait avant tout que je
tâchasse d'y en établir ; et que, cela étant la chose du
monde la plus importante, et où la précipitation et la
prévention étaient le plus à craindre, je ne devais point
entreprendre d'en venir à bout que je n'eusse atteint[3]
un âge bien plus mûr[4] que celui de vingt-trois ans que
j'avais alors ; et que je n'eusse auparavant employé
beaucoup de temps à m'y préparer, tant en déracinant
de mon esprit toutes les mauvaises opinions que j'y
avais reçues avant ce temps-là, qu'en faisant amas de

---

1. On remarquera, dans tout le *Discours*, l'importance de ce thème du
« contentement » (voir par exemple *Troisième partie*, p. 102 : « J'avais
éprouvé de si extrêmes contentements depuis que j'avais commencé à me
servir de cette méthode »). Il faut presque voir là une notion technique :
c'est la disposition psychologique de celui qui conduit bien son esprit, et
en est conscient. Sur le « contentement » chez Descartes, voir H. Gouhier,
Essais sur Descartes, V, § 3.   **2.** Empruntés à.   **3.** Avant d'avoir
atteint.   **4.** L'âge « mûr » n'est pas la vieillesse, mais celui de la maturité, de la pleine possession de ses moyens : au début de la *Première méditation*, Descartes dit avoir attendu cet âge pour se lancer dans le doute
hyperbolique présenté dans la *Quatrième partie* du *Discours*. Si l'on place
cet épisode en 1628-1629, on peut considérer la trentaine comme « l'âge
mûr » dont il est ici question.

plusieurs expériences[1], pour être après la matière de mes raisonnements, et en m'exerçant toujours en la méthode que je m'étais prescrite, afin de m'y affermir de plus en plus[2].

---

1. En collectant, amassant les expériences.   **2.** On remarquera l'insistance de Descartes sur ce thème de la pratique, de l'exercice méthodique : la méthode « consiste plus en pratique qu'en théorie » (*Lettre à Mersenne* du 27 février 1637, AT t. I, p. 349 ; Alquié, t. I, p. 522 ; texte 1.3 du Dossier en fin de volume).

TROISIÈME PARTIE

Et enfin comme ce n'est pas assez, avant de commencer à rebâtir le logis où on demeure, que de l'abattre, et de faire provision de matériaux et d'architectes, ou s'exercer soi-même à l'architecture[1], et outre cela d'en avoir soigneusement tracé le dessein, mais qu'il faut aussi s'être pourvu de quelque autre[2] où on puisse être logé commodément pendant le temps qu'on y travaillera : ainsi, afin que je ne demeurasse point irrésolu en mes actions pendant que la raison m'obligerait de l'être en mes jugements, et que je ne laissasse pas[3] de vivre dès lors le plus heureusement que je pourrais, je me formai une morale par provision[4] qui ne consistait qu'en trois ou quatre maximes[5], dont je veux bien vous faire part.

La première était d'obéir aux lois et aux **[23]** coutumes de mon pays, retenant constamment[6] la religion en laquelle Dieu m'a fait la grâce d'être instruit dès

---

1. C'est-à-dire à la méthode, les matériaux dont il est question dans cette image étant les vérités mathématiques de la précédente partie du *Discours*. **2.** De quelque autre logis. **3.** Que je ne cesse pas, que je puisse continuer de. **4.** Une morale provisoire, substitutive, en attendant mieux, c'est-à-dire la morale définitive que la vraie philosophie permettra de constituer. Sur la problématique de cette *Troisième partie* du *Discours*, voir notre Introduction, section 5. **5.** Cette apparente indétermination (très inhabituelle chez Descartes) du nombre de maximes doit attirer l'attention : elle signifie que la quatrième maxime n'est pas du même ordre que les trois premières. Voir note 3, p. 102. **6.** Avec constance, résolument.

mon enfance[1], et me gouvernant en toute autre chose
suivant les opinions les plus modérées et les plus éloignées de l'excès qui fussent communément reçues en
pratique par les mieux sensés[2] de ceux avec lesquels
j'aurais à vivre. Car commençant dès lors à ne compter
pour rien les miennes propres[3], à cause que je les voulais remettre toutes à l'examen, j'étais assuré de ne
pouvoir mieux que[4] de suivre celles des mieux sensés.
Et encore qu'il y en ait peut-être d'aussi bien sensés
parmi les Perses ou les Chinois que parmi nous, il me
semblait que le plus utile était de me régler selon ceux
avec lesquels j'aurais à vivre[5] ; et que pour savoir
quelles étaient véritablement leurs opinions, je devais
plutôt prendre garde à ce qu'ils pratiquaient qu'à ce
qu'ils disaient, non seulement à cause qu'en la corruption de nos mœurs il y a peu de gens qui veuillent dire
tout ce qu'ils croient, mais aussi à cause que plusieurs
l'ignorent eux-mêmes, car, l'action de la pensée par
laquelle on croit une chose étant différente de celle par
laquelle on connaît qu'on la croit[6], elles sont souvent
l'une sans l'autre. Et, entre plusieurs opinions également reçues, je ne choisissais que les plus modérées,
tant à cause que ce sont toujours les plus commodes
pour la pratique, et vraisemblablement[7] les meilleures,

---

1. Une anecdote fameuse met en scène Descartes discutant avec un protes-
tant, qui lui demandait d'abandonner le catholicisme pour rejoindre les
réformés. Descartes répondit : « J'ai la religion de ma nourrice. »   2. Ordinairement pratiquées par les plus raisonnables.   3. C'est-à-dire : mes
propres opinions.   4. Ne pouvoir mieux faire que.   5. Ce n'est pas la
vérité des opinions et des comportements qui est ici prise en compte, mais leur
« utilité », la commodité qu'ils procurent pour continuer à vivre en philoso-
phant.   6. Pour Descartes, c'est la volonté qui constitue la croyance, par un
jugement, alors que c'est l'entendement qui connaît : on peut donc juger sans
connaître qu'on juge. Il peut ainsi y avoir des croyances et des pratiques qui ne
sont pas connues en tant que telles par ceux chez qui on les trouve. La théorie
cartésienne des facultés de l'esprit permet d'esquisser ici une problématique de
l'inconscient coutumier.   7. On voit ici la disjonction opérée par Descartes
entre morale et théorie : le vraisemblable avait été congédié dans l'ordre du
savoir (voir *Première partie*, p. 75 : « je réputais presque pour faux tout ce qui
n'était que vraisemblable ») ; on l'admet ici dans celui de l'action.

tous excès ayant coutume d'être mauvais, comme aussi afin de me détourner moins du vrai chemin, en cas que je faillisse, que si, ayant choisi l'un des extrêmes, c'eût été l'autre qu'il eût fallu suivre [1]. Et **[24]** particulièrement je mettais entre les excès toutes les promesses par lesquelles on retranche quelque chose de sa liberté [2]. Non que je désapprouvasse les lois qui, pour remédier à l'inconstance des esprits faibles, permettent, lorsqu'on a quelque bon dessein, ou même, pour la sûreté du commerce [3], quelque dessein qui n'est qu'indifférent, qu'on fasse des vœux ou des contrats qui obligent à y persévérer. Mais à cause que je ne voyais au monde aucune chose qui demeurât toujours en même état, et que pour mon particulier [4] je me promettais de perfectionner de plus en plus mes jugements, et non point de les rendre pires, j'eusse pensé commettre

---

1. Toute cette partie du texte définissant l'opinion moyenne comme celle qu'il faut suivre peut être lue à la manière d'une contestation, presque parodique, de la théorie aristotélicienne de la vertu comme juste milieu (voir *Éthique à Nicomaque*, II, 5 ; c'est de là que vient la locution proverbiale *in medio stat virtus*, « la vertu est au milieu »). A première vue, Descartes paraît certes d'accord avec Aristote quand il fait de « l'éloignement de l'excès » et du milieu « modéré » entre les opinions extrêmes le lieu qu'il faut occuper pour agir au mieux. Mais chez Aristote, ce juste milieu entre deux extrêmes définit un optimum éthique (par exemple, le courage comme position optimale entre couardise et témérité ; la générosité comme optimum entre avarice et prodigalité), alors que chez Descartes, ce milieu est sélectionné pour sa commodité et sa vraisemblance statistique : si jamais mon premier choix n'a pas été le bon et quel que soit le nouveau choix que je m'apprête à faire, le point d'équidistance entre les extrêmes est dans tous les cas celui depuis lequel il y a en moyenne le moins de chemin à parcourir pour rejoindre la position dont je viens de m'apercevoir qu'elle est la bonne.   2. C'est-à-dire : les promesses qui nous empêcheraient de changer d'avis par la suite, nous fixeraient une fois pour toutes dans des décisions qui ne sont prises, ici, que « par provision ». La suite du texte nuance cette critique de l'engagement, en distinguant le cas de l'engagement par rapport à autrui et celui de l'engagement vis-à-vis de soi-même.   3. Le terme ne renvoie pas seulement aux rapports marchands, mais aussi à l'ensemble des relations sociales.   4. Pour moi en particulier, en ce qui me concerne, abstraction faite de mes rapports sociaux, politiques, religieux avec les autres hommes.

une grande faute contre le bon sens si, pource que [1]
j'approuvais alors quelque chose, je me fusse obligé de
la prendre pour bonne encore après, lorsqu'elle aurait
peut-être cessé de l'être, ou que j'aurais cessé de l'estimer telle [2].

Ma seconde maxime était d'être le plus ferme et le
plus résolu en mes actions que je pourrais, et de ne
suivre pas moins constamment [3] les opinions les plus
douteuses, lorsque je m'y serais une fois déterminé [4],
que si elles eussent été très assurées. Imitant en ceci
les voyageurs qui, se trouvant égarés en quelque forêt,
ne doivent pas errer en tournoyant tantôt d'un côté tantôt d'un autre, ni encore moins s'arrêter en une place,
mais marcher toujours le plus droit qu'ils peuvent vers
un même côté, et ne le changer point pour de faibles
raisons, encore que ce n'ait peut-être été au commencement que le hasard seul qui les ait déterminés à le choisir : car par ce moyen, s'ils ne vont justement où ils
désirent, ils arriveront **[25]** au moins à la fin quelque
part où vraisemblablement ils seront mieux que dans
le milieu d'une forêt. Et ainsi [5], les actions de la vie
ne souffrant souvent aucun délai [6], c'est une vérité très
certaine que, lorsqu'il n'est pas en notre pouvoir de
discerner les plus vraies opinions, nous devons suivre
les plus probables ; et même qu'encore que nous ne

---

1. Parce que, comme.   2. Rappel du caractère provisoire de la morale
et, surtout, de la nécessité d'une activité constante de cette puissance de
choix que Descartes appelle « liberté ». Puisqu'il est question ici non seulement d'attendre une morale meilleure, mais aussi de progresser vers elle, il
ne faut en aucun cas fixer son choix une fois pour toutes : la liberté cartésienne se dit au présent (je choisis), pas au passé (j'ai choisi).   3. Voir
note 6, p. 96.   4. Une fois que je m'y serais déterminé.   5. Et de la
même manière.   6. C'est le thème de « l'urgence de la vie », dont Descartes rappelle dans une *Lettre à Reneri pour Pollot* d'avril ou mai 1638 (AT,
t. II, p. 35-37 ; Alquié, t. II, p. 49-53 ; texte 1.11 dans le Dossier en fin de
volume) qu'il est à la base de cette seconde maxime : « je rapporte principalement cette règle aux actions de la vie qui ne souffrent aucun délai, et [...] je ne
m'en sers que par provision, avec dessein de changer mes opinions, sitôt que
j'en pourrai trouver de meilleures, et de ne perdre aucune occasion d'en chercher ».

remarquions point [1] davantage de probabilité [2] aux unes qu'aux autres, nous devons néanmoins nous déterminer à quelques-unes, et les considérer après non plus comme douteuses, en tant qu'elles se rapportent à la pratique, mais comme très vraies et très certaines, à cause que la raison qui nous y a fait déterminer se trouve telle. Et ceci fut capable dès lors de me délivrer de tous les repentirs et les remords qui ont coutume d'agiter les consciences de ces esprits faibles et chancelants qui se laissent aller inconstamment à pratiquer comme bonnes les choses qu'ils jugent après être mauvaises [3].

Ma troisième maxime était de tâcher toujours plutôt à me vaincre que la fortune [4], et à changer mes désirs que [5] l'ordre du monde : et généralement de m'accoutumer à croire qu'il n'y a rien qui soit entièrement en notre pouvoir que nos pensées, en sorte qu'après que nous avons fait notre mieux touchant les choses qui nous sont extérieures, tout ce qui manque de nous réussir [6] est au regard de nous [7] absolument impossible. Et ceci seul me semblait être suffisant pour m'empêcher de rien désirer à l'avenir que je n'acquisse, et ainsi

---

1. Même si nous ne remarquons pas.   2. On remarquera à nouveau l'insistance, spécifique à l'ordre éthique, sur le probable et le vraisemblable.   3. En 1649, les *Passions de l'âme* (art. 60 et 63) reviendront sur le remords et le repentir, et verront dans ce dernier « la plus amère de toutes les passions ». A l'inverse, la « ferme et constante résolution » de bien user de sa volonté définira alors pour Descartes la « vraie générosité, qui fait qu'un homme s'estime au plus haut point qu'il se peut légitimement estimer » (art. 153). Sans nier l'importance des changements qu'amènera la découverte de la « vraie philosophie », on voit que ces notions centrales de la morale définitive de Descartes sont déjà en germe dans cette *Troisième partie* du *Discours*. On pourra se demander en quoi la constance et la fermeté prônées par cette seconde règle se différencient des « promesses par lesquelles on retranche quelque chose de sa liberté » refusées dans la première règle.   4. Le hasard, le destin. Voir *Passions de l'âme*, art. 145 et 146.   5. Plutôt que.   6. Tout ce que nous ne réussissons pas, tout ce en quoi nous échouons.   7. Par rapport à nous, en ce qui nous concerne.

pour me rendre content[1] : car, notre volonté ne se portant naturellement à **[26]** désirer que les choses que
notre entendement lui représente en quelque façon
comme possibles, il est certain que si nous considérons
tous les biens qui sont hors de nous comme également
éloignés de notre pouvoir, nous n'aurons pas plus de
regret de manquer de ceux qui semblent être dus à
notre naissance, lorsque nous en serons privés sans
notre faute, que nous avons de ne posséder pas les
royaumes de la Chine ou du Mexique ; et que faisant,
comme on dit, de nécessité vertu, nous ne désirerons
pas davantage d'être sains[2] étant malades, ou d'être
libres étant en prison, que nous faisons maintenant
d'avoir des corps d'une matière aussi peu corruptible
que les diamants, ou des ailes pour voler comme les
oiseaux. Mais j'avoue qu'il est besoin d'un long exercice, et d'une méditation souvent réitérée, pour s'accoutumer à regarder de ce biais toutes les choses : et
je crois que c'est principalement en ceci que consistait
le secret de ces philosophes[3] qui ont pu autrefois se
soustraire de l'empire de la fortune, et, malgré les dou-
leurs et la pauvreté, disputer de la félicité[4] avec leurs

---

1. Sur ce thème, voir *Seconde partie*, note 1, p. 94.   **2.** En bonne
santé.   **3.** Les Stoïciens. Voir notes 6 et 7, p. 74. Toute cette troisième
maxime est manifestement d'inspiration stoïcienne : sur la bonne maîtrise
de ses désirs, voir par exemple Épictète, *Manuel*, I, II, VIII ; Sénèque *La
Vie heureuse*, XV. Mais on ne peut pas dire pour autant que la morale de
Descartes est « stoïcienne » : chez les Stoïciens, ces règles de morale sont
considérées comme les conséquences et le couronnement d'une science certaine préalablement constituée. Rien de tel chez Descartes où ces règles
d'inspiration stoïcienne sont, du moins ici, présentées comme simplement
provisoires. On pourrait presque dire que la sélection de ce stoïcisme sim-
plifié comme règle de vie est le résultat d'un choix opéré en se conformant
à la première maxime de la morale par provision : regardant comment se
comportent les « mieux sensés » de ses contemporains, Descartes remarque
qu'ils sont nombreux à suivre les règles de vie stoïciennes (il y eut au début
du XVIIe siècle un regain d'intérêt pour le stoïcisme), et décide de faire
comme eux.   **4.** Disputer avec : rivaliser en ; félicité : bonheur. Les Stoïciens prétendaient que le sage est aussi heureux que les dieux (voir, par
exemple, Sénèque, *Lettre à Lucilius*, 73).

dieux. Car s'occupant sans cesse à considérer les
bornes qui leur étaient prescrites par la nature, ils se
persuadaient si parfaitement que rien n'était en leur
pouvoir que leurs pensées, que cela seul était suffisant
pour les empêcher d'avoir aucune affection pour
d'autres choses ; et ils disposaient d'elles si absolument[1] qu'ils avaient en cela quelque raison de s'estimer plus riches, et plus puissants, et plus libres, et plus
heureux qu'aucun des autres hommes, qui, n'ayant
point cette philosophie, tant **[27]** favorisés[2] de la nature
et de la fortune qu'ils puissent être, ne disposent jamais
ainsi de tout ce qu'ils veulent.

Enfin pour conclusion de cette morale[3], je m'avisai de
faire une revue sur[4] les diverses occupations qu'ont les
hommes en cette vie, pour tâcher à faire choix de la meilleure, et sans que je veuille rien dire de celles des autres,
je pensai que je ne pouvais mieux que de continuer en
celle-là même où je me trouvais, c'est-à-dire que d'employer toute ma vie à cultiver ma raison, et m'avancer
autant que je pourrais[5] en la connaissance de la vérité suivant la méthode que je m'étais prescrite. J'avais éprouvé
de si extrêmes contentements depuis que j'avais commencé à me servir de cette méthode que je ne croyais
pas qu'on en pût recevoir de plus doux, ni de plus inno-
cents[6], en cette vie : et découvrant tous les jours par son

---

1. Ils faisaient si complètement ce qu'ils voulaient de ces pensées.
2. Aussi favorisés.   3. Ici commence la quatrième des « trois ou quatre
maximes » dont parlait le début de cette *Troisième partie* du *Discours* :
cette apparente indécision tient à ce que la quatrième maxime, où Descartes
présente sa décision de continuer à philosopher, n'a pas exactement le
même statut que les trois autres. Philosopher, c'est la décision initiale
propre à Descartes, et c'est cette décision qui fonde et rend possibles toutes
les autres maximes. Voir sur ce point J.-M. Beyssade : « Sur les "trois ou
quatre maximes" de la morale par provision », p. 139-153 dans le collectif
Descartes : il metodo e i saggi.   4. D'examiner les unes après les autres,
de passer en revue. On a peut-être ici une application « pratique » du dernier
précepte de la méthode (« faire partout des dénombrements si entiers et des
revues si générales... »).   5. Progresser, faire autant de progrès que je le
pourrai.   6. Sans rien de moralement condamnable ni de nuisible.

moyen quelques vérités qui me semblaient assez importantes, et communément ignorées des autres hommes, la
satisfaction que j'en avais remplissait tellement mon
esprit que tout le reste ne me touchait point. Outre que les
trois maximes précédentes n'étaient fondées que sur le
dessein que j'avais de continuer à m'instruire : car Dieu
nous ayant donné à chacun quelque lumière [1] pour discerner le vrai d'avec le faux, je n'eusse pas cru me devoir
contenter des opinions d'autrui un seul moment si je ne
me fusse proposé d'employer mon propre jugement à les
examiner lorsqu'il serait temps ; et je n'eusse su m'exempter de scrupule [2] en les suivant si je n'eusse espéré de ne
perdre pour cela aucune occasion d'en trouver de meilleures, en cas qu'il **[28]** y en eût. Et enfin je n'eusse su
borner mes désirs [3] ni être content si je n'eusse suivi un
chemin par lequel, pensant être assuré de l'acquisition
de toutes les connaissances dont je serais capable, je le
pensais être par même moyen de celle de tous les vrais
biens qui seraient jamais en mon pouvoir : d'autant que,
notre volonté ne se portant à suivre ni à fuir aucune chose
que selon que notre entendement [la] lui représente
bonne ou mauvaise, il suffit de bien juger pour bien faire,
et de juger le mieux qu'on puisse pour faire aussi tout
son mieux [4], c'est-à-dire pour acquérir toutes les vertus
et ensemble [5] tous les autres biens qu'on puisse acquérir ; et lorsqu'on est certain que cela est, on ne saurait
manquer d'être content.

Après m'être ainsi assuré de ces maximes, et les
avoir mises à part, avec les vérités de la foi, qui ont

---

1. La « lumière naturelle » de la raison : voir *Première partie*, note 3,
p. 78.   **2.** Éviter d'avoir des scrupules.   **3.** C'est-à-dire appliquer la
troisième maxime.   **4.** Sur les rapports entre entendement et volonté,
voir note 6, p. 97. Selon Descartes, il est presque impossible pour la volonté
de ne pas sélectionner un bien que l'entendement lui présente de manière
claire et distincte. On est ainsi assuré de bien juger, et de bien faire, si on
ne choisit que des biens clairement et distinctement aperçus. Et en se ser-
vant ainsi « au mieux » de sa volonté, on est également assuré de ne pouvoir
mieux juger, et donc mieux faire.   **5.** En même temps.

toujours été les premières en ma créance [1], je jugeai
que, pour tout le reste de mes opinions, je pouvais
librement entreprendre de m'en défaire. Et d'autant
que j'espérais en pouvoir mieux venir à bout en
conversant avec [2] les hommes qu'en demeurant plus
longtemps renfermé dans le poêle [3] où j'avais eu toutes
ces pensées, l'hiver n'était pas encore bien achevé que
je me remis à voyager [4]. Et en toutes les neuf années
suivantes [5] je ne fis autre chose que rouler çà et là [6]
dans le monde, tâchant d'y être spectateur plutôt qu'ac-
teur en toutes les comédies qui s'y jouent ; et faisant
particulièrement réflexion en chaque matière sur ce qui
la pouvait rendre suspecte, et nous donner occasion de
nous méprendre, je déracinais cependant [7] de mon
esprit toutes les erreurs qui s'y étaient pu **[29]** glisser
auparavant. Non que j'imitasse pour cela les sceptiques [8], qui ne doutent que pour douter, et affectent
d'être toujours irrésolus : car au contraire tout mon
dessein ne tendait qu'à m'assurer [9] et à rejeter la terre
mouvante et le sable pour trouver le roc ou l'argile. Ce

---

1. En ma croyance, les premières que j'ai crues. Le rappel est important :
les règles de la morale par provision ne se substituent pas aux vérités de la
religion, qui ne seront pas concernées par le doute généralisé dont Descartes
va parler à présent.   2. En fréquentant. Il s'agit de la vie sociale en
général, pas de la seule discussion.   3. Voir note 5, p. 79 de la *Seconde
partie*.   4. L'hiver 1618-1619 : voir les Repères biographiques.
5. On ne connaît pas tous les détails des voyages de Descartes durant la
période qui va de 1619 à 1628. On sait qu'il séjourna à plusieurs reprises
en France (Paris, Bretagne, Poitou) et qu'il alla en Italie de l'automne 1623
au printemps 1625.   6. Aller çà et là.   7. Pendant ce temps.
8. Les Sceptiques étaient des philosophes de l'Antiquité qui affirmaient
que la vérité était inconnaissable, et que tout était donc douteux. Il y avait
eu au XVIᵉ siècle un fort regain d'intérêt pour ce courant de pensée, notamment avec Montaigne qui en parle longuement dans les *Essais*. La suite du
texte insiste sur ce qui distingue le doute cartésien du doute des Sceptiques :
même si Descartes emprunte aux Sceptiques des procédures pour douter de
manière méthodique et efficace (*Première méditation, Quatrième partie* du
Discours), son but est différent du leur. Il s'agit de fonder le savoir en
sortant de ce doute, c'est-à-dire de le pousser jusqu'au point où il s'annulera
lui-même : ce sera le fameux « cogito ».   9. A acquérir l'assurance, la
certitude.

qui me réussissait, ce me semble[1], assez bien, d'autant que, tâchant à[2] découvrir la fausseté ou l'incertitude des propositions que j'examinais, non par de faibles conjectures[3], mais par des raisonnements clairs et assurés, je n'en rencontrais point de si douteuses que je n'en tirasse toujours quelque conclusion assez certaine, quand ce n'eût été que cela même qu'elle[4] ne contenait rien de certain. Et comme en abattant un vieux logis on en réserve ordinairement les démolitions[5], pour servir à en bâtir un nouveau, ainsi, en détruisant toutes celles de mes opinions que je jugeais être mal fondées, je faisais diverses observations et acquérais plusieurs expériences[6] qui m'ont servi depuis à en établir de plus certaines. Et de plus je continuais à m'exercer en la méthode que je m'étais prescrite. Car outre que j'avais soin de conduire généralement toutes mes pensées selon ses règles, je me réservais de temps en temps quelques heures que j'employais particulièrement à la pratiquer en des difficultés de mathématique, ou même aussi en quelques autres que je pouvais rendre quasi semblables à celles des mathématiques, en les détachant de tous les principes des autres sciences que je ne trouvais pas assez fermes, comme vous verrez que j'ai fait en plusieurs qui sont expliquées en ce volume[7]. Et ainsi, sans vivre d'autre **[30]** façon en apparence que ceux qui, n'ayant aucun emploi qu'à passer une vie douce et innocente, s'étudient à séparer les plaisirs

---

1. A ce qu'il me semble.   2. Travaillant à, m'efforçant de.   3. Des hypothèses mal assurées.   4. Même si cela n'était qu'elle...   5. Les gravats, ce qui reste après la démolition du bâtiment.   6. Je réalisais de nombreuses expériences. On notera l'insistance de Descartes sur le rôle des observations et des expériences dans l'acquisition (ou plus exactement ici, la préparation de l'acquisition) du savoir. La *Cinquième partie* du *Discours* reviendra largement sur ce thème.   7. C'est-à-dire dans les *Essais* qui étaient joints au *Discours* dans l'édition de 1637. Descartes y aborde effectivement avec des outils mathématiques des problèmes qui n'étaient pas ordinairement traités de cette manière. C'est par exemple le cas de la réfraction dans la *Dioptrique* (notamment *Discours* II et VIII), ou de l'arc-en-ciel envisagé comme phénomène d'optique (*Météores*, *Discours* VIII).

des vices, et qui pour jouir de leur loisir sans s'ennuyer usent de tous les divertissements qui sont honnêtes, je ne laissais pas de poursuivre[1] en mon dessein, et de profiter en[2] la connaissance de la vérité peut-être plus que si je n'eusse fait que lire des livres, ou fréquenter des gens de lettres[3].

Toutefois ces neuf ans s'écoulèrent avant que j'eusse encore pris aucun parti touchant les difficultés qui ont coutume d'être disputées entre les doctes[4], ni commencé à chercher les fondements d'aucune philosophie plus certaine que la vulgaire[5]. Et l'exemple de plusieurs excellents esprits qui, en ayant eu ci-devant le dessein[6], me semblaient n'y avoir pas réussi[7] m'y faisait imaginer tant de difficulté que je n'eusse peut-être pas encore si tôt osé l'entreprendre si je n'eusse vu que quelques-uns faisaient déjà courre[8] le bruit que j'en étais venu à bout. Je ne saurais pas dire sur quoi ils fondaient cette opinion ; et si j'y ai contribué quelque chose[9] par mes discours, ce doit avoir été en confessant[10] plus ingénument[11] ce que j'ignorais que n'ont coutume de faire ceux qui ont un peu étudié, et peut-être aussi en faisant voir les raisons que j'avais de douter de beaucoup de choses que les autres estiment certaines, plutôt qu'en me vantant d'aucune doctrine[12]. Mais ayant le

_____

1. De continuer, de persévérer en progressant dans.   2. M'améliorer, progresser.   3. Des gens qui sont familiers des livres, écrivains ou lecteurs.   4. Les savants.   5. Commune, courante, c'est-à-dire la philosophie des scolastiques. « Vulgaire » n'est pas péjoratif au XVIIᵉ siècle.
6. Ayant eu auparavant cette intention.   7. Ces « excellents esprits » qui ne réussirent pas sont mal identifiés : peut-être s'agit-il d'une simple allusion à la figure « typique » du philosophe qui envisage de réformer le savoir existant pour en bâtir un plus certain. Plus précisément, on peut penser au philosophe anglais Francis Bacon (1561-1626).   8. Courir.   9. En quelque chose.   10. Avouant, reconnaissant.   11. Avec naïveté, sans arrière-pensées.   12. D'aucune science déjà constituée. Peut-être Descartes fait-il allusion à une rencontre qui eut probablement lieu en 1627 chez le nonce du pape à Paris, où il impressionna un auditoire de savants et de personnalités par ses considérations sur « l'art de bien raisonner ». Voir *Lettre à Villebressieu* du 2 juin 1631, AT, t. I, p. 213 ; Alquié, t. I, p. 294.

cœur assez bon [1] pour ne vouloir point qu'on me prît pour
autre que je n'étais, je pensai qu'il fallait que je tâchasse
par tous moyens à me rendre digne de la réputation **[31]**
qu'on me donnait ; et il y a justement huit ans que ce désir
me fit résoudre à m'éloigner de tous les lieux où je pouvais
avoir des connaissances, et à me retirer ici en un pays [2] où
la longue durée de la guerre a fait établir de tels ordres [3] que
les armées qu'on y entretient ne semblent servir qu'à faire
qu'on y jouisse des fruits de la paix avec d'autant plus de
sûreté et où parmi la foule d'un grand peuple fort actif [4], et
plus soigneux de ses propres affaires que curieux de celles
d'autrui, sans manquer d'aucune des commodités qui sont
dans les villes les plus fréquentées, j'ai pu vivre aussi solitaire et retiré que dans les déserts [5] les plus écartés [6].

---

1. Être « bon » = être franc, sincère, ne pas songer à tromper.   2. Les
Provinces-Unies (c'est-à-dire la Hollande, du nom de la principale de ces
provinces). Descartes y partit en 1628 et y demeura, hormis quelques
rapides voyages, jusqu'en 1649.   3. Règlements, lois strictes. Les Provinces-Unies étaient en guerre contre l'Espagne.   4. Une foule de gens
très actifs.   5. Un endroit paisible et peu fréquenté où l'on n'est pas
importuné.   6. Les Provinces-Unies offrent donc à Descartes les conditions propices pour philosopher : on y trouve non seulement le calme et la
sérénité nécessaires pour les méditations qui vont permettre de faire de la
métaphysique (voir le début de la *Quatrième partie*), mais aussi des
commodités intellectuelles (bibliothèques, savants) et matérielles (confort,
outils pour les expériences) qui permettent de travailler aux autres domaines
de la philosophie. Ce genre de texte et la correspondance de Descartes
permettent de préciser ce qu'est selon lui le lieu idéal pour bien philosopher : un endroit calme à l'intérieur ou près d'une grande ville où on a peu
de relations, de manière à ne pas être sans cesse dérangé.

QUATRIÈME PARTIE

Je ne sais si je dois vous entretenir des premières méditations[1] que j'y ai faites, car elles sont si métaphysiques[2] et si peu communes[3] qu'elles ne seront peut-être pas au goût de tout le monde : et toutefois, afin qu'on puisse juger si les fondements que j'ai pris sont assez fermes, je me trouve en quelque façon contraint d'en parler. J'avais dès longtemps[4] remarqué que pour les mœurs[5] il est besoin quelquefois de suivre des opinions qu'on sait être fort incertaines, tout de même que si[6] elles étaient indubitables, ainsi qu'il a été dit ci-dessus[7] : mais pource qu'alors je désirais vaquer[8] seulement à la recherche de la vérité, je pensai qu'il fallait que je fisse tout le contraire, et que je rejetasse comme absolument faux tout ce en quoi je pourrais imaginer le moindre doute, afin de voir s'il ne resterait point

---

1. Le terme a ici une valeur technique : la méditation est cette réflexion solitaire et exigeante qui permet de constituer la métaphysique. Cette *Quatrième partie* du *Discours* est donc comme un résumé extrêmement dense de ce que les *Méditations métaphysiques* (ou « de philosophie première ») présenteront de façon développée en 1641. Chronologiquement parlant, c'est probablement peu après son arrivée aux Provinces-Unies (1628-1629) que Descartes fit ces méditations qui lui permirent de poser les fondements de sa métaphysique.   2. Sur le sens de « métaphysique », voir notre Introduction, p. 53.   3. Si inhabituelles.   4. Depuis longtemps. 5. C'est-à-dire pour ce qui concerne la pratique, ce dont on a parlé dans la partie précédente.   6. Comme si.   7. Voir la seconde maxime de la morale « par provision » de la *Troisième partie*.   8. Vaquer à = m'occuper de.

après cela quelque chose en ma créance qui fût entièrement indubitable[1]. Ainsi, à **[32]** cause que nos sens
nous trompent quelquefois, je voulus supposer qu'il
n'y avait aucune chose qui fût telle qu'ils nous la font
imaginer ; et pource qu'il y a des hommes qui se
méprennent en raisonnant, même touchant les plus
simples matières de géométrie, et y font des paralogis-
mes[2], jugeant que j'étais sujet à faillir[3] autant qu'aucun autre, je rejetai comme fausses toutes les raisons
que j'avais prises auparavant pour démonstrations ; et
enfin, considérant que toutes les mêmes pensées[4] que
nous avons étant éveillés nous peuvent aussi venir
quand nous dormons sans qu'il y en ait aucune pour
lors[5] qui soit vraie, je me résolus de feindre[6] que toutes
les choses qui m'étaient jamais entrées en l'esprit
n'étaient non plus vraies[7] que les illusions de mes
songes. Mais aussitôt après je pris garde que, pendant

---

1. Comme l'indiquent les expressions consacrées, on voit bien ici le caractère à la fois « méthodique » et « hyperbolique » (exagéré, outrancier) du
doute tel qu'il est mis en œuvre en ce moment métaphysique. Méthodique, le
doute a été préparé, il est organisé, systématique, et orienté vers son auto-
suppression : on n'oubliera pas en ce sens le caractère *temporaire* de cette
attitude dubitative, dans laquelle Descartes n'a jamais prétendu s'installer de
façon définitive. Hyperbolique, il repose sur une radicalisation des raisons de
douter : le moindre doute sur un énoncé amène non seulement à le considérer
comme « absolument faux », mais aussi à rejeter tous les éléments du
domaine du savoir auquel cet énoncé appartient. Le passage sur le donné des
sens est exemplaire de cette démarche : comme les données des sens sont
quelquefois erronées (ce qui est incontestable : tout le monde a fait l'expérience d'illusions sensibles), on considérera que ces données sont toutes et
toujours fausses. Faisant ainsi passer du douteux au faux, et du quelquefois
au toujours, le doute de Descartes est aussi une façon de faire apparaître
la puissance de la pensée capable de mener à bien de telles opérations :
c'est pourquoi il le conduit au *cogito*. **2.** Des erreurs de raisonnement. **3.** Me tromper. **4.** L'ensemble des pensées. **5.** Alors, à ce
moment. **6.** Faire semblant, faire comme si. **7.** Pas davantage vraies.
A ces trois raisons de douter (illusion des sens, erreurs de raisonnement en
mathématiques, rêve), le texte correspondant des *Méditations métaphysiques*
rajoute l'hypothèse du « Dieu trompeur », puis celle du « malin génie ». La
nature du public visé par le *Discours* explique que Descartes y passe ainsi sous
silence les raisons de douter qui portent le doute des *Méditations* à son
paroxysme : voir sur ce point notre Introduction, p. 26-27.

que je voulais ainsi penser que tout était faux, il fallait nécessairement que moi, qui le pensais, fusse quelque chose : et remarquant que cette vérité, *je pense, donc je suis*[1], était si ferme et si assurée que toutes les plus extravagantes suppositions des sceptiques n'étaient pas capables de l'ébranler, je jugeai que je pouvais la recevoir sans scrupule pour le premier principe[2] de la philosophie que je cherchais.

Puis, examinant avec attention ce que j'étais[3], et voyant que je pouvais feindre que je n'avais aucun corps et qu'il n'y avait aucun monde ni aucun lieu où je fusse, mais que je ne pouvais pas feindre pour cela que je n'étais point ; et qu'au contraire, de cela même que je pensais à douter de la vérité des autres choses, il suivait très évidemment et très certainement que j'étais, au lieu que si j'eusse seulement **[33]** cessé de penser, encore que tout le reste de ce que j'avais jamais imaginé eût été vrai, je n'avais aucune raison de croire que j'eusse été ; je connus de là que j'étais

---

1. Cet énoncé fameux que nous avons pris l'habitude d'appeler le *cogito* (« je pense ») découle pour ainsi dire naturellement de ce qui précède : toutes les opérations de doute qui ont été décrites supposent que je pense, et donc que j'existe comme sujet de cette pensée. Plus encore que sa signification isolée ce sont donc sa nature (il résiste à toutes les raisons de douter) et sa place (il est le premier énoncé à résister ainsi au doute, et va donc fournir un modèle de certitude) qui font de ce *cogito* un énoncé remarquable.   2. Du point de vue de l'étymologie, l'expression est un pléonasme (le *princeps* est celui qui vient en premier, le « prince »). Mais si on admet, comme le fera Descartes en écrivant les *Principes de la philosophie*, une définition plus large de « principe » (des énoncés certains qui constituent les bases de notre connaissance), ce redoublement fait bien ressortir le caractère unique du *cogito*.   3. Après avoir établi que *je suis* (existence), Descartes va déterminer *ce que* je suis (essence), en tant que j'ai dit « je pense donc je suis » : une chose qui pense. Cela ne signifie pas que je ne sois, absolument parlant, que cela : on découvrira plus tard que je suis en fait l'union d'une chose qui pense et d'un corps. Mais je suis au moins et principalement cela : c'est la condition minimale et nécessaire pour avoir dit « je pense, donc je suis ».

une substance[1] dont toute l'essence ou la nature n'est que de penser, et qui pour être n'a besoin d'aucun lieu ni ne dépend d'aucune chose matérielle, en sorte que ce moi, c'est-à-dire l'âme par laquelle je suis ce que je suis, est entièrement distincte du corps, et même qu'elle est plus aisée à connaître que lui[2], et qu'encore qu'il ne fût point elle ne laisserait pas[3] d'être tout ce qu'elle est.

Après cela je considérai en général ce qui est requis à une proposition pour être vraie et certaine ; car puisque je venais d'en trouver une que je savais être telle, je pensai que je devais aussi savoir en quoi consiste cette certitude. Et ayant remarqué qu'il n'y a rien du tout en ceci, *je pense donc je suis*, qui m'assure que je dis la vérité, sinon que je vois très clairement que pour penser il faut être, je jugeai que je pouvais prendre pour règle générale que les choses que nous concevons fort clairement et fort distinctement sont toutes vraies[4], mais qu'il y a seulement quelque difficulté à bien remarquer quelles sont celles que nous concevons distinctement.

En suite de quoi, faisant réflexion sur ce que je dou-

---

1. Pour la définition cartésienne de la substance, voir *Principes de la philosophie*, I, art. 51 : « une chose qui existe en telle façon qu'elle n'a besoin que de soi-même pour exister ». La substance pensante est donc cette chose dont l'activité se particularise en diverses pensées, qui, elles, n'existent pas par elles-mêmes, mais seulement comme des « modifications » de la chose qui pense, des cas particuliers de l'activité générale « pensée ».   **2.** Cf. le titre de la *Seconde méditation* : « De la nature de l'esprit humain ; et qu'il est plus aisé à connaître que le corps ». La fameuse analyse du « morceau de cire », qui permet de confirmer cette proposition à la fin de la *Seconde méditation*, est absente du *Discours*.   **3.** Elle ne cesserait pas, elle continuerait. La « distinction réelle » ainsi établie entre l'âme et le corps fonde, pour Descartes, la possibilité (mais pas la nécessité) d'une survie de cette âme après la mort : voir *Cinquième partie*, p. 150, note 4.   **4.** On retrouve donc ici, élevé au rang de « règle générale », le premier précepte de la méthode exposé dans la *Seconde partie* du *Discours*. Mais on accède ici à une forme de certitude supérieure, acquise alors que même les vérités mathématiques, qui fournissaient le modèle de la certitude dans la *Seconde partie*, ont été considérées comme douteuses.

tais, et que par conséquent mon être n'était pas tout
parfait[1], car je voyais clairement que c'était une plus
grande perfection de connaître que de douter, je m'avisai de chercher d'où j'avais appris à penser à quelque
chose de plus parfait que je n'étais ; et je connus évidemment que ce devait être de **[34]** quelque nature qui
fût en effet[2] plus parfaite. Pour ce qui est des pensées[3]
que j'avais de plusieurs autres choses hors de moi,
comme du ciel, de la terre, de la lumière, de la chaleur,
et de mille autres, je n'étais point tant en peine[4] de
savoir d'où elles venaient, à cause que, ne remarquant
rien en elles qui me semblât les rendre supérieures à
moi, je pouvais croire que, si elles étaient vraies,
c'étaient des dépendances de ma nature[5], en tant

---

1. Entièrement, absolument parfait. C'est à nouveau le doute, compris
ici comme la marque de l'inachèvement de mon savoir et la preuve de mon
imperfection, qui est au point de départ de ces réflexions qui vont mener à
une preuve de l'existence de Dieu comme « être parfait ».   **2.** Réellement, en réalité plus parfaite. Ici commence l'exposé de la première preuve
cartésienne de l'existence de Dieu, dite « par les effets » ou *a posteriori*,
qu'on trouvera présentée de façon plus développée dans la *Troisième méditation*, AT, t. IX, p. 31-38 ; Alquié, t. II, p. 437-448.   **3.** Les « pensées »
sont ici synonymes des « idées » dont parle la suite du texte. Au début de
la *Troisième méditation* (AT, t. IX, p. 29 ; Alquié, t. II, p. 434), Descartes
tente de préciser le statut de ces « idées » en les classant en trois catégories
qui sont reprises de façon implicite dans le *Discours* :
a) Les idées qui sont ou semblent être adventices, c'est-à-dire qui viennent
« du dehors », d'autres choses que nous. C'est par exemple le cas des idées
de tous les objets que nous sentons (le livre, la table) et des qualités sensibles (le chaud, le froid).
b) Les idées qui sont ou semblent être factices, c'est-à-dire celles que nous
fabriquons. C'est par exemple le cas de l'idée de chimère : elle est obtenue
par composition des idées d'autres animaux (lion, chèvre, etc.).
c) Les idées « nées avec nous », ou, comme on a pris l'habitude de le dire,
innées (Descartes ne se sert pas de ce terme dans ses textes en français) :
ce sont des idées qui sont comme inscrites en notre esprit, que nous trou-
vons toujours en nous, et qui ne se laissent pas réduire aux deux sortes
d'idées précédentes. Descartes va établir que l'idée de Dieu appartient à
cette troisième catégorie.   **4.** Il n'était pas difficile de, cela ne me
demandait pas tant d'effort.   **5.** Elles dépendaient de ma nature, j'avais
pu les produire. Étant moi-même une *chose* ou une *substance* qui pense, il
est envisageable que je sois la cause des idées de ces *choses* ou de ces
substances.

qu'elle avait quelque perfection ; et, si elles ne l'étaient pas, que je les tenais du néant, c'est-à-dire qu'elles étaient en moi pource que j'avais du défaut[1]. Mais ce ne pouvait être le même de[2] l'idée d'un être plus parfait que le mien : car, de la tenir du néant, c'était chose manifestement impossible ; et pource qu'il n'y a pas moins de répugnance[3] que le plus parfait soit une suite et une dépendance du moins parfait qu'il y en a que de rien procède quelque chose, je ne la pouvais tenir non plus de moi-même ; de façon qu'il restait qu'elle eût été mise en moi par une nature qui[4] fût véritablement plus parfaite que je n'étais, et même qui eût en soi toutes les perfections dont je pouvais avoir quelque idée, c'est-à-dire, pour m'expliquer en un mot, qui fût Dieu. A quoi j'ajoutai que[5], puisque je connaissais quelques perfections que je n'avais point, je n'étais pas le seul être qui existât (j'userai, s'il vous plaît, ici librement des mots de l'École[6]), mais qu'il fallait de nécessité[7] qu'il y en eût quelque autre plus parfait, duquel je dépendisse, et duquel j'eusse acquis tout ce que j'avais : car si j'eusse été seul et indépendant de tout

---

1. Pource que = parce que, comme. La fausseté est le manque de la vérité, un non-être. Ce manque dans ce que je pense peut donc s'expliquer par ma propre imperfection.   2. Mais ce ne pouvait être la même chose en ce qui concerne...   3. Contradiction.   4. Par un être, une chose dont la nature...   5. Ici commence un nouvel exposé de cette preuve cartésienne de l'existence de Dieu, dite « par les effets » ou *a posteriori*, qu'on trouvera lui aussi présenté de façon plus développée dans la *Troisième méditation* (AT, t. IX, p. 38-40 ; Alquié, t. II, p. 448-453). Il ne s'agit pas d'une autre preuve que la précédente, mais plutôt d'une nouvelle présentation du raisonnement précédent, dont Descartes dira qu'elle est plus « palpable », plus « aisée à concevoir » (voir *Réponses aux Secondes objections*, AT, t. IX, p. 107 ; Alquié, t. II, p. 558-559) : au lieu de partir de l'idée de Dieu en moi, on va partir de moi qui ai l'idée de Dieu. Mais le nerf du raisonnement reste le même : dans les deux cas, je ne peux être la cause de cette perfection dont j'ai l'idée ; et il faut donc qu'un être parfait, cause de cette idée, existe.   6. C'est-à-dire le vocabulaire technique du latin des scolastiques, que Descartes va transcrire en français alors que ce n'était pas l'usage : « avoir de soi », « participer de », etc.   7. Nécessairement.

autre, en sorte que j'eusse eu **[35]** de moi-même tout
ce peu que je participais de l'être parfait[1], j'eusse pu
avoir de moi par même raison[2] tout le surplus que je
connaissais me manquer, et ainsi être moi-même infini,
éternel, immuable, tout connaissant, tout-puissant, et
enfin avoir toutes les perfections que je pouvais remarquer être en Dieu. Car, suivant les raisonnements que
je viens de faire, pour connaître la nature de Dieu
autant que la mienne en était capable, je n'avais qu'à
considérer, de toutes les choses dont je trouvais en moi
quelque idée, si c'était perfection ou non de les posséder, et j'étais assuré qu'aucune de celles qui mar-
quaient quelque imperfection n'était en lui, mais que
toutes les autres y étaient[3]. Comme je voyais que le
doute, l'inconstance, la tristesse, et choses semblables,
n'y pouvaient être, vu que j'eusse été moi-même bien
aise d'en être exempt[4]. Puis outre cela j'avais des idées
de plusieurs choses sensibles et corporelles : car
quoique je supposasse que je rêvais, et que tout ce que
je voyais ou imaginais était faux, je ne pouvais nier
toutefois que les idées n'en fussent véritablement en
ma pensée ; mais pource que j'avais déjà connu en moi
très clairement que la nature intelligente est distincte
de la corporelle, considérant que toute composition
témoigne de la dépendance, et que la dépendance est
manifestement un défaut, je jugeais de là que ce ne
pouvait être une perfection en Dieu d'être composé de
ces deux natures, et que par conséquent il ne l'était
pas ; mais que s'il y avait quelques corps dans le

---

1. C'est-à-dire : le peu de perfections que je possède. « Participer de » signifie « avoir part à » : je possède incomplètement quelques perfections,
sans pour autant les avoir toutes et totalement. En ce sens, j'ai « part » à la
perfection, sans pour autant être parfait, ou être « l'être parfait ».   **2.** Pour
la même raison, au nom du même argument.   **3.** Descartes ne prouve donc
pas seulement « l'existence » de Dieu entendu comme être parfait. Il met en
même temps au point une méthode pour déterminer ce qu'est ce Dieu dont
l'existence est prouvée.   **4.** J'aurais été heureux, satisfait de ne pas les
remarquer en moi.

monde, ou bien quelques intelligences[1] ou autres natures qui ne fussent point toutes **[36]** parfaites, leur être devait dépendre de sa puissance en telle sorte qu'elles ne pouvaient subsister sans lui un seul moment[2].

Je voulus chercher après cela[3] d'autres vérités, et, m'étant proposé l'objet des géomètres, que je concevais comme un corps continu, ou un espace indéfiniment étendu[4] en longueur, largeur et hauteur ou profondeur, divisible en diverses parties, qui pouvaient avoir diverses figures et grandeurs et être mues ou transposées[5] en toutes sortes, car les géomètres supposent tout cela en leur objet, je parcourus quelques-unes de leurs plus simples démonstrations ;

---

1. C'est-à-dire d'autres choses qui pensent que moi-même : pour les gens du XVIIᵉ siècle, il peut s'agir des anges.   **2.** Cette analyse de la façon dont toutes choses dépendent de la puissance divine renvoie à la théorie cartésienne qu'on appelle souvent « création continuée » (voir par exemple *Troisième méditation*, AT, t. IX, p. 39 ; Alquié, t. II, p. 450-451 ; *Principes de la philosophie*, I, art. 21) : chaque moment du temps étant indépendant de ceux qui le précèdent, c'est par une action identique que Dieu crée une chose et la fait continuer à exister.   **3.** Les thèses de ce paragraphe correspondent à celles qui sont exposées dans la *Cinquième méditation*. Au début de ce texte, Descartes centre sa réflexion sur l'idée d'étendue. Puis, en un étonnant effet de contraste, il remarque le caractère exceptionnel de l'idée de Dieu comme être parfait, en laquelle l'existence est nécessairement contenue, à la différence de ce qui se passe dans le cas des idées manipulées par les géomètres : il y a certes des propriétés inscrites nécessairement dans l'idée de triangle (par exemple que la somme des trois angles est égale à 180 degrés), mais ce n'est pas le cas de l'existence, qui n'y est contenue qu'à titre de possibilité. C'est donc la seconde preuve cartésienne de l'existence de Dieu, un argument *a priori* qu'on appelle depuis Kant la preuve « ontologique », et qui est peut-être inspiré de la démonstration donnée au XIᵉ siècle par saint Anselme de Cantorbery dans son *Proslogion*. Sans ignorer les innombrables discussions et commentaires auxquels elle a donné lieu, on pourra remarquer la simplicité de cette preuve telle que Descartes la présente. Il s'agit en fait d'une application à l'objet « Dieu » de la règle de l'évidence : j'attribue à cet objet ce que je conçois clairement et distinctement lui appartenir.   **4.** C'est-à-dire : sans limites assignables. Descartes différencie l'infini (Dieu seul, pleinement infini sous tous ses aspects) de l'indéfini, dont il est ici question : voir *Cinquième partie*, note 2, p. 128.   **5.** Mises à la place les unes des autres, commutées.

et, ayant pris garde que cette grande certitude que
tout le monde leur attribue n'est fondée que sur ce
qu'on les conçoit évidemment, suivant la règle que
j'ai tantôt[1] dite, je pris garde aussi qu'il n'y avait
rien du tout en elles qui m'assurât de l'existence de
leur objet : car par exemple je voyais bien que,
supposant un triangle, il fallait que ses trois angles
fussent égaux à deux droits, mais je ne voyais rien
pour cela qui m'assurât qu'il y eût au monde aucun
triangle : au lieu que, revenant à examiner l'idée que
j'avais d'un être parfait, je trouvais que l'existence
y était comprise[2], en même façon qu'il est compris
en celle d'un triangle que ses trois angles sont égaux
à deux droits, ou en celle d'une sphère que toutes
ses parties sont également distantes de son centre,
ou même encore plus évidemment ; et que par conséquent il est pour le moins aussi certain que Dieu,
qui est cet être parfait, est ou existe, qu'aucune
démonstration de géométrie le saurait être[3]. **[37]**

Mais ce qui fait qu'il y en a plusieurs[4] qui se
persuadent qu'il y a de la difficulté à le connaître,

---

1. Précédemment.   2. Inscrite, incluse dans cette idée.   3. Descartes va même parfois plus loin, en affirmant que l'existence de Dieu est
une vérité *plus certaine* que les vérités mathématiques (voir par exemple
Lettre à Mersenne du 25 novembre 1630, AT, t. I, p. 181-182 ; Alquié, t. I,
p. 286). Pour Descartes, le but n'est pas vraiment ici de comparer les évidences propres de chacune de ces vérités, mais plutôt de faire remarquer
que l'existence de Dieu est une vérité plus fondamentale que les vérités
mathématiques : je peux être assuré de l'existence de Dieu sans avoir fait
de mathématiques ; en revanche, je ne peux être pleinement certain de la
validité des mathématiques sans avoir préalablement prouvé que Dieu existe
et qu'il n'est point « trompeur », c'est-à-dire ne falsifie pas mes pensées.
De là la déclaration fameuse (et quelque peu tapageuse si on ne la rattache
pas à cet arrière-plan métaphysique) de Descartes sur l'athée qui ne peut pas
être géomètre « par une vraie et certaine science » (*Réponses aux secondes
objections*, AT, t. IX, p. 111 ; Alquié, t. II, p. 565) : il ne s'agit pas de
dénier à l'athée la capacité à manier des énoncés de géométrie, mais d'affirmer que sa position de géomètre n'est pas pleinement assurée, parce qu'il
lui manque cette assise métaphysique que Descartes estime, lui, s'être pro-
curée.   4. Beaucoup, de nombreux. Il peut s'agir des Sceptiques, ou des
matérialistes.

et même aussi à connaître ce que c'est que leur âme,
c'est qu'ils n'élèvent jamais leur esprit au-delà des
choses sensibles, et qu'ils sont tellement accoutumés
à ne rien considérer qu'en l'imaginant[1], qui est une
façon de penser particulière pour les choses matérielles, que tout ce qui n'est pas imaginable leur
semble n'être pas intelligible. Ce qui est assez manifeste de ce que même les philosophes tiennent pour
maxime dans les écoles qu'il n'y a rien dans l'entendement qui n'ait premièrement été dans le sens[2], où
toutefois il est certain que les idées de Dieu et de
l'âme n'ont jamais été ; et il me semble que ceux
qui veulent user de leur imagination pour les
comprendre[3] font tout de même que si[4], pour ouïr[5]
les sons ou sentir les odeurs, ils se voulaient servir
de leurs yeux : sinon qu'il y a encore cette différence[6], que le sens de la vue ne nous assure pas moins
de la vérité de ses objets que font ceux de l'odorat
ou de l'ouïe, au lieu que ni notre imagination ni nos

---

1. A ne considérer les choses que par images, au sens technique que
Descartes donne à l'opération d'imaginer (voir *Seconde partie*,
note 1, p. 88) : c'est pourquoi il est incorrect de se « figurer » ainsi
des choses *immatérielles* comme Dieu ou notre âme qui sont, par définition, irréductibles à toute représentation dans l'espace.   **2.** Traduction
d'une maxime classique chez les scolastiques : *nihil est in intellectu
quod non prius fuerit in sensu.*   **3.** La critique vise Thomas d'Aquin
et ses disciples : selon eux, toute connaissance trouve son origine
dans les sens, et même ce que nous savons sur les objets immatériels
(Dieu, l'âme) est le résultat d'une construction intellectuelle opérée à
partir de données sensibles.   **4.** Comme si.   **5.** Entendre, écouter.
6. Celui qui veut voir un son fait certes un mauvais usage du sens
de la vue, mais cette confusion s'opère à l'intérieur du domaine des
objets sensibles et laisse la possibilité d'un usage correct de la vue : à
défaut de voir le son de la trompette, je peux toujours (bien) voir la
trompette. Chercher à sentir ou imaginer un objet immatériel est donc
une erreur beaucoup plus grave : dans ce cas, je cherche à atteindre un
objet avec une faculté structurellement inadéquate pour penser cet objet,
et je me sers donc mal, dans tous les cas, de mes sens ou de mon
imagination.

sens ne nous sauraient jamais assurer d'aucune chose si notre entendement n'y intervient[1].

Enfin, s'il y a encore des hommes qui ne soient pas assez persuadés de l'existence de Dieu et de leur âme par les raisons que j'ai apportées, je veux bien qu'ils sachent que toutes les autres choses dont ils se pensent peut-être plus assurés, comme d'avoir un corps, et qu'il y a des astres, et une terre, et choses semblables, sont moins certaines : car encore qu'on ait une assurance morale[2] de ces choses, qui est telle qu'il semble **[38]** qu'à moins que d'être extravagant on n'en peut douter, toutefois aussi, à moins que d'être déraisonnable, lorsqu'il est question d'une certitude métaphysique, on ne peut nier que ce ne

---

1. En insistant sur la primauté de l'entendement, cette dernière phrase peut induire en erreur sur la complexe doctrine cartésienne des rapports entre facultés de l'esprit (ici, sens, imagination, entendement). Il ne s'agit pas ici de dire que sensation et imagination ne jouent aucun rôle dans la connaissance d'un objet concret, mais que c'est par l'entendement que nous avons l'idée de l'essence d'un objet (la triangularité d'une part de tarte par exemple) alors que l'imagination et les sens ne font que confirmer ou préciser cette détermination essentielle sans jamais la contredire : la sensation, par exemple, atteste l'existence effective de la part de tarte dont j'ai l'idée et me délivre des informations (c'est sucré, c'est moelleux) que ne contient pas l'idée de triangle ; mais elle ne change rien à ce que, par l'entendement, je sais du triangle en particulier ou de l'espace en général. Sur la fonction propre de la sensation selon Descartes, voir note 1, p. 121.   **2.** Une certitude qui, sans être absolue, est suffisante pour ce qui concerne les mœurs, la pratique : c'est par exemple le cas du jugement que je fais sur l'existence d'un corps donné. Lorsque je dis « ce livre est posé sur la table », je suis quasiment certain qu'il en est ainsi, et ce type de certitude est largement suffisant pour me permettre de prendre une décision « pratique » concernant mon rapport à ce livre : je le lis, ou bien je le ferme, ou bien je le jette, etc. En revanche, je ne peux pas tout à fait exclure la possibilité que je rêve, ou bien qu'il s'agisse d'un mirage ou d'une hallucination. Ce type de certitude s'oppose donc à la certitude absolue que Descartes appelle « métaphysique ». Dans ce cas, il est absolument impossible que la chose ne soit pas comme nous jugeons qu'elle l'est : Dieu existe, je suis une chose qui pense, deux plus deux font quatre, etc. Sur ces deux types de certitudes, voir *Principes de la philosophie*, IV, art. 205-206. On prendra garde toutefois à ce qu'expose la suite de cet alinéa : à un niveau encore plus fondamental, la certitude « métaphysique » elle-même dépend de la garantie offerte par un Dieu parfait et non trompeur.

soit assez de sujet pour n'en être pas entièrement assuré que d'avoir pris garde qu'on peut en même façon s'imaginer, étant endormi, qu'on a un autre corps, et qu'on voit d'autres astres, et une autre terre, sans qu'il en soit rien. Car d'où sait-on que les pensées qui viennent en songe sont plutôt fausses que les autres [1], vu que souvent elles ne sont pas moins vives et expresses [2] ? Et que les meilleurs esprits y étudient tant qu'il leur plaira, je ne crois pas qu'ils puissent donner aucune raison qui soit suffisante pour ôter ce doute, s'ils ne présupposent [3] l'existence de Dieu. Car premièrement cela même que j'ai tantôt [4] pris pour une règle, à savoir que les choses que nous concevons très clairement et très distinctement sont toutes vraies, n'est assuré qu'à cause que Dieu est ou existe, et qu'il est un être parfait, et que tout ce qui est en nous vient de lui : d'où il suit que nos idées ou notions, étant des choses réelles, et qui viennent de Dieu en tout ce en quoi elles sont claires et distinctes, ne peuvent en cela être que vraies. En sorte que si nous en avons assez souvent qui contiennent de la fausseté, ce ne peut être que de celles qui ont quelque chose de confus et obscur, à cause qu'en cela elles participent du néant, c'est-à-dire qu'elles ne sont en nous ainsi confuses qu'à cause que nous ne sommes pas tout parfaits [5]. Et il est évident qu'il n'y a pas moins de répugnance [6] que la fausseté ou **[39]** l'imperfection procède de [7] Dieu en tant

---

1. Sont fausses alors que les autres ne le sont généralement pas.   2. Vives et nettes.   3. C'est-à-dire : montrent préalablement.   4. Plus haut, précédemment.   5. Entièrement, absolument parfait. A la suite de la plupart des éditeurs, nous corrigeons le texte original du *Discours* qui porte ici « tous parfaits ». La *Quatrième méditation* explicite cette dernière affirmation, en un long exposé sur les rapports entre l'erreur, la volonté et la liberté qui n'a pas d'équivalent dans le *Discours*. Le fait de l'erreur — qui se constitue en difficulté à expliquer dès lors que Descartes soutient que Dieu est parfait et ne nous trompe pas — provient d'un rapport mal réglé entre notre volonté, qui juge, et notre entendement qui conçoit : nous faisons souvent preuve de précipitation en jugeant vraies des conceptions qui ne sont encore que confuses et obscures pour les capacités limitées de notre esprit.   6. Contradiction.   7. Vienne de, ait été produite par.

que telle, qu'il y en a que la vérité ou la perfection procède du néant. Mais si nous ne savions point que tout ce
qui est en nous de réel, et de vrai, vient d'un être parfait
et infini, pour claires et distinctes que fussent nos idées,
nous n'aurions aucune raison qui nous assurât qu'elles
eussent la perfection d'être vraies[1].

Or, après que la connaissance de Dieu et de l'âme
nous a ainsi rendus certains de cette règle, il est bien
aisé à connaître que les rêveries que nous imaginons
étant endormis ne doivent aucunement nous faire
douter de la vérité des pensées que nous avons étant
éveillés. Car s'il arrivait même en dormant qu'on eût
quelque idée fort distincte, comme par exemple
qu'un géomètre inventât quelque nouvelle démonstration, son sommeil ne l'empêcherait pas d'être vraie[2].
Et pour l'erreur la plus ordinaire de nos songes, qui
consiste en ce qu'ils nous représentent divers objets
en même façon[3] que font nos sens extérieurs, n'importe pas qu'elle[4] nous donne occasion de nous
défier[5] de la vérité de telles idées, à cause qu'elles
peuvent aussi nous tromper assez souvent sans que
nous dormions : comme lorsque ceux qui ont la
jaunisse voient tout de couleur jaune, ou que les
astres ou autres corps fort éloignés nous paraissent
beaucoup plus petits qu'ils ne sont. Car enfin, soit
que nous veillions, soit que nous dormions, nous ne
nous devons jamais laisser persuader qu'à l'évidence
de notre raison. Et il est à remarquer que je dis :

---

1. Ce thème de la garantie de la validité des idées claires et distinctes
par Dieu a donné lieu à l'objection dite du « cercle cartésien » : je prouve
que Dieu existe à partir de l'idée claire et distincte de Dieu ; mais c'est
Dieu qui garantit la validité de mes idées claires et distinctes. Sur la réponse
de Descartes à cette objection, voir notre Introduction p. 54-57.   2. En
admettant que ce soit en dormant que Pythagore ait découvert le théorème
qui porte son nom, cela n'empêcherait pas la validité du théorème. Il reste
que la manière particulière dont nous pensons durant le sommeil rend cette
hypothèse peu probable, comme va le montrer la suite du texte.   3. De la
même manière.   4. Il n'importe pas qu'elle, peu importe qu'elle.   5. Nous
méfier.

de notre raison, et non point : de notre imagination, ni : de nos sens[1]. Comme, encore que nous voyions le **[40]** soleil très clairement, nous ne devons pas juger pour cela qu'il ne soit que de la grandeur que nous le voyons ; et nous pouvons bien imaginer distinctement une tête de lion entée sur[2] le corps d'une chèvre, sans qu'il faille conclure pour cela qu'il y ait au monde une chimère[3] : car la raison ne nous dicte point que ce que nous voyons ou imaginons ainsi soit véritable. Mais elle nous dicte bien que toutes nos idées ou notions doivent avoir quelque fondement de vérité, car il ne serait pas possible que Dieu, qui est tout parfait et tout véritable, les eût mises en nous sans cela ; et pource que nos raisonnements ne sont jamais si évidents ni

---

1. La distinction posée plus haut entre certitude métaphysique et certitude morale est ici précisée en fonction des différentes facultés de l'esprit humain et des différents domaines du savoir : la certitude « métaphysique » appartient en propre au savoir constitué par la raison, c'est-à-dire à la métaphysique (ce qui concerne Dieu, notre esprit et nos idées) et aux mathématiques (arithmétique et géométrie, qui permettent de constituer une physique fondamentale). Dans les autres domaines du savoir, où interviennent sensation et imagination, on doit se satisfaire d'une certitude « morale ». A la différence des *Méditations* (deuxième moitié de la *Sixième méditation*), le *Discours* n'explique pas en quoi consiste la fonction spécifique de la sensation. Selon Descartes, les sens ne nous fournissent pas des informations sur la nature des objets matériels, ce que ces objets sont tels qu'en eux-mêmes, mais sur les rapports qui existent entre ces objets et notre corps (trop près du feu, je sens une brûlure douloureuse qui m'indique que le feu risque de me nuire ; à un mètre du feu, je sens une chaleur agréable, qui indique que dans cette position, le feu est bienfaisant pour mon corps ; loin du feu, je ne sens rien, puisque le feu n'a pas d'effet sur moi. En lui-même, le feu n'est ni brûlant, ni tiède, ni agréable, etc. Toutes ces qualités sensibles se constituent dans le rapport entre mon corps et le feu). Les sens nous donnent donc des renseignements à portée pratique sur ce qui est utile ou nuisible pour notre vie parmi les objets matériels que nous côtoyons. Ils permettent ainsi au « vrai homme » (le composé de l'âme et du corps) de s'orienter au mieux dans le monde où il évolue. Sur les fonctions et les domaines de compétence respectifs de l'entendement, de l'imagination et des sens, voir notamment la *Lettre à Élisabeth* du 28 juin 1643, AT, t. III, p. 690-695 ; Alquié, t. III, p. 43-48. **2.** Greffée sur, assemblée avec. **3.** Un animal monstrueux composé par assemblage de parties d'autres animaux.

si entiers[1] pendant le sommeil que pendant la veille, bien que quelquefois nos imaginations soient alors autant ou plus vives et expresses, elle nous dicte aussi que, nos pensées ne pouvant être toutes vraies, à cause que nous ne sommes pas tout parfaits, ce qu'elles ont de vérité doit infailliblement se rencontrer en celles que nous avons étant éveillés plutôt qu'en nos songes[2].

---

1. Si complets, si achevés : dans les rêves, les idées et images s'enchaînent souvent de façon bizarre, sans être développées ni logiquement connectées entre elles. La fin de la *Sixième méditation* (AT, t. IX, p. 71-72 ; Alquié, t. II, p. 503-505) présente de manière plus détaillée les critères qui permettent, selon Descartes, de distinguer le rêve de l'état de veille.
2. Tout comme la *Sixième méditation*, la fin de cet exposé de la métaphysique cartésienne insiste à la fois sur la faiblesse et les limitations de notre esprit, et sur notre capacité à bien penser et trouver le vrai lorsque nous nous servons correctement de ce même esprit.

CINQUIÈME PARTIE

Je serais bien aise de poursuivre et de faire voir ici toute la chaîne des autres vérités que j'ai déduites de ces premières[1] : mais, à cause que, pour cet effet[2], il serait maintenant besoin que je parlasse de plusieurs questions qui sont en controverse entre les doctes[3], avec lesquels je ne désire point me brouiller, je crois qu'il sera mieux que je m'en abstienne, et que je dise seulement en général quelles elles sont, afin de laisser juger aux plus sages s'il serait utile que le public en fût plus particulièrement[4] informé. Je suis **[41]** toujours demeuré ferme en la résolution que j'avais prise de ne supposer aucun autre principe que celui dont je viens de me servir[5] pour démontrer l'existence de Dieu et de l'âme, et de ne recevoir aucune chose pour vraie qui ne me semblât plus claire et plus certaine que n'avaient fait[6] auparavant les démonstrations des géomètres : et néanmoins j'ose dire que non seulement j'ai trouvé moyen de me satisfaire en peu de temps touchant toutes les principales difficultés dont on a coutume de traiter en la philosophie ; mais aussi que j'ai remarqué certaines lois que Dieu a tellement établies en la natu-

---

1. C'est-à-dire, en suivant l'ordre expliqué dans la comparaison de « l'arbre de la Philosophie », d'exposer la physique qui est déduite des énoncés métaphysiques présentés dans la *Quatrième partie* du *Discours*. 2. Pour ce faire, pour mener à bien mon projet. 3. Des questions qui sont débattues par les savants. 4. De façon plus détaillée. 5. Le *cogito*. 6. Que ne m'étaient apparues.

re[1], et dont il a imprimé de telles notions en nos âmes[2], qu'après y avoir fait assez de réflexion nous ne saurions douter qu'elles ne soient exactement observées en tout ce qui est ou qui se fait dans le monde. Puis, en considérant la suite de ces lois[3], il me semble avoir découvert plusieurs vérités plus utiles et plus importantes que tout ce que j'avais appris auparavant, ou même espéré d'apprendre.

Mais pour ce que[4] j'ai tâché d'en expliquer les principales dans un traité que quelques considérations m'empêchent de publier[5], je ne les saurais mieux faire connaître qu'en disant ici sommairement ce qu'il contient. J'ai eu dessein d'y comprendre[6] tout ce que je pensais savoir avant que de l'écrire touchant la nature des choses matérielles. Mais tout de même que[7] les peintres, ne pouvant également bien représenter dans un tableau plat toutes les diverses faces d'un corps solide, en choisissent une des principales

---

1. Tellement : de telle manière. Pour la définition cartésienne de la « nature » telle qu'elle est ici comprise, voir le *Monde*, ch. 7, AT, t. XI, p. 36-37 ; Alquié, t. I, p. 349 : « par la Nature je n'entends point quelque Déesse, ou quelque autre sorte de puissance imaginaire, mais [...] je me sers de ce mot pour signifier la matière même en tant que je la considère avec toutes les qualités que je lui ai attribuées » ; voir aussi *Sixième méditation*, AT, t. IX, p. 64 ; Alquié, t. II, p. 491-492.   2. Cette affirmation condense plusieurs thèses essentielles de la pensée de Descartes. Dieu n'a pas seulement créé le monde, mais aussi les vérités et les lois qui le régissent (voir sur ce thème les célèbres *Lettres à Mersenne* du 15 avril, 6 mai et 27 mai 1630). Ces lois étant aussi connues par les notions « innées » que Dieu a imprimées dans nos esprits, nous sommes assurés que notre pensée, lorsqu'elle est correctement développée, correspond bien au monde qu'elle pense.   3. La série de ces lois, la façon dont elles s'entresuivent de manière ordonnée.   4. Comme, à cause du fait que.   5. Le « traité » est le *Monde* ou *Traité de la lumière*, que Descartes rédigea entre 1629 et 1633 et où il exposait les principes fondamentaux de sa physique. Toute cette *Cinquième partie* du *Discours* va présenter un résumé du *Monde*, dont les principaux thèmes seront repris, et pour certains développés, en 1644 dans les *Principes de la philosophie*. Nous renverrons en note aux passages correspondants de ces deux œuvres. Descartes renonça à publier le *Monde* en 1633 après avoir appris la condamnation de Galilée : voir notre Introduction, p. 17-19. Le texte ne fut publié qu'à titre posthume, en 1664.   6. J'ai eu le projet d'y présenter.   7. De la même façon que.

qu'ils mettent seule vers le jour, et, ombrageant[1] les **[42]** autres, ne les font paraître qu'en tant qu'on les peut voir en la regardant : ainsi, craignant de ne pouvoir mettre en mon discours tout ce que j'avais en la pensée, j'entrepris seulement d'y exposer bien amplement[2] ce que je concevais de la lumière puis, à son occasion, d'y ajouter quelque chose du soleil et des étoiles fixes, à cause qu'elle en procède presque toute[3], des cieux, à cause qu'ils la transmettent, des planètes, des comètes et de la terre, à cause qu'elles la font réfléchir[4], et en particulier de tous les corps qui sont sur la terre, à cause qu'ils sont ou colorés, ou transparents, ou lumineux, et enfin de l'homme, à cause qu'il en est le spectateur[5]. Même, pour ombrager[6] un peu toutes

---

1. En laissant dans l'ombre, en ne représentant pas de façon nette. Descartes va par la suite jouer sur ce terme : voir note 6, ci-dessous.   2. De façon détaillée.   3. C'est-à-dire : que presque toute la lumière vient du soleil et des étoiles (l'autre source de lumière étant le feu). Les étoiles fixes sont les étoiles observables qui, du point de vue de celui qui les regarde, ne changent pas de position les unes par rapport aux autres, à la différence des planètes ou des comètes.   4. Qu'elles réfléchissent la lumière.   5. Voir les notes suivantes pour les références des textes de Descartes sur tous ces sujets.   6. Alors que le terme était plus haut utilisé dans son sens « esthétique », on glisse ici vers un sens plus intellectuel : « ombrager » signifie à présent « atténuer », « adoucir » ce que les thèses présentées peuvent avoir de choquant, notamment pour les autorités religieuses de l'époque. C'est ici le premier d'un des nombreux passages ambigus de cette partie du *Discours* consacrés aux thèses de physique et de cosmologie. On peut dire en effet que « l'ombre » du récit biblique de la création donné dans la Genèse plane sur toute cette partie du texte. La Bible affirme que Dieu a créé le monde en sept jours, en l'état où nous le voyons actuellement, et à l'époque de Descartes, ce récit est le plus souvent compris « au sens littéral », comme une narration objective de la façon dont le monde a effectivement été créé. L'hypothèse cartésienne d'un monde obtenu par différenciation progressive et mécanique d'une matière initialement indifférenciée semble donc contredire ce texte biblique. De là la prudence de Descartes qui présente son hypothèse comme une simple fable à propos d'un autre monde que le nôtre (voir note 2, p. 126) et finira en affirmant que le récit biblique est plus « vraisemblable » que cette hypothèse. De là aussi l'ambiguïté de tout ce passage, depuis longtemps objet d'interprétations divergentes de la part des commentateurs : il est très difficile de savoir si Descartes est sincère, ou s'il pense que le récit biblique est erroné et cherche seulement à éviter les démêlés avec les autorités religieuses de son temps.

ces choses, et pouvoir dire plus librement ce que j'en
jugeais, sans être obligé de suivre ni de réfuter les opinions qui sont reçues entre les doctes, je me résolus de
laisser tout ce monde ici [1] à leurs disputes, et de parler
seulement de ce qui arriverait dans un nouveau [2] si
Dieu créait maintenant quelque part dans les espaces
imaginaires [3] assez de matière pour le composer, et
qu'il agitât diversement et sans ordre les diverses parties de cette matière, en sorte qu'il en composât un
chaos aussi confus que les poètes en puissent feindre [4],
et que par après il ne fît autre chose que prêter son
concours ordinaire [5] à la nature, et la laisser agir suivant les lois qu'il a établies. Ainsi premièrement je
décrivis cette matière et tâchai de la représenter telle
qu'il n'y a rien au monde, ce me semble, de plus clair
ni plus intelligible [6], excepté ce qui a tantôt [7] été dit de
Dieu et de l'âme : car même je supposai expressément

---

1. Ce monde-ci, notre monde.   2. Dans un nouveau monde, dans un
monde différent du nôtre. Descartes présente donc ce qu'il appelle dans
d'autres textes une « fable » : il ne prétend pas restituer l'histoire réelle de
notre univers, mais présenter la genèse idéale d'un cosmos fictif. Reste que
par la suite, Descartes insiste à plusieurs reprises sur la ressemblance entre
l'univers ainsi produit et le nôtre : à nouveau, il est bien difficile de déterminer dans quelle mesure cette « fiction » en est vraiment une de son point
de vue.   3. Expression reprise aux scolastiques : des espaces fictifs
qu'on peut s'imaginer au-delà des limites du monde conçu comme fini.
L'usage de cette expression est une concession faite aux lecteurs scolastiques : pour Descartes, le monde s'étend dans l'espace sans limites assignables, et de tels espaces vides « hors du monde » n'existent
pas.   4. Imaginer, se représenter. Le chaos = un désordre originel, une
matière sans forme ni structure. L'hypothèse d'un tel commencement
chaotique du monde était fréquente depuis l'Antiquité : voir par exemple
le début de la *Théogonie* d'Hésiode, et Platon, *Timée*, 30a. Sur cette hypothèse d'un chaos initial, voir le *Monde*, ch. 6 et *Principes de la philosophie*,
III, art. 45-47.   5. Concours ordinaire : l'action que Dieu exerce
habituellement sur la création (par opposition au concours « extraordinaire », c'est-à-dire les interventions miraculeuses, qui dérogent aux lois de la
nature).   6. La matière telle que la considère ici Descartes se réduit à
l'étendue, c'est-à-dire à « l'objet des géomètres », et peut être intégralement
décrite en termes de grandeurs, de figures et de mouvements. Ainsi
comprise, la matière est intelligible au double sens de « toute connaissable »
et « représentée par une idée immatérielle ».   7. Précédemment.

qu'il **[43]** n'y avait en elle aucune de ces formes ou qualités dont on dispute dans les écoles[1] ni généralement aucune chose dont la connaissance ne fût si naturelle à nos âmes[2] qu'on ne pût pas même feindre de l'ignorer. De plus je fis voir quelles étaient les lois de la nature ; et sans appuyer mes raisons sur aucun autre principe que sur les perfections infinies de Dieu[3], je tâchai à démontrer toutes celles dont on eût pu avoir quelque doute, et à faire voir qu'elles sont telles qu'encore que Dieu aurait créé plusieurs mondes, il n'y en saurait avoir aucun où elles manquassent d'être observées. Après cela je montrai comment la plus grande part de la matière de ce chaos devait, en suite de ces lois, se disposer et s'arranger d'une certaine façon qui la rendait semblable à nos cieux[4] ; comment cependant quelques-unes de ses parties devaient composer une terre, et quelques-unes des planètes et des comètes, et quelques autres un soleil et des étoiles fixes[5] : et ici m'étendant sur le sujet de la lumière, j'expliquai bien au long[6] quelle était celle qui se devait trouver dans le soleil et les étoiles, et comment de là elle traversait en

---

1. Pour les scolastiques, il y avait réellement dans les objets matériels de ces qualités sensibles (le chaud, le froid, etc.) dont Descartes va montrer qu'elles ne sont qu'un effet de relation entre ces objets et mon corps (voir p. 121, note 1). Sur les « formes » dont les scolastiques se servaient pour expliquer les actions des objets, voir *Première partie*, note 5, p. 68. **2.** Naturelle à nos âmes : inscrite en nos esprits. C'est le thème de l'innéisme. **3.** Descartes présente les trois lois fondamentales de sa physique du mouvement des corps comme déduites de l'idée que nous avons de Dieu, et notamment de sa qualité d'immutabilité. Sur ces trois lois, dont le contenu n'est pas du tout précisé dans le *Discours*, voir le *Monde*, ch. 7 et *Principes de la philosophie*, II, art. 36-42. **4.** Notre cosmos, l'univers où nous évoluons. **5.** Sur la formation de la terre, voir le *Monde*, ch. 10, et *Principes de la philosophie* IV, art. 2 ; sur celle des planètes, le *Monde*, ch. 9 et 10 et *Principes de la philosophie*, III, art. 140-147 ; sur celle des comètes, le *Monde*, ch. 9 et *Principes de la philosophie*, III, art. 119, 126-129 ; sur celle du soleil et des étoiles fixes, le *Monde*, ch. 8 et *Principes de la philosophie*, III, art. 54. **6.** Longuement, de façon détaillée. Sur la lumière en général, voir le *Monde*, ch. 2, 13 et 14 ; *Principes de la philosophie*, III, art. 55-64 ; et la *Dioptrique, Discours 1*.

un instant[1] les immenses espaces[2] des cieux, et
comment elle se réfléchissait des planètes et des
comètes vers la terre. J'y ajoutai aussi plusieurs choses
touchant la substance, la situation, les mouvements et
toutes les diverses qualités de ces cieux et de ces
astres ; en sorte que je pensais en dire assez pour faire
connaître qu'il ne se remarque rien en ceux de ce
monde qui ne dût, ou du moins qui ne pût, paraître tout
semblable en ceux du monde **[44]** que je décrivais[3].
De là je vins à parler particulièrement de la terre :
comment, encore que j'eusse expressément supposé
que Dieu n'avait mis aucune pesanteur[4] en la matière
dont elle était composée, toutes ses parties ne laissaient
pas[5] de tendre exactement vers son centre ; comment,
y ayant de l'eau et de l'air sur sa superficie, la disposition des cieux et des astres, principalement de la lune,
y devait causer un flux et reflux[6] qui fût semblable en
toutes ses circonstances à celui qui se remarque dans
nos mers, et outre cela un certain cours tant de l'eau
que de l'air, du levant vers le couchant, tel qu'on le

---

1. Descartes estime que la lumière se transmet de façon instantanée, tout
comme le mouvement passe de façon parfaitement simultanée d'une extré-
mité d'un bâton à une autre (on trouve cette comparaison en *Dioptrique*,
Discours 1, AT, VI, p. 84). **2.** Pour Descartes, on peut penser que
l'univers est indéfini, c'est-à-dire sans limites assignables dans la dimension
de l'espace. L' « indéfini » ainsi entendu s'oppose à l'infini en tous genres,
qui caractérise Dieu seul (sur la distinction infini/indéfini, voir par exemple
Principes de la philosophie, I, art. 26-27 ; *Réponses aux premières objections*, AT t. IX, p. 89-91 ; Alquié, t. II, p. 531-533 ; *Lettre à Chanut* du
6 juin 1647, AT t. V, p. 52 ; Alquié, t. III, p. 737-738). **3.** On retrouve
ici l'ambiguïté dont nous parlions plus haut : si l'hypothèse ici développée
par Descartes permet d'envisager la production d'un monde semblable
au nôtre, pourquoi ne pas penser que notre monde a effectivement été produit ainsi ? **4.** Sur la terre, voir le *Monde*, ch. 10 et *Principes de la
philosophie*, IV. Sur la pesanteur, voir le *Monde*, ch. 11 et *Principes de
la philosophie*, IV, art. 20-27. Selon Descartes, la matière n'a aucune capacité à se mouvoir elle-même : la pesanteur s'explique par la pression exercée sur les corps par la matière qui les environne. **5.** Ne manquaient
pas, ne cessaient pas. **6.** Les marées. Sur ce phénomène, voir le *Monde*,
ch. 12 et *Principes de la philosophie*, IV, art. 49-56.

remarque aussi entre les tropiques[1] ; comment les montagnes, les mers, les fontaines et les rivières pouvaient naturellement s'y former, et les métaux y venir dans les mines[2], et les plantes y croître dans les campagnes[3], et généralement tous les corps qu'on nomme mêlés ou composés[4] s'y engendrer. Et entre autres choses, à cause qu'après les astres je ne connais rien au monde que le feu[5] qui produise de la lumière, je m'étudiai à faire entendre bien clairement tout ce qui appartient à sa nature, comment il se fait, comment il se nourrit, comment il n'a quelquefois que de la chaleur sans lumière[6] et quelquefois que de la lumière sans chaleur[7], comment il peut introduire diverses couleurs en divers corps, et diverses autres qualités, comment il en fond quelques-uns et en durcit d'autres, comment il les peut consumer presque tous, ou convertir en cendres et en fumée ; et enfin comment de ces cendres par la seule violence de son action il forme du verre : car, cette transmutation de **[45]** cendres en verre me semblant être aussi admirable qu'aucune autre qui

---

1. Les alizés et les courants qui les accompagnent : voir le *Monde*, ch. 12 et *Principes de la philosophie*, IV, art. 53. **2.** Le *Monde* n'aborde pas tous ces sujets, auxquels les *Principes de la philosophie* consacrent en revanche quelques développements. Sur les montagnes et les mers, voir *Principes*, IV, art. 44 ; sur les fontaines et les rivières, *Principes*, IV, art. 64-67 ; sur les métaux, *Principes*, IV, art. 58, 63, et 72-75. **3.** Le *Monde* ne parle pas des plantes. Descartes explique dans l'article 188 de la *Quatrième partie* des *Principes de la philosophie* qu'il avait « formé le projet » d'ajouter deux parties aux quatre qui constituent les *Principes* tels que nous les connaissons, « l'une touchant la nature des animaux et des plantes, l'autre touchant celle de l'homme ». **4.** Chez les scolastiques, la plupart des corps étaient considérés comme des « mixtes » composés des différents « éléments » (air, feu, terre, eau). Pour la position, nuancée, de Descartes vis-à-vis de cette doctrine des éléments, voir le *Monde*, ch. 5. **5.** Sur le feu en général et sur les différents phénomènes mentionnés dans la suite de la phrase, voir le *Monde*, ch. 2 et surtout *Principes de la philosophie*, IV, art. 80-123. **6.** Les phénomènes de fermentation, de friction, la chaux. **7.** Par exemple les phénomènes de phosphorescence.

se fasse en la nature, je pris particulièrement plaisir à
la décrire[1].

Toutefois je ne voulais pas inférer de toutes ces
choses que ce monde ait été créé en la façon que je
proposais : car il est bien plus vraisemblable que dès
le commencement Dieu l'a rendu tel qu'il devait être[2].
Mais il est certain, et c'est une opinion communément
reçue entre les théologiens, que l'action par laquelle
maintenant il le conserve est toute la même que celle
par laquelle il l'a créé[3] ; de façon qu'encore qu'il ne
lui aurait point donné[4] au commencement d'autre
forme que celle du chaos, pourvu qu'ayant établi les
lois de la nature il lui prêtât son concours[5] pour agir
ainsi qu'elle a de coutume[6], on peut croire, sans faire
tort au miracle de la création[7], que par cela seul toutes
les choses qui sont purement matérielles[8] auraient pu
avec le temps s'y rendre telles que nous les voyons à
présent ; et leur nature est bien plus aisée à concevoir
lorsqu'on les voit naître peu à peu en cette sorte que
lorsqu'on ne les considère que toutes faites.

De la description des corps inanimés et des plantes,
je passai[9] à celle des animaux, et particulièrement à
celle des hommes. Mais pource que je n'en avais

___

1. Sur le verre et son obtention par fusion voir *Principes de la philosophie*, IV, art. 124-132. Le *Discours* arrête là la liste des phénomènes étudiés
par Descartes. La *Quatrième partie* des *Principes* rajoutera une longue
étude sur l'aimant (133-183).	**2.** Sur la signification, et les ambiguïtés,
de cette concession faite aux théologiens, voir note 6, p. 125	**3.** C'est
le thème de la création continuée : voir *Quatrième partie*, note 2,
p. 115.	**4.** Même s'il ne lui avait pas donné.	**5.** Son aide, sa collabo-
ration.	**6.** Qu'elle en a coutume.	**7.** La création telle qu'elle est
racontée dans la Genèse est un « miracle » au sens où elle ne s'opère pas
suivant les lois habituellement à l'œuvre dans la nature : elle a lieu *ex
nihilo*, à partir de rien, et les choses sont créées déjà toutes formées.
8. On remarquera cette restriction aux seules « choses purement matérielles » : comme le précisera la suite du texte (p. 149), l'hypothèse de
Descartes ne s'applique pas à la création des âmes ou des esprits.	**9.** Histo-
riquement parlant, ce « passage » a eu lieu en 1632, quand Descartes
commença la partie du *Monde* intitulée *L'Homme*, qui est consacrée à l'étude
des mécanismes corporels chez les êtres vivants.

pas encore assez de connaissance pour en parler du même style[1] que du reste, c'est-à-dire en démontrant les effets par les causes, et faisant voir de quelles semences[2] et en quelle façon la nature les doit produire, je me contentai de supposer que Dieu formât le corps d'un homme entièrement semblable à **[46]** l'un des nôtres, tant en la figure extérieure de ses membres qu'en la conformation intérieure de ses organes, sans le composer d'autre matière que de celle que j'avais décrite, et sans mettre en lui au commencement aucune âme raisonnable[3], ni aucune autre chose pour y servir d'âme végétante ou sensitive[4], sinon qu'il excitât en son cœur un de ces feux sans lumière que j'avais déjà expliqués[5], et que je ne concevais point d'autre nature que celui qui échauffe le foin lorsqu'on l'a renfermé

---

1. Avec la même méthode « génétique » que celle qui a été précédemment mise en œuvre pour parler des phénomènes physiques. Descartes ne prétend donc pas expliquer les processus de formation des corps, mais décrire la façon dont ils fonctionnent. Il en sera autrement quand, en 1648, Descartes rédigera un petit traité intitulé *La Description du corps humain* ou *De la formation du fœtus* (publié à titre posthume, avec *L'Homme*, en 1664) : comme l'indique ce titre, il ajoutera alors aux considérations d'anatomie descriptives reprises de *L'Homme* un essai d'explication génétique du corps humain. **2.** A partir de quels éléments. **3.** Aucun esprit : Descartes va considérer l'homme sous son seul aspect matériel, corporel. **4.** Selon les scolastiques qui suivaient Aristote (*De l'âme*, II), on pouvait distinguer différentes « âmes », c'est-à-dire différents principes d'animation, correspondant aux différentes fonctions du vivant : l'âme végétante ou végétative assure la croissance et la nutrition, l'âme sensitive la sensation, l'âme rationnelle la pensée. La stricte séparation opérée par Descartes entre chose qui pense et chose étendue l'amène à refuser ce schéma. Il n'y a pas besoin selon lui de faire appel à une « âme » pour expliquer ce qui concerne le fonctionnement mécanique du corps tout entier constitué de matière : on peut ainsi réduire à un ensemble de relations mécaniques dans l'ordre de l'étendue l'ensemble des phénomènes corporels, dont la croissance et la nutrition. L'âme ou chose qui pense, et ses différentes fonctions (la pensée en général, dont la sensation est pour Descartes une espèce) sont en revanche d'un tout autre ordre, qui ne concerne en rien la physiologie mécaniste, mais l'enquête métaphysique telle qu'elle a été présentée dans la *Quatrième partie* du *Discours*. **5.** Voir note 7, p. 129 ; et la suite du texte pour une explication du mouvement cardiaque tel que Descartes le conçoit.

avant qu'il fût sec, ou qui fait bouillir les vins nouveaux lorsqu'on les laisse cuver sur la rape[1]. Car, examinant les fonctions qui pouvaient en suite de cela être en ce corps, j'y trouvais exactement toutes celles qui peuvent être en nous sans que nous y pensions, ni par conséquent que notre âme, c'est-à-dire cette partie distincte du corps dont il a été dit ci-dessus que la nature n'est que de penser, y contribue, et qui sont toutes les mêmes, en quoi on peut dire que les animaux sans raison nous ressemblent[2] : sans que j'y en pusse pour cela trouver aucune de celles qui, étant dépendantes de la pensée, sont les seules qui nous appartiennent en tant qu'hommes ; au lieu que je les y trouvais toutes par après[3], ayant supposé que Dieu créât une âme raisonnable, et qu'il la joignît à ce corps en certaine façon que je décrivais.

Mais afin qu'on puisse voir en quelle sorte j'y traitais cette matière, je veux mettre ici l'explication du mouvement du cœur et des artères[4], qui étant le premier et le plus général qu'on observe dans les animaux, on jugera facilement de lui[5] ce qu'on doit **[47]** penser de tous les autres. Et afin qu'on ait

---

1. Ce qui reste des grappes de raisin une fois qu'elles ont été pressées et ont perdu leur jus : une fois ce jus (le « moût ») ôté, le reste fermente. 2. Allusion à la thèse dite des « animaux-machines » : voir note 4, p. 145. 3. Par la suite, après. 4. Ici commence un long et difficile passage consacré au mouvement et à la fonction du cœur. La compréhension de ce texte, qui est comme un « essai de la méthode » dans le domaine de la physiologie, est rendue difficile non seulement par l'aspect très technique des matières abordées, mais aussi parce que le vocabulaire anatomique dont se sert Descartes n'a dans l'ensemble plus cours aujourd'hui. Voir le texte correspondant de *L'Homme*, AT, t. XI, p. 123-128 ; Alquié, t. I, p. 381-386, et de *La Description du corps humain*, AT, t. XI, p. 228-245 (non donné en Alquié). Pour des explications plus détaillées sur ces passages difficiles et le contexte intellectuel et scientifique où ils s'inscrivent, voir l'édition du *Monde* et de *L'Homme* par A. Bitbol-Hespériès et J.-P. Verdet, Paris, Seuil, 1996. Sur la physiologie et la médecine cartésiennes, l'ouvrage le plus complet et éclairant est *Le Principe de vie chez Descartes* d'A. Bitbol-Hespériès. 5. A partir de lui, en prenant ce cas pour modèle.

moins de difficulté à entendre ce que j'en dirai, je voudrais que ceux qui ne sont point versés en l'anatomie prissent la peine, avant que de lire ceci, de faire couper devant eux le cœur de quelque grand animal qui ait des poumons car il est en tous assez semblable à celui de l'homme[1] ; et qu'ils se fissent montrer les deux chambres ou concavités[2] qui y sont. Premièrement celle qui est dans son côté droit, à laquelle répondent deux tuyaux fort larges ; à savoir la veine cave[3], qui est le principal réceptacle du sang, et comme le tronc de l'arbre dont toutes les autres veines du corps sont les branches ; et la veine artérieuse[4], qui a été ainsi mal nommée pource que c'est en effet[5] une artère, laquelle, prenant son origine du cœur, se divise, après en être sortie, en plusieurs branches qui se vont répandre partout dans les poumons. Puis celle qui est dans son côté gauche, à laquelle répondent en même façon deux tuyaux, qui sont autant ou plus larges que les précédents ; à savoir l'artère veineuse[6], qui a été aussi mal nommée à cause qu'elle n'est autre chose qu'une veine, laquelle vient des poumons, où elle est divisée en plusieurs branches, entrelacées avec celles de la veine artérieuse, et celles de ce conduit qu'on nomme le sifflet[7] par où entre l'air de la respiration ; et la

---

1. De nombreuses lettres de Descartes attestent qu'il a pratiqué la dissection d'animaux (voir par exemple *Lettre à Mersenne* du 20 février 1639, AT, t. II, p. 525 ; Alquié, t. II, p. 127). On ne sait pas en revanche s'il a pratiqué de façon régulière la dissection de cadavres humains.   2. Les ventricules, c'est-à-dire les deux compartiments dans la partie inférieure du cœur.   3. La veine qui amène le sang veineux au cœur. Rappelons la distinction entre veines et artères, à laquelle Descartes fait allusion par la suite pour critiquer certaines confusions : les artères conduisent le sang du cœur vers les organes, les veines ramènent vers le cœur le sang qui a irrigué les organes.   4. L'artère pulmonaire, qui va du cœur aux poumons.   5. En réalité, en fait.   6. La veine pulmonaire, qui ramène le sang des poumons vers le cœur.   7. La trachée-artère, qui fait communiquer le larynx et les bronches.

grande artère[1], qui, sortant du cœur, envoie ses
branches par tout le corps. Je voudrais aussi qu'on
leur montrât soigneusement les onze petites peaux[2],
qui comme autant de petites portes ouvrent et ferment les quatre ouvertures qui sont en ces deux
concavités : à **[48]** savoir, trois à l'entrée de la veine
cave[3], où elles sont tellement disposées[4] qu'elles ne
peuvent aucunement empêcher que le sang qu'elle
contient ne coule dans la concavité droite du cœur,
et toutefois empêchent exactement qu'il n'en puisse
sortir ; trois à l'entrée de la veine artérieuse[5], qui,
étant disposées tout au contraire, permettent bien au
sang qui est dans cette concavité de passer dans les
poumons, mais non pas à celui qui est dans les
poumons d'y retourner ; et ainsi deux autres à l'entrée de l'artère veineuse[6], qui laissent couler le sang
des poumons vers la concavité gauche du cœur, mais
s'opposent à son retour ; et trois à l'entrée de la
grande artère[7], qui lui permettent de sortir du cœur,
mais l'empêchent d'y retourner. Et il n'est point
besoin de chercher d'autre raison du nombre de ces
peaux, sinon que l'ouverture de l'artère veineuse,
étant en ovale à cause du lieu où elle se rencontre,
peut être commodément fermée avec deux, au lieu
que les autres, étant rondes, le peuvent mieux être
avec trois. De plus je voudrais qu'on leur fît considérer que la grande artère et la veine artérieuse sont

---

1. L'aorte, c'est-à-dire l'artère qui part du ventricule gauche, et qui est
le tronc commun à toutes les autres artères.   **2.** Les valvules, c'est-à-dire
ces petits replis des tissus qui agissent à la manière de clapets, en empêchant
le reflux du sang dans les vaisseaux.   **3.** La valvule tricuspide, une
des valvules auriculo-ventriculaires qui fait communiquer l'oreillette et le
ventricule droit. Descartes parle de trois valvules car il considère les oreillettes comme des extrémités de la veine cave.   **4.** Disposées de telle
manière.   **5.** Les valvules sigmoïdes, à l'entrée de l'artère pulmonaire.   **6.** La valvule bicuspide, une des valvules auriculo-ventriculaires
qui fait communiquer l'oreillette et le ventricule gauche du cœur.   **7.** Les
valvules sigmoïdes, à l'entrée de l'aorte.

d'une composition beaucoup plus dure[1] et plus ferme
que ne sont l'artère veineuse et la veine cave ; et
que ces deux dernières s'élargissent avant que d'entrer dans le cœur, et y font comme deux bourses,
nommées les oreilles du cœur[2], qui sont composées
d'une chair semblable à la sienne ; et qu'il y a
toujours plus de chaleur dans le cœur qu'en aucun
autre endroit du corps[3] ; et enfin que cette chaleur
est capable de faire que s'il entre quelque goutte de
sang en ses concavités, elle s'enfle promptement et
se **[49]** dilate, ainsi que font généralement toutes les
liqueurs, lorsqu'on les laisse tomber goutte à goutte
en quelque vaisseau[4] qui est fort chaud.

Car après cela je n'ai besoin de dire autre chose pour
expliquer le mouvement du cœur, sinon que lorsque
ses concavités ne sont pas pleines de sang, il y en coule
nécessairement de la veine cave dans la droite, et de

---

1. Ce sont des artères, alors que les deux autres sont des veines.
2. Les oreillettes dont nous savons aujourd'hui qu'elles sont les cavités
supérieures du cœur. Mais elles étaient difficiles à identifier avec les instru-
ments d'observation dont disposait Descartes, qui les considère ainsi
comme les extrémités de la veine cave et de la veine pulmonaire.
3. Descartes, comme Aristote (*Parties des animaux*, 670 a 23) et la plupart
des médecins médiévaux, estime que le cœur est un organe plus chaud que
le reste du corps. C'est par cette chaleur qu'il va expliquer, dans la suite
du texte, la circulation sanguine qui est selon lui basée sur un phénomène
de dilatation : le sang refroidi par sa circulation dans l'organisme arrive
dans le cœur, se dilate sous l'effet de la chaleur de cet organe. Cette dilatation provoque un gonflement du cœur (la diastole) et l'envoi du sang dans
les artères ; les parois du cœur, vidé, s'affaissent alors (systole). Nous
savons aujourd'hui que cette explication est incorrecte : pour Descartes, le
cœur n'est qu'un organe passif qui se gonfle et se dégonfle en fonction de
la pression exercée par le sang qui est en lui, alors que le cœur est en réalité
un muscle, actif, dont le mouvement de contraction pousse le sang dans les
artères. Hormis cette importante erreur que ne commit pas le contemporain
de Descartes W. Harvey (voir note 5, p. 137), la description cartésienne du
cœur est exacte dans les grandes lignes. Sans que cela change quoi que ce
soit à l'erreur de Descartes (et à son entêtement à y persister) sur les mécanismes de circulation du sang, certaines observations de scientifiques
contemporains semblent lui donner raison quand il affirme que le cœur est
un organe plus chaud que les autres : voir en ce sens F. Alquié, *Liminaire
du Bulletin cartésien*, XIII, p. 1-2.   4. Récipient.

l'artère veineuse dans la gauche : d'autant que ces deux
vaisseaux en sont toujours pleins, et que leurs ouvertures, qui regardent[1] vers le cœur, ne peuvent alors
être bouchées ; mais que sitôt qu'il est entré ainsi deux
gouttes de sang[2], une en chacune de ses concavités,
ces gouttes, qui ne peuvent être que fort grosses, à
cause que les ouvertures par où elles entrent sont fort
larges, et les vaisseaux d'où elles viennent fort pleins
de sang, se raréfient[3] et se dilatent, à cause de la chaleur qu'elles y trouvent, au moyen de quoi, faisant
enfler tout le cœur, elles poussent et ferment les cinq
petites portes qui sont aux entrées des deux vaisseaux
d'où elles viennent, empêchant ainsi qu'il ne descende
davantage de sang dans le cœur ; et continuant à se
raréfier de plus en plus, elles poussent et ouvrent les
six autres petites portes qui sont aux entrées des deux
autres vaisseaux par où elles sortent, faisant enfler par
ce moyen toutes les branches de la veine artérieuse et
de la grande artère, quasi[4] au même instant que le
cœur, lequel incontinent[5] après se désenfle, comme
font aussi ces artères, à cause que le sang qui y est
entré s'y refroidit, et leurs six petites portes se refer-
ment, et les cinq de la veine cave et de l'artère veineuse
se rouvrent, et donnent passage à **[50]** deux autres
gouttes de sang, qui font derechef[6] enfler le cœur et
les artères, tout de même que les précédentes. Et
pource que le sang qui entre ainsi dans le cœur passe
par ces deux bourses qu'on nomme ses oreilles, de là
vient que leur mouvement est contraire au sien, et

---

1. Qui sont orientées vers.   **2.** « Goutte » a ici le sens de « petite
quantité ».   **3.** Au sens scientifique du terme : se dilatent, deviennent
moins denses, tandis que leur volume augmente.   **4.** Quasiment.
5. Aussitôt, tout de suite. Sa méconnaissance du rôle actif du cœur conduit
Descartes à mal interpréter le phénomène du pouls, ce battement des artères
produit par l'augmentation de la pression sanguine : nous savons aujour-
d'hui que ce battement correspond à la phase de contraction du cœur, qui
pousse le sang dans les artères ; Descartes croit qu'il correspond à la phase
de dilatation du cœur.   **6.** A nouveau.

qu'elles se désenflent lorsqu'il s'enfle. Au reste, afin que ceux qui ne connaissent pas la force des démonstrations mathématiques[1], et ne sont pas accoutumés à distinguer les vraies raisons des vraisemblables, ne se hasardent pas de nier ceci sans l'examiner, je les veux avertir que ce mouvement que je viens d'expliquer suit aussi nécessairement de la seule disposition des organes qu'on peut voir à l'œil dans le cœur, et de la chaleur qu'on y peut sentir avec les doigts[2], et de la nature du sang qu'on peut connaître par expérience[3], que fait celui d'une horloge, de la force, de la situation et de la figure de ses contrepoids et de ses roues[4].

Mais si on demande comment le sang des veines ne s'épuise point en coulant ainsi continuellement dans le cœur, et comment les artères n'en sont point trop remplies, puisque tout celui qui passe par le cœur s'y va rendre, je n'ai pas besoin d'y répondre autre chose que ce qui a déjà été écrit par un médecin d'Angleterre[5] auquel il faut donner la louange d'avoir rompu la glace[6] en cet endroit, et d'être le premier qui a enseigné qu'il y a plusieurs petits passages aux extrémités des artères par où le sang qu'elles reçoivent du

---

1. Une démonstration « mathématique » est telle qu'on ne peut pas refuser sa conclusion si on a admis ses points de départ, que Descartes énumère dans la suite de la phrase : structure du cœur telle qu'on l'observe en anatomie, présence de chaleur dans cet organe, nature particulière du sang. **2.** Allusions aux dissections faites par Descartes. Voir par exemple *La Description du corps humain*, AT, t. XI, p. 228 : « On ne peut douter qu'il n'y ait de la chaleur dans le cœur, car on la peut sentir même de la main, quand on ouvre le corps de quelque animal vivant. » **3.** Pour Descartes, le sang est un liquide semblable au lait : il bout facilement, et se dilate alors beaucoup. **4.** La comparaison accentue le caractère mécaniste de l'explication cartésienne. **5.** Il s'agit de William Harvey (1578-1657), médecin anglais qui publia en 1628 un ouvrage intitulé *Étude anatomique sur le mouvement du cœur et du sang dans les animaux*. Descartes lut cet ouvrage en 1632. Comme Descartes le reconnaît ici, c'est Harvey qui découvrit la circulation du sang. Mais Descartes n'admet pas l'explication que Harvey donne de la circulation, c'est-à-dire sa théorie, pourtant correcte, du mouvement du cœur à la manière d'une pompe. **6.** Vaincu les premières difficultés.

cœur entre dans les petites branches des veines, d'où il se va rendre derechef vers le cœur, en sorte que son cours n'est autre chose qu'une **[51]** circulation perpétuelle. Ce qu'il prouve fort bien par l'expérience ordinaire des chirurgiens, qui, ayant lié le bras médiocrement fort[1] au-dessus de l'endroit où ils ouvrent la veine, font que le sang en sort plus abondamment que s'ils ne l'avaient point lié : et il arriverait tout le contraire s'ils le liaient au-dessous entre la main et l'ouverture, ou bien qu'ils le liassent très fort au-dessus. Car il est manifeste que le lien médiocrement serré, pouvant empêcher que le sang qui est déjà dans le bras ne retourne vers le cœur par les veines, n'empêche pas pour cela qu'il n'y en vienne toujours de nouveau par les artères ; à cause qu'elles sont situées au-dessous des veines ; et que leurs peaux[2], étant plus dures, sont moins aisées à presser, et aussi que le sang qui vient du cœur tend avec plus de force à passer par elles vers la main qu'il ne fait à retourner de là vers le cœur par les veines ; et puisque ce sang sort du bras par l'ouverture qui est en l'une des veines, il doit nécessairement y avoir quelques passages au-dessous du lien, c'est-à-dire vers les extrémités du bras, par où il y puisse venir des artères. Il prouve aussi fort bien ce qu'il dit du cours du sang par certaines petites peaux, qui sont tellement disposées en divers lieux le long des veines qu'elles ne lui permettent point d'y passer du milieu du corps vers les extrémités, mais seulement de retourner des extrémités vers le cœur ; et de plus par l'expérience qui montre que tout celui qui est dans le corps en peut sortir en fort peu de temps par une seule artère lorsqu'elle est coupée, encore même qu'elle fût étroitement liée fort proche du cœur, et coupée entre lui et le lien, en sorte qu'on **[52]** n'eût aucun

---

1. Assez fort : Descartes parle d'un garrot.   2. Leurs parois. Tout ce passage reprend des arguments utilisés par Harvey dans son livre.

sujet d'imaginer que le sang qui en sortirait vînt d'ailleurs.

Mais il y a plusieurs autres choses qui témoignent que la vraie cause de ce mouvement du sang est celle que j'ai dite[1]. Comme premièrement la différence qu'on remarque entre celui qui sort des veines et celui qui sort des artères ne peut procéder que de ce qu'étant raréfié et comme distillé, en passant par le cœur, il est plus subtil et plus vif et plus chaud incontinent[2] après en être sorti, c'est-à-dire étant dans les artères, qu'il n'est un peu devant[3] que d'y entrer, c'est-à-dire étant dans les veines : et si on y prend garde, on trouvera que cette différence ne paraît bien que vers le cœur, et non point tant aux lieux qui en sont les plus éloignés[4]. Puis la dureté

---

1. C'est-à-dire : mon explication à moi, Descartes, du mouvement du cœur comme effet de la dilatation du sang, par opposition à celle de Harvey par la contraction musculaire. Nous savons aujourd'hui que c'est Harvey qui avait raison, ce qui rend encore moins convaincants les arguments que Descartes utilise dans la suite de ce paragraphe pour montrer que le médecin anglais s'est trompé. La solidarité extrême que Descartes a toujours voulu maintenir entre ses thèses devient ici une grande faiblesse théorique : un seul maillon erroné dans une « chaîne de raisons » étroitement liées entre elles entraîne des faussetés en cascade. **2.** Aussitôt. **3.** Un peu avant. **4.** Premier argument contre Harvey : ce dernier a remarqué que le sang artériel (rouge) est différent du sang veineux (noir), mais il n'explique pas cette différence (l'explication ne sera en fait donnée qu'en 1777 par le chimiste Lavoisier : c'est un phénomène de combustion qui, lors de la respiration pulmonaire, provoque cette transformation ; le sang artériel est du sang oxygéné ; le sang veineux est du sang qui a perdu son oxygène). Descartes explique que son recours à la chaleur cardiaque permet de rendre compte de cette transformation : le sang artériel est pour lui du sang chauffé et dilaté. C'est pourquoi Descartes estime que sa théorie du mouvement cardiaque et de la circulation sanguine est supérieure à celle de Harvey : elle rend raison d'un fait que le médecin anglais ne fait que constater, sans parvenir à l'expliquer. La différence entre Harvey et Descartes (qui explique par ailleurs l'opiniâtreté avec laquelle ce dernier persiste dans son erreur) est donc une conséquence de leurs attitudes distinctes face aux phénomènes qu'ils considèrent : le médecin anglais donne des descriptions correctes, mais il n'explique pas le pourquoi de ce qu'il décrit (mouvement du cœur, différence du sang veineux et du sang artériel) ; Descartes, lui, veut expliquer, répondre à cette question « pourquoi ».

des peaux dont la veine artérieuse et la grande artère sont composées montre assez que le sang bat contre elles avec plus de force que contre les veines[1]. Et pourquoi la concavité gauche du cœur et la grande artère seraient-elles plus amples et plus larges que la concavité droite et la veine artérieuse, si ce n'était que le sang de l'artère veineuse, n'ayant été que dans les poumons depuis qu'il a passé par le cœur, est plus subtil, et se raréfie plus fort et plus aisément, que celui qui vient immédiatement de la veine cave[2] ? Et qu'est-ce que les médecins peuvent deviner en tâtant le pouls, s'ils ne savent que, selon que le sang change de nature, il peut être raréfié par la chaleur du cœur plus ou moins fort et plus ou moins vite qu'auparavant[3] ? Et si on examine comment cette chaleur se communique aux autres membres, ne faut-il pas avouer que c'est **[53]** par le moyen du sang, qui, passant par le cœur, s'y réchauffe, et se répand de là par tout le corps ? D'où vient que si on ôte le sang de quelque partie, on en ôte par même moyen la chaleur ; et encore que le cœur fût aussi ardent qu'un fer embrasé[4], il ne suffirait pas pour réchauffer les pieds et les mains tant qu'il fait,

---

1. Sous entendu : c'est donc du sang dilaté par la chaleur du cœur. Ce second argument contre Harvey est erroné, puisque le sang dans l'artère pulmonaire est encore du sang veineux.   2. Troisième argument contre Harvey : étant admis, au nom de l'hypothèse de la circulation sanguine, que la même quantité de sang passe par les deux ventricules, si le ventricule gauche est plus grand que le droit, c'est parce que le sang qui y passe est davantage dilaté (l'argument semble supposer que le ventricule gauche est plus chaud que le droit, ce que dira explicitement *La Description du corps humain*, AT, t. XI, p. 237).   3. Quatrième argument contre Harvey : la fièvre et la variation du pouls qu'elle entraîne. Si on admet, comme c'est le cas à l'époque, que la fièvre est une modification de la composition du sang par des « humeurs », il est normal que le sang ainsi modifié ne soit plus chauffé et dilaté de la même manière lors de son passage dans le cœur, et que les médecins constatent des différences lors de l'examen du pouls.   4. Aussi brûlant que du fer rougi au feu.

s'il n'y envoyait continuellement de nouveau sang[1]. Puis aussi on connaît de là[2] que le vrai usage de la respiration est d'apporter assez d'air frais dans le poumon pour faire que le sang, qui y vient de la concavité droite du cœur, où il a été raréfié et comme changé en vapeurs, s'y épaississe et convertisse en sang derechef, avant que de retomber dans la gauche, sans quoi il ne pourrait être propre à servir de nourriture au feu qui y est. Ce qui se confirme parce qu'on voit que les animaux qui n'ont point de poumons[3] n'ont aussi qu'une seule concavité dans le cœur ; et que les enfants, qui n'en peuvent user pendant qu'ils sont renfermés au ventre de leurs mères, ont une ouverture par où il coule du sang de la veine cave en la concavité gauche du cœur, et un conduit par où il en vient de la veine artérieuse en la grande artère[4], sans passer par le poumon. Puis la coction[5], comment se ferait-elle en l'estomac, si le cœur n'y envoyait de la chaleur par les artères, et avec cela quelques-unes des plus coulantes parties du sang qui aident à dissoudre les viandes[6] qu'on y a mises ? Et l'action qui convertit le suc de ces viandes en sang n'est-elle pas aisée à connaître si on considère qu'il se distille[7], en passant et repassant par le cœur,

---

1. Cinquième argument contre Harvey : c'est le sang qui amène la chaleur au corps. C'est vrai, mais Descartes a tort de penser que la chaleur du sang vient de celle du cœur.   2. Nouvelle série d'arguments que nous ne détaillerons pas. Ils veulent montrer que l'hypothèse de la chaleur cardiaque permet d'expliquer non seulement la circulation du sang, mais aussi d'autres fonctions organiques : la respiration, la digestion, etc. Descartes insiste ici sur l'idée, déjà présente dans le premier des cinq arguments présentés plus haut, que son explication est épistémologiquement supérieure à celle de Harvey, puisqu'elle permet de rendre compte d'un plus grand nombre de phénomènes corporels. 3. Par exemple les poissons, que Descartes a étudiés de près : voir la longue *Lettre à Plempius* du 15 février 1638, texte latin en AT, t. I, p. 521-534 ; extraits traduits en Alquié, t. II, p. 21-24.   4. L'aorte. Sur la circulation fœtale, voir *La Description du corps humain*, AT, t. XI, p. 237-238.   5. La digestion.   6. Les aliments en général.   7. Une « distillation » suppose que le produit distillé soit chauffé : à partir du moment où Descartes estime qu'une telle distillation est nécessaire à la transformation des aliments en sang, il peut en tirer un argument en faveur de sa théorie de la chaleur cardiaque.

peut-être plus de cent ou deux cents fois en chaque
jour ? Et qu'a-t-on besoin d'autre chose [1] **[54]** pour
expliquer la nutrition [2], et la production des diverses
humeurs [3] qui sont dans le corps, sinon de dire que la
force, dont le sang en se raréfiant passe du cœur vers
les extrémités des artères, fait que quelques-unes de
ses parties s'arrêtent entre celles des membres où elles
se trouvent, et y prennent la place de quelques autres
qu'elles en chassent ; et que selon la situation, ou la
figure, ou la petitesse des pores qu'elles rencontrent,
les unes se vont rendre en certains lieux plutôt que les
autres, en même façon que chacun peut avoir vu divers
cribles [4] qui, étant diversement percés, servent à séparer
divers grains les uns des autres ? Et enfin ce qu'il y a
de plus remarquable en tout ceci, c'est la génération
des esprits animaux [5], qui sont comme un vent [6] très
subtil, ou plutôt comme une flamme très pure et très
vive, qui, montant continuellement en grande abon-
dance du cœur dans le cerveau, se va rendre de là par
les nerfs dans les muscles, et donne le mouvement à
tous les membres : sans qu'il faille imaginer d'autre
cause qui fasse que les parties du sang qui, étant plus
agitées et les plus pénétrantes, sont les plus propres à
composer ces esprits, se vont rendre plutôt vers le cerveau que vers ailleurs, sinon que les artères qui les y

---

1. De quoi d'autre a-t-on besoin...   2. La nutrition des organes par le
sang qu'ils assimilent.   3. Les résidus des phénomènes de « coction »,
de « conversion » des viandes en sang et de « nutrition » qui viennent d'être
évoqués, c'est-à-dire la salive, l'urine et la sueur.   4. Des tamis, qui
retiennent des éléments plus ou moins petits en fonction de la taille de leurs
orifices.   5. Ces « esprits animaux » n'ont rien à voir avec « l'esprit »
au sens d' « âme » ou « chose qui pense ». Ce sont, selon Descartes, des
particules matérielles extrêmement petites et légères qu'on trouve dans le
sang, qui se diffusent dans tout le corps, et interviennent dans les différents
phénomènes sensitifs et moteurs. Quand Descartes parle de « circulation »
de ces esprits dans les nerfs et les muscles, nous parlerions aujourd'hui de
trajet de l'influx nerveux.   6. Descartes se rappelle ici l'étymologie du
mot « esprit » tel qu'il apparaît dans l'expression « esprits animaux » : le
mot vient du latin *spiritus*, qui signifie air, souffle, vent.

portent sont celles qui viennent du cœur le plus en ligne droite de toutes ; et que, selon les règles des mécaniques[1], qui sont les mêmes que celles de la nature, lorsque plusieurs choses[2] tendent ensemble à se mouvoir vers un même côté où il n'y a pas assez de place pour toutes, ainsi que les parties du sang qui sortent de la concavité gauche du cœur tendent vers le cerveau **[55]**, les plus faibles et moins agitées en doivent être détournées par les plus fortes, qui par ce moyen s'y vont rendre seules.

J'avais expliqué assez particulièrement[3] toutes ces choses dans le traité que j'avais eu ci-devant dessein de publier. Et ensuite[4], j'y avais montré quelle doit être la fabrique[5] des nerfs et des muscles du corps humain, pour faire que les esprits animaux, étant dedans, aient la force de mouvoir ses membres[6] : ainsi qu'on voit que les têtes, un peu après être coupées, se remuent encore, et mordent la terre, nonobstant qu'elles[7] ne

---

1. En un sens restreint, la « mécanique » signifie au XVIIe siècle la théorie des engins de levage (poulies, grues, etc.) ou bien la théorie des machines en général. Plus largement, la mécanique est l'application des principes et outils de la physique mathématique à l'ensemble du monde matériel. C'est en ce sens que la physique de Descartes est « mécanique » (voir par exemple la *Lettre à F. de Beaune* du 30 avril 1639, AT, t. II, p. 542 ; Alquié, t. II, p. 129 : « Toute ma physique [n'est] autre chose que mécanique »). Descartes va ici faire référence, pour l'appliquer au trajet des esprits animaux, à une des trois règles fondamentales de sa théorie du mouvement des corps : « que tout corps qui se meut tend à continuer son mouvement en ligne droite » (*Principes de la philosophie*, II, art. 39 ; voir aussi le *Monde*, ch. 7, AT, t. XI, p. 43-44 ; Alquié, t. I, p. 358-359). L'application des règles des mécaniques aux phénomènes physiologiques signifie que ces derniers sont entièrement réductibles à des processus matériels : c'est la théorie du corps « machine » ou automate, que Descartes développera davantage un peu plus bas. **2.** De nombreuses choses. **3.** De façon assez détaillée. **4.** C'est-à-dire dans la suite de *L'Homme* : voir AT, t. XI, p. 130 et suivantes ; Alquié, t. I p. 389 et suivantes. **5.** La structure, la conformation. **6.** La difficulté étant de comprendre comment les esprits animaux, extrêmement petits et légers, peuvent mouvoir muscles et membres : Descartes explique que c'est à la manière de l'air qui gonfle un ballon (*L'Homme*, AT, t. XI, p. 133-137 ; Alquié, t. I, p. 393-399). **7.** Même si elles.

soient plus animées ; quels changements se doivent faire dans le cerveau pour causer la veille, et le sommeil et les songes[1] ; comment la lumière, les sons, les odeurs, les goûts, la chaleur, et toutes les autres qualités des objets extérieurs y peuvent imprimer diverses idées, par l'entremise des sens[2] ; comment la faim, la soif, et les autres passions intérieures[3], y peuvent aussi envoyer les leurs ; ce qui doit y être pris pour le sens commun, où ces idées sont reçues ; pour la mémoire qui les conserve ; et pour la fantaisie[4], qui les peut diversement changer, et en composer de nouvelles, et par même moyen, distribuant les esprits animaux dans les muscles, faire mouvoir les membres de ce corps, en autant de diverses façons, et autant à propos des objets qui se présentent à ses sens, et des passions intérieures qui sont en lui, que les nôtres se puissent mouvoir sans que la volonté les conduise. Ce qui ne semblera nullement étrange à ceux qui,

---

1. La veille = l'état d'éveil, le fait d'être réveillé. Sur la veille et le sommeil, voir *L'Homme*, AT, t. XI, p. 173-174 ; Alquié, t. I, p. 445-446 ; sur les songes, voir *L'Homme*, AT, t. XI, p. 197-199 ; Alquié, t. I, p. 474-477.   2. « Idée » est à prendre ici au sens large de « perception », « information sur tel ou tel objet ». Sur les sens et les informations qu'ils apportent à propos des objets extérieurs, voir *L'Homme*, AT, t. XI, p. 144-163 ; Alquié, t. I, p. 407-434, et *Principes de la philosophie*, IV, art. 189-198 ; et *Quatrième partie*, note 1, p. 121.   3. Sur la faim et la soif, voir *L'Homme*, AT, t. XI, p. 163-164 ; Alquié, t. I, p. 434-436. Sur les passions, en général (les phénomènes où l'âme est *passive*), voir *L'Homme*, AT, t. I, p. 164-170 ; Alquié, t. I, p. 436-440. Descartes étudiera beaucoup plus précisément les passions en 1649 dans les *Passions de l'âme*.   4. Traditionnellement et depuis Aristote *(De l'âme*, III, 1) le « sens commun » ainsi entendu est l'organe dont la fonction est de réunir et coordonner les informations sensibles apportées par chacun des cinq sens pour les unifier en la perception d'*un* objet. Descartes situe ce sens commun dans une petite glande placée au milieu du cerveau (qu'il appelle selon les textes « glande h », « glande pinéale », *conarium* ; c'est ce que nous appelons aujourd'hui l'épiphyse) où il pense que s'opère l'union de l'âme et du corps. Sur la mémoire, comprise ici comme la capacité du cerveau à conserver les traces des perceptions, voir *L'Homme*, AT, t. XI, p. 177 et suivantes ; Alquié, t. I, p. 451 et suivantes. La « fantaisie » est un autre nom pour l'imagination, ici entendue comme la capacité à composer et susciter des images en l'absence des objets.

sachant combien de divers automates, ou machines mouvantes, l'industrie[1] des hommes peut **[56]** faire, sans y employer que fort peu[2] de pièces, à comparaison de[3] la grande multitude des os, des muscles, des nerfs, des artères, des veines, et de toutes les autres parties qui sont dans le corps de chaque animal, considéreront ce corps comme une machine qui, ayant été faite des mains de Dieu, est incomparablement mieux ordonnée, et a en soi des mouvements plus admirables, qu'aucune de celles qui peuvent être inventées par les hommes[4].

Et je m'étais ici particulièrement arrêté à faire voir que, s'il y avait de telles machines qui[5] eussent les organes et la figure d'un singe ou de quelque autre animal sans raison, nous n'aurions aucun moyen pour reconnaître qu'elles ne seraient pas en tout de même nature que ces animaux : au lieu que s'il y en avait qui eussent la ressemblance de nos corps, et imitassent

---

1. Le travail. **2.** En n'employant que peu. **3.** Par rapport à. **4.** L'argument est difficile : les automates, composés de pièces peu nombreuses, sont déjà capables de mouvements complexes ; c'est à plus forte raison le cas des corps humains ou animaux avec leurs multiples organes : il n'y a donc rien d'étrange à expliquer le fonctionnement de ces corps de façon rigoureusement mécanique ; et ce n'est pas parce qu'on explique ce fonctionnement de façon purement mécanique qu'on nie la complexité de ces corps, ni le talent de leur créateur. Descartes présente ici la thèse fameuse que la tradition a retenue comme celle de « l'animal-machine » : un corps d'homme ou d'animal peut être considéré comme une machine hyper-complexe, aux éléments extrêmement petits et sophistiqués. On prendra garde à ne pas projeter sur cette thèse cartésienne des thèmes popularisés par notre science-fiction contemporaine : il ne s'agit pas ici de prétendre qu'il est techniquement envisageable de « construire » des hommes, mais plutôt de suggérer que l'explication du fonctionnement du corps humain envisagé seul (sans l'âme) peut se faire de manière entièrement « scientifique », au moyen des outils de la physique mathématique. Dans *L'Homme* (AT, t. XI, p. 130-132 ; Alquié, t. I, p. 390-391), Descartes compare longuement la « mécanique » du corps aux automates hydrauliques qu'on trouvait dans les jardins des châteaux et palais du XVIIᵉ siècle. **5.** Des machines faites de telle façon qu'elles...

autant nos actions que moralement[1] il serait possible,
nous aurions toujours deux moyens très certains pour
reconnaître qu'elles ne seraient point pour cela de vrais
hommes. Dont le premier est que jamais elles ne pourraient user de paroles ni d'autres signes en les compo-
sant, comme nous faisons pour déclarer aux autres nos
pensées. Car on peut bien concevoir qu'une machine
soit tellement faite[2] qu'elle profère des paroles, et
même qu'elle en profère quelques-unes à propos des
paroles, et même qu'elle en profère quelques-unes à
propos des actions corporelles qui causeront quelque
changement en ses organes : comme si on la touche en
quelque endroit, qu'elle demande ce qu'on lui veut
dire ; si en un autre, qu'elle crie qu'on lui fait mal, et
choses semblables : mais non pas qu'elle les arrange
diversement, pour **[57]** répondre au sens de tout ce qui
se dira en sa présence, ainsi que les hommes les plus
hébétés[3] peuvent faire. Et le second est que, bien
qu'elles fissent plusieurs choses aussi bien, ou peut-
être mieux, qu'aucun de nous, elles manqueraient
infailliblement[4] en quelques autres, par lesquelles on
découvrirait qu'elles n'agiraient pas par connaissance,

---

1. Pratiquement. On ne trouve pas dans le *Monde* de texte correspondant à
cet important développement du *Discours* sur les deux critères qui permettent
de distinguer un vrai homme (l'union d'une âme et d'un corps) d'un animal
ou un automate (un corps seul). Voir aussi sur ce sujet la *Lettre à Reneri pour
Pollot* d'avril ou mai 1638, AT, t. II, p. 39-41 ; Alquié, t. II, p. 54-57 ; texte
1.11 du Dossier en fin de volume ; et la *Lettre au Marquis de Newcastle* du
23 novembre 1646, AT, t. IV, p. 573-576 ; Alquié, t. II, p. 693-696. Tout ce
développement vise ceux qui estiment, à la différence de Descartes, qu'il n'y
a pas de différence fondamentale entre un humain et un animal (que ce soit
parce que les hommes n'ont pas d'âme distincte du corps, ou parce que
hommes et animaux possèdent une âme et un corps). C'est par exemple le cas
de Montaigne (*Essais*, II, 12) auquel Descartes pense manifestement ici, et
dont il va réfuter plusieurs arguments.   2. Soit faite de telle façon.
3. Stupide, ahuri. Descartes ne refuse donc pas la possibilité d'une machine
qui parle, et même d'une machine qui parle parfois à bon escient. Il estime
en revanche que de telles machines ne pourraient pas toujours répondre à
bon escient ou en adaptant les signes dont elles disposent à la situation où
elles se trouvent.   4. Elles rateraient inévitablement.

mais seulement par la disposition de leurs organes[1] :
car au lieu que la raison est un instrument universel,
qui peut servir en toutes sortes de rencontres[2], ces
organes ont besoin de quelque particulière disposition
pour chaque action particulière : d'où vient qu'il est
moralement impossible[3] qu'il y en ait assez de divers
en une machine pour la faire agir en toutes les occurrences de la vie de même façon que notre raison nous
fait agir.

Or par ces deux mêmes moyens on peut aussi
connaître la différence qui est entre les hommes et les
bêtes. Car c'est une chose bien remarquable, qu'il n'y a
point d'hommes si hébétés et si stupides, sans en excep-
ter même les insensés[4], qu'ils ne soient capables d'arranger ensemble diverses paroles, et d'en composer un
discours[5] par lequel ils fassent entendre leurs pensées ;
et qu'au contraire, il n'y a point d'autre animal, tant parfait et tant heureusement né[6] qu'il puisse être, qui fasse
le semblable[7]. Ce qui n'arrive pas de ce qu'ils ont faute
d'organes[8], car on voit que les pies et les perroquets peuvent proférer des paroles ainsi que nous, et toutefois ne
peuvent parler ainsi que nous, c'est-à-dire en témoignant
qu'ils pensent ce qu'ils disent : au lieu que les hommes

---

1. C'est-à-dire de manière mécanique, automatique. Descartes insiste ici
sur l'aspect « hyper-spécialisé » de l'activité des animaux : ils font parfaitement ce qu'ils font (l'araignée sa toile, les abeilles leurs rayons), mais ils
ne font que cela, et toujours de la même manière, sans aucun progrès. La
raison humaine accomplit peut-être de façon moins parfaite les activités
auxquelles elle s'applique, mais elle sait s'adapter, changer, et progresser.
Pascal développera ces thèmes dans sa *Préface* pour le *Traité du
vide*.   2. D'occasions, de circonstances.   3. Pratiquement impossible
(voir *Quatrième partie*, note 2, p. 118) : il n'est pas absolument impossible
d'envisager que Dieu crée un corps-machine avec les organes nécessaires
pour agir de façon adaptée dans toutes les circonstances : mais un tel corps
serait si compliqué que sa création est parfaitement invraisem-
blable.   4. Les fous.   5. C'est-à-dire un discours suivi, qui ait du
sens.   6. Tant : si. Heureusement né : né avec de bonnes dispositions,
doté de grandes capacités.   7. Qui fasse la même chose, qui se comporte
de façon identique aux humains dont on vient de parler.   8. Ce n'est pas
parce qu'ils n'ont pas les organes nécessaires (pour parler).

qui, étant nés sourds et muets, sont privés des organes qui servent aux **[58]** autres pour parler, autant ou plus que les bêtes, ont coutume d'inventer d'eux-mêmes quelques signes par lesquels ils se font entendre à ceux qui, étant ordinairement avec eux, ont loisir d'apprendre leur langue [1]. Et ceci ne témoigne pas seulement que les bêtes ont moins de raison que les hommes, mais qu'elles n'en ont point du tout : car on voit qu'il n'en faut que fort peu pour savoir parler, et d'autant [2] qu'on remarque de l'inégalité entre les animaux d'une même espèce, aussi bien qu'entre les hommes, et que les uns sont plus aisés à dresser que les autres, il n'est pas croyable qu'un singe ou un perroquet qui serait des plus parfaits de son espèce n'égalât en cela un enfant des plus stupides, ou du moins un enfant qui aurait le cerveau troublé, si leur âme n'était d'une nature du tout [3] différente de la nôtre. Et on ne doit pas confondre les paroles avec les mouvements naturels qui témoignent [4] les passions, et peuvent être imités par des machines aussi bien que par les animaux, ni penser, comme quelques anciens, que les bêtes parlent, bien que nous n'entendions pas leur langage : car s'il était vrai [5], puisqu'elles ont plusieurs organes qui se rapportent aux

---

1. Ont loisir = ont le temps nécessaire (parce qu'ils fréquentent beaucoup les sourds-muets).   2. La thèse précédente est d'autant plus vraie que....   3. Du tout : entièrement. La thèse de Descartes est en fait que les animaux n'ont pas d'âme (au sens de « esprit, chose qui pense immatérielle et inétendue »), à la différence des humains, qui sont l'union d'une âme et d'un corps. Ainsi, même si on peut concevoir une infinité de différences de « perfection » dans les capacités dont disposent tous les animaux d'une part et tous les humains de l'autre, jamais le plus parfait des animaux capables de parler ne saura le faire avec le même à-propos que le plus « hébété » des hommes ou le moins habile des enfants : la différence est dans ce cas de nature et non plus de degré, et elle tient à la présence de la raison, que les animaux ne possèdent pas. Philosophiquement, on peut donc dire que cette thèse cartésienne conduit à une position de type « humaniste » : « l'humain » est un secteur du réel tout à fait à part, bien différent de tous les autres.   4. Révèlent, indiquent l'existence des.   5. Si cette thèse était vraie.

nôtres[1], elles pourraient aussi bien se faire entendre à nous qu'à leurs semblables. C'est aussi une chose fort remarquable que, bien qu'il y ait plusieurs animaux qui témoignent plus d'industrie[2] que nous en quelques-unes de leurs actions, on voit toutefois que les mêmes n'en témoignent point du tout en beaucoup d'autres : de façon que ce qu'ils font mieux que nous ne prouve pas qu'ils ont de l'esprit, car à ce compte ils en auraient plus qu'aucun de nous, et **[59]** feraient mieux en toute autre chose ; mais plutôt qu'ils n'en ont point, et que c'est la nature qui agit en eux selon la disposition de leurs organes : ainsi qu'on voit qu'une horloge, qui n'est composée que de roues et de ressorts, peut compter les heures et mesurer le temps plus justement que nous avec toute notre prudence[3].

J'avais décrit après cela l'âme raisonnable[4], et fait voir qu'elle ne peut aucunement être tirée de la puissance de la matière[5], ainsi que les autres choses dont j'avais parlé, mais qu'elle doit expressément être créée[6] ; et comment il ne suffit pas qu'elle soit logée dans le corps humain ainsi qu'un pilote en son navire, sinon peut-être pour mouvoir ses membres, mais qu'il est besoin qu'elle soit jointe et unie plus étroitement avec lui pour avoir, outre cela, des

---

1. Ont du rapport avec les nôtres, ressemblent aux nôtres. Par exemple, les perroquets ont des organes qui leur permettent de parler : voir l'analyse de Descartes à ce sujet dans la *Lettre au Marquis de Newcastle* du 23 novembre 1646.   2. D'adresse, de capacité à bien accomplir une action donnée.   3. Notre discernement, la capacité que nous avons à réfléchir sur ce que nous faisons.   4. Il s'agit d'une partie du *Monde* et de *L'Homme* qui ne nous est pas parvenue : ce sont les textes de métaphysique (*Méditations*, *Première partie* des *Principes*) qui fourniront cette description de « l'âme », c'est-à-dire de la chose qui pense.   5. Nouvelle reprise du vocabulaire scolastique : l'âme et ses différentes opérations ne peuvent pas être produites à partir d'une composition d'éléments matériels. 6. L'hypothèse d'une production par différenciation progressive qui a été appliquée à l'ensemble des choses du monde matériel ne vaut donc pas pour l'âme humaine : cette dernière est pour Descartes le résultat d'un acte de création spécifique.

sentiments et des appétits [1] semblables aux nôtres, et ainsi composer un vrai homme. Au reste, je me suis ici un peu étendu sur le sujet de l'âme, à cause qu'il est des plus importants : car après l'erreur de ceux qui nient Dieu [2], laquelle je pense avoir ci-dessus assez réfutée, il n'y en a point qui éloigne plutôt les esprits faibles du droit chemin de la vertu, que d'imaginer que l'âme des bêtes soit de même nature que la nôtre, et que par conséquent nous n'avons rien à craindre, ni à espérer, après cette vie, non plus que [3] les mouches et les fourmis : au lieu que lorsqu'on sait combien elles diffèrent, on comprend beaucoup mieux les raisons qui prouvent que la nôtre est d'une nature entièrement indépendante du corps, et par conséquent qu'elle n'est point sujette à mourir avec lui : puis d'autant **[60]** qu'on ne voit point d'autres causes qui la détruisent, on est naturellement porté à juger de là qu'elle est immortelle [4].

---

1. Les « appétits » sont ce que nous appellerions aujourd'hui des « désirs », des « inclinations ». La comparaison du rapport âme/corps avec le rapport pilote/navire est traditionnellement attribuée à Platon et aux Platoniciens (voir par exemple Aristote, *De l'âme*, II 1 413 a 8-9 ; Thomas d'Aquin, *Contra Gentiles*, II, ch. 57). Cette comparaison suggère que l'âme et le corps sont deux choses radicalement distinctes, que les événements corporels n'affectent pas directement l'âme (le pilote n'a pas mal si la coque est endommagée), et que cette dernière exerce une relation de maîtrise sur le corps à la manière dont le pilote « gouverne » le navire. Si Descartes rejette cette comparaison fameuse, c'est donc pour insister sur l'étroite union de l'âme et du corps certes distincts en tant que « substances », mais si unis qu'ils se fondent dans l'unité du « vrai homme » qu'ils composent ; c'est peut-être aussi pour essayer de penser à nouveaux frais le thème de la maîtrise de soi en général et de ce qui peut être « maîtrisé » dans notre corps : ce sera un des thèmes fondamentaux des *Passions de l'âme*. 2. Les athées, ceux qui nient l'existence de Dieu. 3. Pas davantage que. 4. Les *Méditations* préciseront le statut et la portée de ce « jugement » sur l'immortalité de l'âme : Descartes ne prétend pas que la distinction réelle qu'il a établie entre le corps et l'âme permet de démontrer de façon certaine l'immortalité de cette dernière. Il estime en revanche prouver ainsi que la cessation d'activité du corps n'implique pas nécessairement la disparition de l'âme : la survie de cette dernière après la mort du corps est donc, philosophiquement parlant, une possibilité ou une « espérance » sans être une certitude (voir par exemple l'*Abrégé* des *Méditations*, AT, t. IX, p. 10 ; Alquié, t. II, p. 400-401 ; *Sixième méditation*, AT, t. IX, p. 62 ; Alquié, t. II, p. 488).

SIXIÈME PARTIE

Or il y a maintenant trois ans [1] que j'étais parvenu à la fin du traité qui contient toutes ces choses, et que je commençais à le revoir afin de le mettre entre les mains d'un imprimeur, lorsque j'appris que des personnes à qui je défère [2], et dont l'autorité ne peut guère moins sur mes actions que ma propre raison sur mes pensées, avaient désapprouvé une opinion de physique publiée un peu auparavant par quelque autre, de laquelle je ne veux pas dire que je fusse, mais bien que je n'y avais rien remarqué, avant leur censure, que je pusse imaginer être préjudiciable ni à la religion ni à l'État, ni par conséquent qui m'eût empêché de l'écrire si la raison me l'eût persuadée ; et que cela me fit craindre qu'il ne s'en trouvât tout de même quelqu'une entre les miennes en laquelle je me fusse mépris, nonobstant [3] le grand soin que j'ai toujours eu de n'en point recevoir de nouvelles en ma créance [4] dont je n'eusse des démonstrations très certaines, et de n'en point écrire qui pussent tourner au désavantage de per-

---

1. Vers la fin de 1633. Toute la suite de ce paragraphe fait allusion à la condamnation de Galilée et à la décision de Descartes de repousser la publication du *Monde* : voir sur ce point notre Introduction, p. 17-19. **2.** Des personnes que je respecte, auxquelles je suis soumis. **3.** Malgré. **4.** Croyance. On pourra remarquer la différence ici établie entre les opinions que Descartes reçoit, c'est-à-dire admet comme vraies en fonction de leur seule « certitude », et celles qu'il « écrit », c'est-à-dire publie en prenant cette fois-ci en compte le trouble qu'elles peuvent causer.

sonne. Ce qui a été suffisant pour m'obliger à changer
la résolution que j'avais eue de les publier. Car encore
que les raisons pour lesquelles je l'avais prise auparavant fussent très fortes, mon inclination, qui m'a toujours fait haïr le métier de faire des livres, m'en fit
incontinent [1] trouver assez d'autres pour m'en excuser.
Et ces raisons de part et d'autre sont telles, que non
[61] seulement j'ai ici quelque intérêt de les dire, mais
peut-être aussi que le public en a de les savoir.

Je n'ai jamais fait beaucoup d'état des choses qui
venaient de mon esprit, et pendant que [2] je n'ai recueilli
d'autres fruits de la méthode dont je me sers sinon que
je me suis satisfait touchant quelques difficultés qui
appartiennent aux sciences spéculatives [3], ou bien que
j'ai tâché de régler mes mœurs [4] par les raisons qu'elle
m'enseignait, je n'ai point cru être obligé d'en rien
écrire. Car pour ce qui touche les mœurs, chacun
abonde si fort en son sens [5] qu'il se pourrait trouver
autant de réformateurs que de têtes [6] s'il était permis à
d'autres qu'à ceux que Dieu a établis pour souverains
sur ses peuples, ou bien auxquels il a donné assez de
grâce et de zèle pour être prophètes [7], d'entreprendre
d'y rien changer ; et bien que mes spéculations me
plussent fort, j'ai cru que les autres en avaient aussi,
qui leur plaisaient peut-être davantage. Mais sitôt que
j'ai eu acquis quelques notions générales touchant la

---

1. Aussitôt, sur-le-champ.   2. Aussi longtemps que.   3. Dans tout
ce paragraphe, « spéculatif » a presque une nuance péjorative et signifie
« purement théorique et sans application pratique, inutile ». La suite du
texte va ainsi opposer la « philosophie spéculative » des scolastiques à la
philosophie « pratique » dont Descartes a posé les fondements et qu'il
espère voir se développer.   4. Mes actions, ce qui touche à la morale au
sens le plus large du terme.   5. Chacun estime si naturellement être dans
le vrai, avoir raison.   6. Allusion à un proverbe latin : *Tot capita, quot
sensus*, « il y a autant d'avis que de têtes ».   7. Ceux qui ont reçu de
Dieu le don d'exhorter les gens à bien vivre, de leur dire ce qu'il faut faire.
Le prophète est à la morale ce que le théologien dont parlait la *Première
partie* du *Discours* est à la spéculation sur Dieu.

physique, et que, commençant à les éprouver[1] en diverses difficultés particulières, j'ai remarqué jusques où elles peuvent conduire, et combien elles diffèrent des principes dont on s'est servi jusques à présent, j'ai cru que je ne pouvais les tenir cachées sans pécher grandement contre la loi qui nous oblige à procurer, autant qu'il est en nous[2], le bien général de tous les hommes : car elles m'ont fait voir qu'il est possible de parvenir à des connaissances qui soient fort utiles à la vie, et qu'au lieu de cette philosophie spéculative qu'on enseigne dans les écoles, on en peut trouver **[62]** une pratique par laquelle, connaissant la force et les actions du feu, de l'eau, de l'air, des astres, des cieux, et de tous les autres corps qui nous environnent, aussi distinctement que nous connaissons les divers métiers de nos artisans, nous les pourrions employer en même façon à tous les usages auxquels ils sont propres, et ainsi nous rendre comme maîtres et possesseurs de la nature[3]. Ce qui n'est pas seulement à désirer pour l'invention d'une infinité d'artifices[4] qui feraient qu'on jouirait sans aucune peine des fruits de la terre et de toutes les commodités qui s'y trouvent, mais principalement aussi pour la conservation de la santé, laquelle est sans doute le premier bien, et le fondement de tous les autres biens de cette vie : car même l'esprit dépend si fort du tempérament[5], et de la disposition des organes du corps, que, s'il est possible de trouver quelque moyen qui rende communément[6] les hommes plus sages et plus habiles qu'ils n'ont été jusques ici, je crois que c'est dans la médecine qu'on doit le cher-

---

1. Tester la valeur, vérifier la qualité.   2. Autant que nous le pouvons, selon nos capacités.   3. Sur cette fameuse formule, voir notre Introduction, p. 58-60.   4. Des choses artificielles, des machines et des outils. 5. La constitution du corps (« tempérament » est un terme technique de médecine médiévale qui désignait le mélange des « humeurs » dans les corps).   6. Généralement, ordinairement.

cher[1]. Il est vrai que celle qui est maintenant en usage contient peu de choses dont l'utilité soit si remarquable : mais sans que j'aie aucun dessein de la mépriser, je m'assure qu'il n'y a personne, même de ceux qui en font profession, qui n'avoue que tout ce qu'on y sait n'est presque rien à comparaison de ce qui reste à y savoir ; et qu'on se pourrait exempter[2] d'une infinité de maladies, tant du corps que de l'esprit, et même aussi peut-être de l'affaiblissement de la vieillesse, si on avait assez de connaissance de leurs causes, et de tous les remèdes dont la nature nous a pourvus. Or, ayant dessein **[63]** d'employer toute ma vie à la recherche d'une science si nécessaire, et ayant rencontré un chemin qui me semble tel qu'on doit infailliblement la trouver en le suivant, si ce n'est qu'on[3] en soit empêché, ou par la brièveté de la vie, ou par le défaut[4] des expériences, je jugeais qu'il n'y avait point de meilleur remède contre ces deux empêchements que de communiquer fidèlement au public tout le peu que j'aurais trouvé, et de convier les bons esprits[5] à tâcher de passer plus outre[6], en contribuant, chacun selon son inclination et son pouvoir, aux expériences qu'il faudrait faire, et communiquant aussi au public toutes les choses qu'ils apprendraient, afin que les derniers commençant où les précédents auraient achevé, et ainsi

---

1. La médecine est une des branches de « l'arbre de la philosophie » tel que le conçoit Descartes (voir notre Introduction, p. 44). On remarquera que la médecine dont il est ici question ne se réduit pas à la seule science descriptive du fonctionnement du corps et de ses organes : c'est une médecine qui rend « sage et habile » et qui a donc à voir avec la « morale » dont il était question plus haut, parce qu'elle permet de régler au mieux le comportement du « vrai homme » entendu comme l'union d'une âme et d'un corps.   2. Éviter, se libérer de.   3. Si ce n'est que = sauf si, à moins que.   4. Le manque, l'absence des expériences qui seraient nécessaires. A l'encontre de la caricature qui voit dans la science cartésienne une suite de résultats obtenus par des déductions purement *a priori* et sans souci du rapport aux faits concrets, on remarquera l'insistance de ces dernières pages du *Discours* sur le thème de l'expérience : voir note 2, p. 156.   5. Les esprits capables, ceux qui ont des talents intellectuels.   6. Aller plus loin, continuer davantage.

joignant les vies et les travaux de plusieurs, nous allassions tous ensemble beaucoup plus loin que chacun en particulier ne saurait faire.

Même je remarquais, touchant les expériences, qu'elles sont d'autant plus nécessaires qu'on est plus avancé en connaissance. Car, pour le commencement [1], il vaut mieux ne se servir que de celles qui se présentent d'elles-mêmes à nos sens, et que nous ne saurions ignorer pourvu que nous y fassions tant soit peu de réflexion, que d'en chercher de plus rares et étudiées [2] : dont la raison est que ces plus rares trompent souvent, lorsqu'on ne sait pas encore les causes des plus communes ; et que les circonstances dont elles dépendent sont quasi toujours si particulières, et si petites [3], qu'il est très malaisé de les remarquer. Mais l'ordre que j'ai tenu en ceci a été tel. Premièrement j'ai tâché de trouver en général les **[64]** principes, ou premières causes, de tout ce qui est ou qui peut être dans le monde, sans rien considérer pour cet effet que Dieu seul qui l'a créé, ni les tirer d'ailleurs que de certaines semences de vérités [4] qui sont naturellement en nos âmes. Après cela j'ai examiné quels étaient les premiers et plus ordinaires effets qu'on pouvait déduire de ces causes ; et il me semble que par là j'ai trouvé des cieux, des astres, une terre, et même sur la terre de l'eau, de l'air, du feu, des minéraux, et quelques autres telles choses, qui sont les plus communes de toutes, et les plus simples, et par conséquent les plus aisées à connaître. Puis, lorsque j'ai voulu descendre à celles qui étaient plus particulières, il s'en est tant présenté à

---

1. Pour débuter, quand on commence à bâtir la science.   2. De plus difficiles à observer, des expériences qui nécessitent des dispositifs ou des outils plus complexes.   3. Difficiles à cerner, peu considérables. 4. Expression d'origine stoïcienne, reprise par saint Augustin puis par de nombreux contemporains de Descartes (voir E. Gilson, *Études sur le rôle de la pensée médiévale dans la formation du système cartésien*, Paris, Vrin, 1930, ch. 1, §2) : il s'agit des premiers principes qui sont en nos esprits, ces « idées innées » qui sont les bases du savoir.

moi de diverses que je n'ai pas cru qu'il fût possible à l'esprit humain de distinguer les formes ou espèces de corps qui sont sur la terre d'une infinité d'autres qui pourraient y être si c'eût été le vouloir de Dieu de les y mettre ; ni par conséquent de les rapporter à notre usage [1], si ce n'est qu'on vienne au-devant des causes par les effets, et qu'on se serve de plusieurs expériences particulières [2]. En suite de quoi repassant mon

---

1. Les rendre utiles pour nous, et donc pouvoir s'en servir dans le cadre du projet qui vise à nous rendre « comme maîtres et possesseurs de la nature ». 2. Tout ce passage offre une intéressante vue générale de la démarche de Descartes en physique, en y distinguant trois principaux moments que les développements plus détaillés de la *Cinquième partie* du *Discours* avaient pu masquer.

1) Identification des principes fondamentaux de la physique mathématique, à partir des « semences de vérités » qui sont en nos esprits.

2) Partant de ces principes, on peut « déduire » une explication des phénomènes et des configurations de la matière les plus courants dans la nature : il s'agit, *grosso modo*, de ce qu'on trouve dans le *Monde* et dans les parties III et IV des *Principes*. On remarquera qu'à ce stade l'expérience ne joue pas encore de rôle explicite : elle n'est ici qu'un simple constat de l'existence de ces phénomènes courants.

3) Passage à l'étude de phénomènes plus particuliers et plus complexes (le fonctionnement des organismes vivants, par exemple). A ce stade, les phénomènes et les configurations de la matière envisageables sont si nombreux qu'il faut mettre en œuvre, susciter des expériences : elles permettent d'identifier les phénomènes réels parmi tous ceux qui sont théoriquement possibles ; elles guident les déductions, et permettent de choisir, parmi les différentes déductions qu'on pourrait opérer à partir des principes définis aux deux étapes précédentes, laquelle est la bonne pour expliquer tel phénomène particulier (par exemple, du point de vue de Descartes, l'explication de la circulation sanguine proposée par Harvey est possible ; mais les expériences faites par l'auteur du *Discours* [voir *Cinquième partie*, p. 139-143] montrent qu'elle n'est pas la bonne).

On voit donc que l'expérience joue dans la physique cartésienne un rôle important : elle permet de faire se rejoindre les résultats déduits *a priori* et les constats opérés dans le réel, et de confirmer les hypothèses. Sur cette fonction de l'expérience, que nous n'avons ici que grossièrement présentée, voir par exemple la synthèse de H.-J. Wickes et A.-C. Crombie : « L'Expérience dans la philosophie naturelle de Descartes », p. 65-79 dans l'ouvrage collectif *Problématique et réception du Discours de la méthode et des Essais* ; et S. M. Nadler « Deduction, Confirmation and the Laws of Nature, in Descartes' *Principia Philosophiae* » p.359-383 dans la revue *Journal of the History of Philosophy*, 1990.

esprit sur tous les objets qui s'étaient jamais présentés
à mes sens, j'ose bien dire que je n'y ai remarqué
aucune chose que je ne pusse assez commodément
expliquer par les principes que j'avais trouvés : mais il
faut aussi que j'avoue que la puissance de la nature est
si ample et si vaste, et que ces principes sont si simples
et si généraux, que je ne remarque quasi plus aucun
effet particulier que d'abord je ne connaisse qu'il peut
en [65] être déduit en plusieurs diverses façons ; et que
ma plus grande difficulté est d'ordinaire de trouver en
laquelle de ces façons il en dépend, car à cela je ne
sais point d'autre expédient [1] que de chercher derechef [2]
quelques expériences, qui soient telles que leur événement [3] ne soit pas le même si c'est en l'une de ces
façons qu'on doit l'expliquer, que si c'est en l'autre.
Au reste j'en suis maintenant là [4], que je vois, ce me
semble, assez bien de quel biais on se doit prendre à
faire [5] la plupart de celles qui peuvent servir à cet effet ;
mais je vois aussi qu'elles sont telles et en si grand
nombre que ni mes mains, ni mon revenu, bien que
j'en eusse mille fois plus que je n'en ai, ne sauraient
suffire pour toutes : en sorte que selon que j'aurai
désormais la commodité d'en faire plus ou moins,
j'avancerai aussi plus ou moins en la connaissance de
la nature. Ce que je me promettais de faire connaître
par le traité que j'avais écrit, et d'y montrer si clairement l'utilité que le public en peut recevoir que j'obli-
gerais tous ceux qui désirent en général le bien des
hommes, c'est-à-dire tous ceux qui sont en effet vertueux [6], et non point par faux semblant [7], ni seulement
par opinion [8], tant [9] à me communiquer celles qu'ils ont

---

1. D'autre moyen. **2.** A nouveau, encore. **3.** Ce qui arrive, leur
résultat. **4.** J'en suis arrivé au point où. **5.** De quelle manière on
doit s'y prendre pour réaliser... **6.** Réellement vertueux. **7.** En apparence, de manière hypocrite. **8.** Seulement par opinion = en paroles seulement, pas en acte. **9.** Autant.

déjà faites qu'à m'aider en la recherche de celles qui restent à faire.

Mais j'ai eu depuis ce temps-là d'autres raisons qui m'ont fait changer d'opinion, et penser que je devais véritablement continuer d'écrire toutes les choses que je jugerais de quelque importance, à mesure que j'en découvrirais la vérité, et y apporter le même soin que si je les voulais faire imprimer : tant **[66]** afin d'avoir d'autant plus d'occasion de les bien examiner — comme sans doute on regarde toujours de plus près à ce qu'on croit devoir être vu par plusieurs qu'à ce qu'on ne fait que pour soi-même, et souvent les choses qui m'ont semblé vraies lorsque j'ai commencé à les concevoir m'ont paru fausses lorsque je les ai voulu mettre sur le papier — qu'afin de ne perdre aucune occasion de profiter [1] au public si j'en suis capable, et que, si mes écrits valent quelque chose, ceux qui les auront après ma mort en puissent user ainsi qu'il sera le plus à propos ; mais que je ne devais aucunement consentir qu'ils fussent publiés pendant ma vie, afin que ni les oppositions et controverses auxquelles ils seraient peut-être sujets ni même la réputation telle quelle [2] qu'ils me pourraient acquérir ne me donnassent aucune occasion de perdre le temps que j'ai dessein d'employer à m'instruire. Car bien qu'il soit vrai que chaque homme est obligé de procurer, autant qu'il est en lui [3], le bien des autres, et que c'est proprement ne valoir rien que de n'être utile à personne, toutefois il est vrai aussi que nos soins [4] se doivent étendre plus loin que le temps présent, et qu'il est bon d'omettre les choses qui apporteraient peut-être quelque profit à ceux qui vivent [5] lorsque c'est à

---

1. Rendre service, être profitable.   2. Quelle qu'elle puisse être. 3. Autant qu'il le peut, selon ses capacités.   4. Ce dont nous nous préoccupons, nos soucis.   5. Ceux qui vivent actuellement, nos contemporains.

dessein d'en faire d'autres qui en apportent davantage à nos neveux[1]. Comme en effet je veux bien qu'on sache[2] que le peu que j'ai appris jusqu'ici n'est presque rien à comparaison de ce que j'ignore, et que je ne désespère pas de pouvoir apprendre : car c'est quasi le même de ceux qui découvrent peu à peu la vérité dans les **[67]** sciences que de ceux qui, commençant à devenir riches, ont moins de peine à faire de grandes acquisitions qu'ils n'ont eu auparavant, étant plus pauvres, à en faire de beaucoup moindres. Ou bien on peut les comparer aux chefs d'armée, dont les forces ont coutume de croître à proportion de leurs victoires, et qui ont besoin de plus de conduite[3] pour se maintenir après la perte d'une bataille qu'ils n'ont, après l'avoir gagnée, à prendre des villes et des provinces. Car c'est véritablement donner des batailles que de tâcher à vaincre toutes les difficultés et les erreurs qui nous empêchent de parvenir à la connaissance de la vérité ; et c'est en perdre une que de recevoir quelque fausse opinion touchant une matière un peu générale et importante : il faut, après, beaucoup plus d'adresse pour se remettre au même état qu'on était auparavant qu'il ne faut à faire de grands progrès lorsqu'on a déjà des principes qui sont assurés[4]. Pour moi, si j'ai ci-devant trouvé quelques vérités dans les sciences (et j'espère que les choses qui sont contenues en ce volume[5] feront juger que j'en ai trouvé quelques-unes), je puis dire que ce ne sont que des suites et des dépendances de cinq ou six principales

---

1. Nos descendants, ceux qui viendront après nous.   2. Je reconnais, j'admets.   3. D'habileté, de prudence.   4. Même si ce n'est sûrement pas ce que Descartes a ici en tête, on remarquera que cette réflexion sur la difficulté qu'il y a à réparer les effets funestes d'une « fausse opinion » trop vite admise s'applique bien à sa doctrine de la circulation du sang.   5. C'est-à-dire, dans le volume tel qu'il se présentait en 1637, non seulement les six parties du *Discours*, mais aussi les *Essais* de la méthode : la *Dioptrique*, les *Météores*, la *Géométrie*.

difficultés que j'ai surmontées, et que je compte pour autant de batailles où j'ai eu l'heur[1] de mon côté : même je ne craindrai pas de dire que je pense n'avoir plus besoin d'en gagner que deux ou trois autres semblables pour venir entièrement à bout de mes desseins ; et que mon âge n'est point si avancé[2] que, selon le cours ordinaire de la nature, je ne puisse encore avoir assez de loisir pour cet effet[3] **[68]**. Mais je crois être d'autant plus obligé à ménager le temps qui me reste que j'ai plus d'espérance de le pouvoir bien employer ; et j'aurais sans doute plusieurs occasions de le perdre si je publiais les fondements de ma physique. Car, encore qu'ils soient presque tous si évidents qu'il ne faut que les entendre pour les croire, et qu'il n'y en ait aucun dont je ne pense pouvoir donner des démonstrations, toutefois, à cause qu'il est impossible qu'ils soient accordants[4] avec toutes les diverses opinions des autres hommes, je prévois que je serais souvent diverti[5] par les oppositions qu'ils feraient naître.

On peut dire que ces oppositions seraient utiles, tant afin de me faire connaître mes fautes qu'afin que, si j'avais quelque chose de bon, les autres en eussent par ce moyen plus d'intelligence[6] et, comme plusieurs peuvent plus voir qu'un homme seul, que, commençant dès maintenant à s'en servir, ils m'aidassent aussi de leurs inventions. Mais encore que je me reconnaisse extrêmement sujet à faillir[7], et que je ne me fie quasi jamais aux premières pensées qui me viennent, toutefois l'expérience que j'ai des objections qu'on me peut

---

1. Le bonheur, la chance, le sort favorable. **2.** En 1637, Descartes a quarante et un ans. **3.** Assez de temps disponible pour réaliser ce projet. **4.** Qu'ils s'accordent, qu'ils soient compatibles. **5.** Dérangé, détourné de mes recherches. **6.** Plus de connaissance, de compréhension. **7.** Se tromper.

faire m'empêche d'en espérer aucun profit[1] : car j'ai déjà souvent éprouvé les[2] jugements tant de ceux que j'ai tenus pour mes amis que de quelques autres à qui je pensais être indifférent, et même aussi de quelques-uns dont je savais que la malignité[3] et l'envie tâcheraient assez à découvrir[4] ce que l'affection cacherait à mes amis ; mais il est rarement arrivé qu'on m'ait objecté quelque chose que je n'eusse point du tout prévue, si ce n'est qu'elle fût **[69]** fort éloignée de mon sujet : en sorte que je n'ai quasi jamais rencontré aucun censeur[5] de mes opinions qui ne me semblât ou moins rigoureux ou moins équitable que moi-même. Et je n'ai jamais remarqué non plus que par le moyen des disputes[6] qui se pratiquent dans les écoles on ait découvert aucune vérité qu'on ignorât auparavant. Car pendant que chacun tâche de vaincre, on s'exerce bien plus à faire valoir la vraisemblance qu'à peser les raisons de part et d'autre : et ceux qui ont été longtemps bons avocats ne sont pas pour cela, par après, meilleurs juges.

---

1. L'attitude de Descartes face aux objections et discussions en philosophie est ambiguë : il les dédaigne le plus souvent, en estimant comme ici que si elles peuvent être utiles dans une situation idéale, elles sont généralement viciées par tous les affects (amour-propre, désir d'avoir raison et de briller en public, etc.) qu'elles véhiculent de manière quasi inévitable. Mais c'est ce même Descartes qui tint à ce que l'exposé fondamental de sa métaphysique (les *Méditations* de 1641) parût accompagné d'*Objections* auxquelles il donna d'amples *Réponses*. Un commentateur contemporain (J.-L. Marion : « Le Statut originairement responsorial des *Meditationes* », p. 3-19 dans *Descartes, objecter et répondre*, éd. J.-M. Beyssade et J.-L. Marion, Paris, PUF, 1994) a même fait l'hypothèse que ces *Méditations* de 1641 étaient comme des « réponses » aux objections qu'avait suscitées le *Discours de la méthode*.   2. Fait l'expérience des.   3. La méchanceté, le désir de nuire.   4. A révéler publiquement.   5. Juge, critique. 6. « Dispute » est ici une notion technique, qui désigne une forme d'enseignement courante dans les facultés médiévales : c'était un débat public, dirigé par un maître, où les assistants s'efforçaient de dégager les différents arguments pour traiter une question. Descartes y voit une pratique purement rhétorique, plus proche des exercices des Sophistes, qui s'efforçaient de défendre tour à tour le pour et le contre à propos d'une question donnée, que d'une vraie méthode pour découvrir des vérités inédites.

Pour l'utilité que les autres recevraient de la commu-
nication de mes pensées, elle ne pourrait aussi être fort
grande, d'autant que je ne les ai point encore conduites
si loin qu'il ne soit besoin d'y ajouter beaucoup de
choses avant que de les appliquer à l'usage[1]. Et je
pense pouvoir dire sans vanité que s'il y a quelqu'un
qui en soit capable, ce doit être plutôt moi qu'aucun
autre : non pas qu'il ne puisse y avoir au monde plusieurs esprits incomparablement meilleurs que le
mien ; mais pource qu'on[2] ne saurait si bien concevoir
une chose, et la rendre sienne, lorsqu'on l'apprend de
quelque autre que lorsqu'on l'invente soi-même. Ce
qui est si véritable en cette matière que, bien que j'aie
souvent expliqué quelques-unes de mes opinions à des
personnes de très bon esprit, et qui pendant que je leur
parlais semblaient les entendre fort distinctement, toutefois, lorsqu'ils les ont redites, j'ai remarqué qu'ils les
ont changées presque toujours en telle sorte que je ne
les pouvais plus avouer pour miennes[3]. A l'occasion
de quoi je suis **[70]** bien aise de prier ici nos neveux[4]
de ne croire jamais que les choses qu'on leur dira viennent de moi lorsque je ne les aurai point moi-même
divulguées : et je ne m'étonne aucunement des extravagances qu'on attribue à tous ces anciens philosophes
dont nous n'avons point les écrits, ni ne juge pas pour
cela que leurs pensées aient été fort déraisonnables, vu
qu'ils étaient des meilleurs esprits de leurs temps, mais

---

1. Voir note 1, p. 156.   **2.** Pource que = comme, parce que.
3. Il est difficile de déterminer à qui Descartes fait ici allusion. Il s'agit
peut-être d'Isaac Beeckman, un scientifique que Descartes rencontra en
Hollande en 1618, dont il fut très ami, mais avec qui il se fâcha en 1630.
Dans les années 1640, Descartes connaîtra une autre déception de ce type
avec le médecin hollandais Henri de Roy, dit Regius (1598-1679), qu'il
considéra d'abord comme un de ses disciples, mais avec qui il se fâcha en
1646 : dans ses *Fondements de la physique*, Regius, tout en continuant à
se proclamer « cartésien », s'éloignait de la pensée de Descartes sur plusieurs points de métaphysique.   **4.** Voir note 1, p. 159.

seulement qu'on nous les a mal rapportées[1]. Comme on voit aussi que presque jamais il n'est arrivé qu'aucun de leurs sectateurs[2] les ait surpassés : et je m'assure que les plus passionnés de ceux qui suivent maintenant Aristote se croiraient heureux s'ils avaient autant de connaissance de la nature qu'il en a eu, encore même que ce fût à condition qu'ils n'en auraient jamais davantage[3]. Ils sont comme le lierre, qui ne tend point à monter plus haut que les arbres qui le soutiennent, et même souvent qui redescend après qu'il est parvenu jusques à leur faîte[4] : car il me semble aussi que ceux-là redescendent, c'est-à-dire se rendent en quelque façon moins savants que s'ils s'abstenaient d'étudier, lesquels, non contents de[5] savoir tout ce qui est intelligiblement expliqué dans leur auteur, veulent outre cela[6] y trouver la solution de plusieurs difficultés dont il ne dit rien, et auxquelles il n'a peut-être jamais pensé. Toutefois leur façon de philosopher est fort commode, pour ceux qui n'ont que des esprits fort médiocres ; car l'obscurité des distinctions et des principes dont ils se servent est cause qu'ils peuvent parler de toutes choses aussi hardiment que s'ils les savaient, en soutenir tout ce qu'ils **[71]** en disent contre les plus subtils et les plus habiles, sans qu'on ait moyen de les convaincre : en quoi ils me semblent pareils à un aveugle, qui, pour se battre sans désavantage contre un qui voit, l'aurait fait venir dans le fond de quelque cave fort obscure ; et je puis dire que ceux-

---

1. Descartes pense sans doute ici à Démocrite, matérialiste grec dont les œuvres sont presque toutes perdues, mais qui est réputé pour avoir tenté d'expliquer l'univers en se passant des dieux et en faisant appel aux seuls mouvements des atomes. La physique de Descartes avait parfois été comparée à celle de Démocrite. Voir sur tout ceci la *Lettre à Huygens* de mars 1638, AT, t. II, p. 51 ; Alquié, t. II, p. 46. 2. Adeptes, partisans. 3. Indépendamment de sa valeur polémique, l'argument dénonce ce qui constitue pour Descartes un des défauts majeurs de ceux qui se contentent d'une reprise figée des résultats de l'aristotélisme : leur pensée n'est pas engagée dans une logique de progrès. 4. Leur sommet. 5. Qui, ne se contentant pas de... 6. En plus.

ci ont intérêt que je m'abstienne de publier les principes de la philosophie dont [1] je me sers, car étant très
simples et très évidents, comme ils sont, je ferais quasi
le même en les publiant que si j'ouvrais quelques
fenêtres, et faisais entrer du jour dans cette cave où ils
sont descendus pour se battre [2]. Mais même les meilleurs esprits n'ont pas occasion de souhaiter de les
connaître : car s'ils veulent savoir parler de toutes
choses, et acquérir la réputation d'être doctes, ils y par-
viendront plus aisément en se contentant de la vraisemblance, qui peut être trouvée sans grande peine en
toutes sortes de matières, qu'en cherchant la vérité, qui
ne se découvre que peu à peu en quelques-unes, et
qui, lorsqu'il est question de parler des autres, oblige
à confesser [3] franchement qu'on les ignore. Que s'ils
préfèrent la connaissance de quelque peu de vérités à
la vanité de paraître n'ignorer rien, comme sans doute
elle est bien préférable, et qu'ils veuillent suivre un
dessein semblable au mien, ils n'ont pas besoin pour
cela que je leur dise rien davantage [4] que ce que j'ai
déjà dit en ce discours. Car s'ils sont capables de passer plus outre [5] que je n'ai fait, ils le seront aussi, à
plus forte raison, de trouver d'eux-mêmes tout ce que
je pense avoir trouvé : d'autant que, n'ayant jamais
rien examiné que par ordre, il est certain que ce qui
me reste encore à découvrir est [72] de soi plus difficile
et plus caché que ce que j'ai pu ci-devant [6] rencontrer,
et ils auraient bien moins de plaisir à l'apprendre de
moi que d'eux-mêmes ; outre que l'habitude qu'ils
acquerront en cherchant premièrement des choses faci-

---

1. « Dont » renvoie à « principes ».   2. Cette menace à l'égard des
scolastiques est pour Descartes l'occasion de rappeler que le *Discours*
ne présente pas l'intégralité des « principes », c'est-à-dire des vérités fondamentales, de sa philosophie, mais seulement quelques résultats et annonces.
Descartes mettra sa menace à exécution en 1644 et en 1647 avec la publication, en latin puis en français, des *Principes de la philosophie*.
3. Avouer, admettre.   4. Rien de plus.   5. Aller plus loin.   6. Auparavant, jusqu'ici.

les[1], et passant peu à peu par degrés à d'autres plus difficiles, leur servira plus que toutes mes instructions ne sauraient faire. Comme pour moi je me persuade que si on m'eût enseigné dès ma jeunesse toutes les vérités dont j'ai cherché depuis les démonstrations, et que je n'eusse eu aucune peine à les apprendre, je n'en aurais peut-être jamais su aucunes autres, et du moins que jamais je n'aurais acquis l'habitude et la facilité que je pense avoir d'en trouver toujours de nouvelles, à mesure que je m'applique à les chercher. Et en un mot s'il y a au monde quelque ouvrage qui ne puisse être si bien achevé par aucun autre que par le même qui l'a commencé, c'est celui auquel je travaille.

Il est vrai que, pour ce qui est des expériences qui peuvent y servir, un homme seul ne saurait suffire à les faire toutes : mais il n'y saurait aussi employer utilement d'autres mains que les siennes, sinon celles des artisans, ou telles gens[2] qu'il pourrait payer, et à qui l'espérance du gain, qui est un moyen très efficace, ferait faire exactement toutes les choses qu'il leur prescrirait. Car pour les volontaires qui par curiosité ou

---

1. « Facile » est chez Descartes une notion importante, qu'on retrouve dans la définition de la méthode des *Règles pour la direction de l'esprit* (*Règle* IV, AT, t. X, p. 371-372 ; Alquié, t. I, p. 91 : voir notre Introduction, p. 28). Ce thème de la facilité apparaît également dans les dernières lignes de la *Géométrie* (un des trois *Essais* qui accompagnaient le *Discours* en 1637, AT, t. VI, p. 485) : « en matière de progressions mathématiques, lorsqu'on a les deux ou trois premiers termes, il n'est pas malaisé de trouver les autres ». Cet exemple d'une suite, fréquent dans les *Règles...*, aide à comprendre ce qu'est la « facilité » cartésienne. Par exemple, la suite « fois 2 » (1, 2, 4, etc.) est définie par une loi de composition, et elle se construit par réitération de cette loi. Cette construction est « facile » parce que la suite se constitue par la seule réutilisation de cette loi préalablement définie qui met en relation des termes déjà constitués, et un nouvel élément. C'est cela qu'on apprend dans les mathématiques : « rendre les choses faciles », c'est produire des règles de construction et de mise en ordre des éléments du savoir. Chez Descartes, le facile est donc ce qui se pense clairement et distinctement dans un rapport d'ordre.   2. Des gens semblables, équivalents (à des artisans).

désir d'apprendre s'offriraient peut-être de lui aider[1], outre qu'ils ont pour l'ordinaire plus de promesses que d'effet[2], et qu'ils ne font que de belles propositions dont aucune jamais ne réussit[3], ils **[73]** voudraient infailliblement être payés par l'explication de quelques difficultés, ou du moins par des compliments et des entretiens inutiles, qui ne lui sauraient coûter si peu de son temps qu'il n'y perdit. Et pour les expériences que les autres ont déjà faites, quand bien même ils les lui voudraient communiquer, ce que ceux qui les nomment des secrets[4] ne feraient jamais, elles sont pour la plupart composées de tant de circonstances, ou d'ingrédients superflus, qu'il lui serait très malaisé d'en déchiffrer la vérité[5] : outre qu'il les trouverait presque toutes si mal expliquées, ou même si fausses, à cause que ceux qui les ont faites se sont efforcés de les faire paraître conformes à leurs principes, que s'il y en avait quelques-unes qui lui servissent, elles ne pourraient derechef[6] valoir le temps qu'il lui faudrait employer à les choisir. De façon que s'il y avait au monde quelqu'un qu'on sût assurément être capable de trouver les plus grandes choses, et les plus utiles au public qui puissent être, et que pour cette cause les autres hommes s'efforçassent par tous moyens de l'aider à venir à bout de ses desseins, je ne vois pas qu'ils pussent autre chose pour lui, sinon fournir aux frais[7] des expériences dont il aurait besoin, et du reste empêcher

---

1. De lui aider = de l'aider. Dans les phrases qui suivent, « lui » renvoie, grammaticalement, à « l'homme seul » dont parle le début de la phrase, c'est-à-dire à Descartes.   2. C'est-à-dire : ils promettent plus que ce qu'ils réalisent effectivement.   3. C'est-à-dire : n'aboutit.   4. Il s'agit des secrets des alchimistes, ces chimistes également préoccupés de sciences occultes.   5. D'en dégager la vérité. Descartes compare parfois la découverte de la vérité dans le monde au déchiffrage d'une lettre codée ; voir par exemple *Règles pour la direction de l'esprit*, X, AT, t. X, p. 404-405 ; Alquié, t. I, p. 127-128 ; *Principes de la philosophie*, IV, art. 205.   6. Pas davantage, non plus.   7. Contribuer aux frais, payer pour.

que son loisir[1] ne lui fût ôté par l'importunité[2] de personne. Mais outre que je ne présume pas tant de moi-même que de vouloir rien promettre d'extraordinaire, ni ne me repais point de pensées si vaines que de m'imaginer que le public[3] se doive beaucoup intéresser en mes desseins, je n'ai pas aussi l'âme si basse[4] que je voulusse accepter de qui que ce fût **[74]** aucune faveur qu'on pût croire que je n'aurais pas méritée.

Toutes ces considérations jointes ensemble furent cause, il y a trois ans[5], que je ne voulus point divulguer le traité que j'avais entre les mains, et même que je fus en résolution de n'en faire voir aucun autre, pendant ma vie, qui fût si général, ni duquel on pût entendre les fondements de ma physique : mais il y a eu depuis derechef[6] deux autres raisons qui m'ont obligé à mettre ici quelques essais particuliers[7], et à rendre au public quelque compte de mes actions et de mes desseins. La première est que, si j'y manquais, plusieurs, qui ont su l'intention que j'avais eue ci-devant de faire imprimer quelques écrits, pourraient s'imaginer que les causes pour lesquelles je m'en abstiens seraient plus à mon désavantage qu'elles ne sont. Car bien que je n'aime pas la gloire par excès, ou même, si je l'ose dire, que je la haïsse[8], en tant que je la juge contraire au repos, lequel j'estime sur[9] toutes choses, toutefois aussi je n'ai jamais tâché de cacher mes actions comme des crimes, ni n'ai usé de beaucoup de précautions pour

---

1. Le temps dont il dispose.   2. Le fait d'importuner, de déranger.
3. Descartes joue peut-être dans ces lignes sur deux sens du mot « public » : l'ensemble des gens à qui le *Discours* est adressé ; la puissance publique, c'est-à-dire l'État, qui accordait parfois des pensions ou des rentes aux savants.   4. Lâche, sans grandeur d'âme.   5. C'est-à-dire après que Descartes apprit la condamnation de Galilée, et décida de différer la parution du *Monde* : voir notre Introduction, p. 17-19.   6. En plus, à nouveau.   7. C'est-à-dire les *Essais* qui suivaient le *Discours* dans l'édition de 1637 : la *Dioptrique*, les *Météores*, la *Géométrie*.   8. Au XVIIe siècle, le mot n'a pas forcément le sens violent de « détestation », « exécration » qu'il a pris aujourd'hui. Il peut signifier plus simplement « rejeter », « mépriser ».   9. Plus que.

être inconnu ; tant à cause que j'eusse cru me faire tort,
qu'à cause que cela m'aurait donné quelque espèce
d'inquiétude qui eût derechef été contraire au parfait
repos d'esprit que je cherche. Et pour ce que, m'étant
toujours ainsi tenu indifférent entre le soin d'être
connu ou ne l'être pas, je n'ai pu empêcher que je
n'acquisse quelque sorte de réputation, j'ai pensé que
je devais faire de mon mieux pour m'exempter[1] au
moins de l'avoir mauvaise. L'autre raison qui m'a
obligé à écrire **[75]** ceci est que, voyant tous les jours
de plus en plus le retardement que souffre le dessein
que j'ai de m'instruire, à cause d'une infinité d'expériences dont j'ai besoin et qu'il est impossible que je
fasse sans l'aide d'autrui, bien que je ne me flatte pas
tant que d'espérer que le public prenne grande part en
mes intérêts, toutefois je ne veux pas aussi me défaillir
tant à moi-même que de[2] donner sujet à ceux qui me
survivront de me reprocher quelque jour que j'eusse
pu leur laisser plusieurs choses beaucoup meilleures
que je n'aurai fait, si je n'eusse point trop négligé de
leur faire entendre en quoi ils pouvaient contribuer à
mes desseins.

Et j'ai pensé qu'il m'était aisé de choisir quelques
matières qui, sans être sujettes à beaucoup de controverses, ni m'obliger à déclarer davantage de mes principes que je ne désire, ne laisseraient pas[3] de faire voir
assez clairement ce que je puis, ou ne puis pas, dans
les sciences. En quoi je ne saurais dire si j'ai réussi, et
je ne veux point prévenir[4] les jugements de personne,
en parlant moi-même de mes écrits : mais je serai bien
aise qu'on les examine, et afin qu'on en ait d'autant
plus d'occasion[5], je supplie tous ceux qui auront
quelques objections à y faire de prendre la peine de les

---

1. Éviter.   2. Desservir ma propre cause, manquer de force pour
la défendre au point de.   3. Permettraient de, ne manqueraient pas
de.   4. Influencer.   5. Qu'on ait d'autant plus l'occasion, l'opportu-
nité de la faire.

envoyer à mon libraire[1], par lequel, en étant averti, je tâcherai d'y joindre ma réponse en même temps[2], et par ce moyen les lecteurs, voyant ensemble l'un et l'autre, jugeront d'autant plus aisément de la vérité : car je ne promets pas d'y faire jamais de longues réponses, mais seulement d'avouer mes fautes fort franchement, si je les connais[3] ; ou **[76]** bien, si je ne les puis apercevoir, de dire simplement ce que je croirai être requis pour la défense des choses que j'ai écrites, sans y ajouter l'explication d'aucune nouvelle matière, afin de ne me pas engager sans fin de l'une en l'autre[4].

Que si quelques-unes de celles dont j'ai parlé au commencement de la Dioptrique et des Météores choquent d'abord, à cause que je les nomme des suppositions[5], et que je ne semble pas avoir envie de les prouver, qu'on ait la patience de lire le tout avec attention, et j'espère qu'on s'en trouvera satisfait : car il me semble que les raisons s'y entresuivent en telle sorte que, comme les dernières sont démontrées par les premières qui sont leurs causes, ces premières le sont réciproquement par les dernières qui sont leurs effets. Et on ne doit pas imaginer que je commette en ceci la faute que les logiciens nomment un cercle[6] ; car, l'expérience rendant la plu-

---

1. Mon éditeur, c'est-à-dire Jean Maire, éditeur à Leyde aux Pays-Bas. 2. De faire publier l'objection et la réponse simultanément. C'est ce que Descartes fit en 1641 avec ses *Méditations* : voir note 1, p. 161. 3. Si je m'en rends compte. 4. D'une matière dans une autre. 5. Voir par exemple le début de la *Dioptrique* (AT, t. VI, p. 83 ; Alquié, t. I, p. 653) où Descartes explique qu'il va parler de la lumière à l'aide de comparaisons et sans entreprendre de « dire au vrai quelle est sa nature ». Descartes ne donnant pas les principes fondamentaux de sa philosophie en général et de sa physique en particulier dans le *Discours* et les *Essais*, il ne peut effectivement pas prétendre prouver de façon parfaitement convaincante les énoncés qu'il y examine et qui reposent sur ces principes. Voir sur ce point la *Lettre au P. Vatier* du 22 février 1638, AT, t. I, p. 562-564 ; Alquié, t. II, p. 28-30 ; texte 1.10 du Dossier en fin de volume. 6. Descartes anticipe ici une objection qui lui sera faite en 1638 par le mathématicien J.-B. Morin : voir Morin, *Lettre à Descartes* du 22 février 1638, AT, t. I, p. 538 ; et la réponse de Descartes, *Lettre à Morin* du 13 juillet 1638, AT, t. II, p. 197-198 ; Alquié, t. II, p. 72-

part de ces effets très certains, les causes dont je les déduis ne servent pas tant à les prouver qu'à les expliquer ; mais tout au contraire ce sont elles qui sont prouvées par eux[1]. Et je ne les ai nommées des suppositions qu'afin qu'on sache que je pense les pouvoir déduire de ces premières vérités que j'ai ci-dessus expliquées ; mais que j'ai voulu expressément ne le pas faire, pour empêcher que certains esprits, qui s'imaginent qu'ils savent en un jour tout ce qu'un autre a pensé en vingt années, sitôt qu'il leur en a seulement dit deux ou trois mots, et qui sont d'autant plus sujets à faillir[2], et moins capables de la vérité, qu'ils sont plus pénétrants et plus vifs, ne puissent de **[77]** là prendre occasion de bâtir quelque philosophie extravagante sur ce qu'ils croiront être mes principes, et qu'on m'en attribue la faute. Car pour les opinions qui sont toutes miennes, je ne les excuse point comme nouvelles[3], d'autant que si on en considère bien les raisons, je m'assure qu'on les trouvera si simples, et si conformes au sens commun[4], qu'elles sembleront moins extraordinaires et moins étranges qu'aucunes autres qu'on puisse avoir sur mêmes sujets. Et je ne me vante point aussi d'être le premier inventeur d'aucunes, mais bien que je ne les aie jamais reçues ni pource qu'elles avaient été dites par

---

73 ; texte 1.12 du Dossier en fin de volume. Sur les « cercles » reprochés à Descartes, voir aussi notre Introduction, p. 35-36 et 54-57.

1. Descartes a parfois recours à cette distinction entre « prouver » et « expliquer », qu'il développe dans la *Lettre à Morin* du 13 juillet 1638 citée à la note précédente. Les principes généraux de la physique, pris comme des hypothèses, servent à *expliquer* les faits apportés par l'expérience : expliquer, c'est donc relier un événement ou un fait à un principe qui en rend raison (par exemple telle trajectoire d'un boulet de canon à tel principe concernant le mouvement des corps). Mais en retour, on peut dire que les principes ainsi pris comme hypothèses sont *prouvés* lorsqu'il est avéré qu'ils permettent de rendre compte des faits tels que nous les constatons, de rejoindre l'expérience concrète. Ainsi, les principes *expliquent* les faits ; et ces faits *prouvent* les principes.   **2.** A se tromper.   **3.** Je n'ai pas à les justifier, à les défendre en tant que nouveautés.   **4.** Conformes à ce que chacun peut savoir à partir des « semences de vérités » qui sont en nos esprits.

d'autres, ni pource qu'elles ne l'avaient point été, mais seulement pource que la raison me les a persuadées.

Que si les artisans ne peuvent sitôt exécuter l'invention qui est expliquée en la Dioptrique [1], je ne crois pas qu'on puisse dire pour cela qu'elle soit mauvaise : car, d'autant qu'il faut de l'adresse et de l'habitude pour faire et pour ajuster les machines que j'ai décrites sans qu'il y manque aucune circonstance [2], je ne m'étonnerais pas moins s'ils rencontraient [3] du premier coup que si quelqu'un pouvait apprendre en un jour à jouer du luth excellemment, par cela seul qu'on lui aurait donné de la tablature [4] qui serait bonne. Et si j'écris en français, qui est la langue de mon pays, plutôt qu'en latin, qui est celle de mes précepteurs [5], c'est à cause que j'espère que ceux qui ne se servent que de leur raison naturelle toute pure [6] jugeront mieux de mes opinions que ceux qui ne croient qu'aux livres anciens : et pour ceux qui joignent le bon sens avec l'étude, lesquels seuls je souhaite pour **[78]** mes juges, ils ne seront point, je m'assure, si partiaux pour [7] le latin qu'ils refusent d'entendre mes raisons pource que je les explique en langue vulgaire [8].

Au reste je ne veux point parler ici en particulier [9] des progrès que j'ai espérance de faire à l'avenir dans les sciences, ni m'engager envers le public d'aucune promesse que je ne sois pas assuré d'accomplir : mais je dirai seulement que j'ai résolu de n'employer le temps qui me reste à vivre à autre chose qu'à tâcher d'acquérir quelque connaissance de la nature qui soit telle qu'on en puisse tirer des règles pour la médecine, plus assurées que celles qu'on a eues jusqu'à présent ; et que mon

---

1. Aussitôt, dès à présent. Il s'agit d'une nouvelle machine pour tailler les verres, qui est décrite au *Discours X* de la *Dioptrique*.   2. Réussissaient.   3. Aucun détail, aucun élément.   4. Système de notation musicale, l'équivalent de nos partitions actuelles.   5. Ceux qui m'ont instruit.   6. C'est-à-dire : pas encore corrompue par les préjugés et la fausse érudition.   7. Si prévenus en faveur du latin.   8. Commune, habituelle, ici la langue française utilisée tous les jours.   9. En détail.

inclination m'éloigne si fort de toute sorte d'autres desseins, principalement de ceux qui ne sauraient être utiles aux uns qu'en nuisant aux autres [1], qui si quelques occasions [2] me contraignaient de m'y employer, je ne crois point que je fusse capable d'y réussir. De quoi je fais ici une déclaration, que je sais bien ne pouvoir servir à me rendre considérable [3] dans le monde ; mais aussi n'ai-je aucunement envie de l'être : et je me tiendrai toujours plus obligé à ceux par la faveur desquels je jouirai sans empêchement de mon loisir [4], que je ne ferais à ceux qui m'offriraient les plus honorables emplois [5] de la terre.

---

1. Certains commentateurs estiment que Descartes pense ici aux éventuelles applications militaires de sa nouvelle science.   2. Circonstances.
3. Digne de considération, renommé.   4. Voir note 3, p. 160.
5. Des emplois qui procurent des honneurs, de la reconnaissance sociale.

DOSSIER

I. DESCARTES ET LE *DISCOURS*

Que ce soit avant 1637 pour préciser son projet et se préoccuper des conditions de la publication, ou bien après pour répondre à des questions qui lui ont été posées sur son ouvrage, Descartes parle du *Discours de la méthode* et des *Essais* dans de très nombreux textes (souvent des lettres). On trouvera ci-dessous quelques-uns de ces textes.

1.1. *Lettre à Mersenne*[1] de mars 1636

(AT, t. I, p. 338-340 ; Alquié, t. I, p. 515-517.)

« ...j'espérais de vous mander bientôt que j'étais occupé à faire imprimer. Car je suis venu à ce dessein en cette ville ; mais les Elzeviers[2] qui témoignaient auparavant avoir fort envie d'être mes libraires, s'imaginant, je crois, que je ne leur échap-

---

1. Marin Mersenne (1588-1648), religieux de l'ordre des minimes. Il fut le correspondant privilégié de Descartes à Paris, où il était au centre d'un vaste réseau de recherches intellectuelles. Il effectua pour Descartes les nombreuses démarches éditoriales qui précédèrent la publication du *Discours*. **2.** Célèbres éditeurs hollandais auxquels Descartes avait initialement pensé confier l'impression du *Discours*. Cette lettre, ainsi que plusieurs autres que nous ne donnons pas ici, montre à quel point Descartes était soucieux des bonnes conditions de la publication de son ouvrage.

perais pas lorsqu'ils m'ont vu ici, ont eu envie de
se faire prier, ce qui est cause que j'ai résolu de me
passer d'eux ; et quoique je puisse trouver ici assez
d'autres libraires, toutefois je ne résoudrai rien avec
aucun, que je n'aie reçu de vos nouvelles, pourvu
que je ne tarde point trop à en recevoir. Et si vous
jugez que mes écrits puissent être imprimés à Paris
plus commodément qu'ici, et qu'il vous plût d'en
prendre le soin, comme vous m'avez obligé autrefois
de m'offrir, je vous les pourrais envoyer incontinent
après la vôtre reçue. Seulement y a-t-il en cela de
la difficulté, que ma copie n'est pas mieux écrite
que cette lettre, que l'orthographe ni les virgules n'y
sont pas mieux observées, et que les figures n'y sont
tracées que de ma main, c'est-à-dire très mal ; en
sorte que si vous n'en tirez l'intelligence du texte
pour les interpréter après au graveur, il lui serait
impossible de les comprendre. Outre cela, je serais
bien aise que le tout fût imprimé en fort beau caractère, et de fort beau papier, et que le libraire me
donnât du moins deux cents exemplaires, à cause
que j'ai envie d'en distribuer à quantité de personnes.
Et afin que vous sachiez ce que j'ai envie de faire
imprimer, il y aura quatre Traités tous français, et le
titre en général sera : *Le projet d'une Science universelle qui puisse élever notre nature à son plus haut
degré de perfection. Plus la Dioptrique, les Météores,
et la Géométrie ; où les plus curieuses Matières que
l'Auteur ait pu choisir, pour rendre preuve de la
Science universelle qu'il propose, sont expliquées en
telle sorte, que ceux-mêmes qui n'ont point étudié
les peuvent entendre.* En ce *Projet* je découvre une
partie de ma Méthode, je tâche à démontrer l'existence de Dieu et de l'âme séparée du corps, et j'y
ajoute plusieurs autres choses qui ne seront pas, je
crois, désagréables au lecteur. En la *Dioptrique*, outre
la matière des réfractions et l'invention des lunettes,

j'y parle aussi fort particulièrement de l'œil, de la lumière, de la vision, et de tout ce qui appartient à la Catoptrique[1] et à l'Optique. Aux *Météores*, je m'arrête principalement sur la nature du sel, les causes des vents et du tonnerre, les figures de la neige, les couleurs de l'arc-en-ciel, où je tâche aussi à démontrer généralement quelle est la nature de chaque couleur, et les couronnes, ou *halones*, et les soleils, ou *parhelia*, semblables à ceux qui parurent à Rome il y a six ou sept ans[2]. Enfin, en la *Géométrie*, je tâche à donner une façon générale pour soudre tous les problèmes qui ne l'ont encore jamais été. Et tout ceci ne fera pas, je crois, un volume plus grand que de cinquante ou soixante feuilles. Au reste, je n'y veux point mettre mon nom, suivant mon ancienne résolution, et je vous prie de n'en rien dire à personne, si ce n'est que vous jugiez à propos d'en parler à quelque libraire, afin de savoir s'il aura envie de me servir, sans toutefois achever, s'il vous plaît, de conclure avec lui, qu'après ma réponse ; et sur ce que vous me ferez la faveur de me mander, je me résoudrai. Je serai bien aise aussi d'employer tout autre, plutôt que ceux qui ont correspondance avec Elzevier, qui sans doute les en aura avertis, car il sait que je vous en écris... »

---

1. La partie de l'optique qui étudie les phénomènes de réflexion.   2. Les parhélies sont un phénomène optique qui fait voir plusieurs soleils dans le ciel. Il avait été observé en Italie en 1629. Descartes en propose une explication à la fin des *Météores*.

1.2. *Lettre à Huygens* [1] du 25 février 1637

(Non donnée en AT ; Alquié, t. I, p. 520.)

« [...] Monsieur Golius [2] m'avertit dernièrement de votre part que vous jugiez le mot de *Discours* superflu en mon titre, et c'est l'un des sujets de remerciement que j'ai à vous faire. Mais je m'excuse sur ce que je n'ai pas eu dessein d'expliquer toute la méthode mais seulement d'en dire quelque chose, et que je n'aime pas à promettre plus que je ne donne. C'est pourquoi j'ai mis *Discours de la Méthode* ; au lieu que j'ai mis simplement *La Dioptrique* et *Les Météores*, parce que j'ai tâché d'y comprendre tout ce qui faisait à mon sujet. Que si cette raison ne vous contente et que vous m'obligiez de m'en faire savoir votre jugement, je le suivrai comme une loi inviolable. Il me semble aussi que je dois ôter toute la glose que j'avais mise à la fin et laisser seulement ces mots *Discours de la Méthode etc. plus la Dioptrique, les Météores et la Géométrie qui sont des Essais de cette méthode...* ».

1.3. *Lettre à Mersenne* du 27 février 1637

(AT, t. I, p. 349-351 ; Alquié, t. I, p. 521-523.)

« ...je vous ai beaucoup d'obligation des objections que vous m'écrivez, et je vous supplie de continuer à me mander toutes celles que vous ouïrez, et ce en la façon la plus désavantageuse pour moi qu'il se pourra ; ce sera le plus grand plaisir que vous me puissiez faire ; car je n'ai point coutume de me plaindre pendant qu'on panse mes blessures, et ceux qui me feront la

---

1. Constantin Huygens (1596-1687), homme politique important aux Provinces-Unies et ami de Descartes. C'est le père du célèbre mathématicien Christian Huygens. **2.** Jacob Gool (1596-1667), professeur de mathématiques à l'université de Leyde.

faveur de m'instruire, et qui m'enseigneront quelque chose, me trouveront toujours fort docile. Mais je n'ai su bien entendre ce que vous objectez touchant le titre ; car je ne mets pas *Traité de la Méthode*, mais *Discours de la Méthode*, ce qui est le même que *Préface ou Avis touchant la Méthode*, pour montrer que je n'ai pas dessein de l'enseigner, mais seulement d'en parler. Car comme on peut voir de ce que j'en dis, elle consiste plus en pratique qu'en théorie, et je nomme les traités suivants des *Essais de cette Méthode*, parce que je prétends que les choses qu'ils contiennent n'ont pu être trouvées sans elle, et qu'on peut connaître par eux ce qu'elle vaut : comme aussi j'ai inséré quelque chose de métaphysique, de physique, et de médecine dans le premier discours, pour montrer qu'elle s'étend à toutes sortes de matières.

Pour votre seconde objection, à savoir que je n'ai pas expliqué assez au long, d'où je connais que l'âme est une substance distincte du corps, et dont la nature n'est que de penser, qui est la seule chose qui rend obscure la démonstration touchant l'existence de Dieu, j'avoue que ce que vous en écrivez est très vrai, et aussi que cela rend ma démonstration touchant l'existence de Dieu malaisée à entendre. Mais je ne pouvais mieux traiter cette matière, qu'en expliquant amplement la fausseté ou l'incertitude qui se trouve en tous les jugements qui dépendent du sens ou de l'imagination, afin de montrer ensuite quels sont ceux qui ne dépendent que de l'entendement pur, et combien ils sont évidents et certains. Ce que j'ai omis tout à dessein, et par considération, et principalement à cause que j'ai écrit en langue vulgaire, de peur que les esprits faibles venant à embrasser d'abord avidement les doutes et scrupules qu'il m'eût fallu proposer, ne pussent après comprendre en même façon les raisons par lesquelles j'eusse tâché de les ôter, et ainsi que je les eusse engagés dans un mauvais pas, sans peut-être les en tirer. Mais il y a environ huit ans que j'ai écrit en latin un commencement de Métaphysique, où cela est déduit assez au long, et si l'on fait une version latine de ce livre, comme on s'y prépare, je l'y pourrai faire mettre. Cependant je me persuade que ceux qui prendront bien garde à mes raisons touchant l'existence de Dieu, les trouveront d'autant plus démonstratives, qu'ils mettront plus de peine à en chercher les défauts, et je les prétends plus claires en elles-mêmes qu'aucune des démonstrations des géomètres ; en sorte qu'elles ne me semblent obscures qu'au regard de ceux qui ne savent pas *abducere mentem a sensibus* [1], suivant ce que j'ai écrit en la page 38 [2].

Je vous ai une infinité d'obligations de la peine que vous vous offrez de prendre pour l'impression de mes écrits ; mais s'il y fallait faire quelque dépense, je n'aurais garde de souffrir que d'autres que moi la fissent, et ne manquerais pas de vous envoyer tout ce qu'il faudrait. Il est vrai que je ne crois pas qu'il en fût grand besoin ; au moins y a-t-il eu des libraires qui m'ont fait offrir un présent, pour leur mettre ce que je ferais entre les mains, et cela dès auparavant même que je sortisse de Paris, ni que j'eusse commencé à rien écrire. De sorte que je juge qu'il y en pourra encore avoir d'assez fous pour les imprimer à leurs dépens, et qu'il se trouvera aussi des lecteurs assez faciles pour en acheter les exemplaires, et les relever de leur folie. Car, quoi que je fasse, je ne m'en cacherai point comme d'un crime, mais seulement pour éviter le bruit, et me retenir la même liberté que j'ai eue jusqu'ici ; de sorte que je ne craindrai pas tant si quelques uns savent mon nom ; mais maintenant je suis bien aise qu'on n'en parle point du tout, afin que le monde n'attende rien, et que ce que je ferai, ne soit pas moindre que ce qu'on aurait attendu... »

---

1. Détacher l'esprit des sens.   **2.** La page 38 de l'édition de 1637, c'est-à-dire la *Quatrième partie*, p. 116-118.

1.4. *Lettre à Huygens* du 29 mars 1637

(Non donnée en AT ; Alquié, t. I, p. 526-527 ; Huygens a précédemment écrit à Descartes pour lui dire qu'il avait été enthousiasmé par la lecture du *Discours*.)

« Monsieur,

Il faut que je vous avoue ma faiblesse ; je suis plus glorieux que je ne pensais, et j'ai été plus ému de joie en lisant ce que vous m'avez fait l'honneur de m'écrire touchant le *Discours de la Méthode*, que je ne m'imaginais le pouvoir être pour aucun bonheur qui m'arrivât. Car encore que je ne veuille attribuer qu'à votre courtoisie les termes obligeants dont vous usez en ma faveur, toutefois je les trouve si exprès et si clairs, que je ne crois pas qu'il me soit permis de douter qu'ils ne contiennent votre approbation. Et l'excellence de votre jugement m'est si connue, que cela me doit, ce me semble, assurer qu'aucun de ceux qui sont véritablement honnêtes gens n'entreprendra de vous contredire. Il est vrai que vous n'aurez peut-être voulu juger pour cette fois que de ce qui peut paraître au premier abord à ceux qui ne liront ce *Discours* qu'en passant, et que vous n'aurez pas laissé d'y remarquer plusieurs fautes qui ne peuvent pas facilement être vues des autres, si ce n'est qu'ils aient plus de temps à y regarder que vous n'avez eu. Mais je me promets tant de votre bienveillance que vous me ferez la faveur de me les dire, principalement après vous avoir protesté, comme je veux faire ici maintenant, que je suis, grâces à Dieu, fort exempt de la faiblesse de ceux qui ne peuvent souffrir d'être repris, et que je crois toujours être beaucoup plus obligé à ceux qui me font l'honneur de m'aimer lorsqu'ils m'avertissent de mes fautes, que lorsqu'ils les cachent ou les excusent envers les autres, et à plus forte raison que lorsqu'ils me louent.

Au reste, encore que je n'ose m'imaginer que vous

veuilliez prendre la peine de relire ce *Discours*, je ne laisse pas de vous l'envoyer avec la *Géométrie*, afin qu'ils soient joints à la *Dioptrique* et aux *Météores* qui sont déjà en votre logis, et j'y ajoute encore un autre exemplaire entier. Mais ce sont deux enfants que j'envoie tout nus, à cause que le libraire m'a persuadé qu'il n'était non plus de la bienséance de relier et couvrir les livres avant qu'ils fussent du tout achevés, comme il manque encore deux ou trois feuilles de la table à celui-ci, que de donner des robes aux enfants dès le premier jour qu'ils viennent au monde. Et parce que les dames savent cela mieux que les hommes, je recommanderai ces deux ici, avec votre permission, l'un à Madame de Zuylichem et l'autre à Madame de Wilhem [1]... »

1.5. *Lettre à X* de mars ou fin mai 1637

(AT, t. I, p. 353-354 ; Alquié, t. I, p. 537-538.)

« Monsieur,
J'avoue qu'il y a un grand défaut dans l'écrit que vous avez vu, ainsi que vous le remarquez, et que je n'y ai pas assez étendu les raisons par lesquelles je pense prouver qu'il n'y a rien au monde qui soit de soi plus évident et plus certain que l'existence de Dieu et de l'âme humaine, pour les rendre faciles à tout le monde. Mais je n'ai osé tâcher de le faire, d'autant qu'il m'eût fallu expliquer bien au long les plus fortes raisons des sceptiques, pour faire voir qu'il n'y a aucune chose matérielle de l'existence de laquelle on soit assuré, et par même moyen accoutumer le lecteur à détacher sa pensée des choses sensibles ; puis montrer que celui qui doute ainsi de tout ce qui est matériel, ne peut aucunement pour cela douter de sa propre exis-

---

1. L'épouse et la sœur de Huygens.

tence ; d'où il suit que celui-là, c'est-à-dire l'âme, est un être, ou une substance qui n'est point du tout corporelle, et que sa nature n'est que de penser, et aussi qu'elle est la première chose qu'on puisse connaître certainement. Même en s'arrêtant assez longtemps sur cette méditation, on acquiert peu à peu une connaissance très claire, et si j'ose ainsi parler intuitive, de la nature intellectuelle en général, l'idée de laquelle, étant considérée sans limitation, est celle qui nous représente Dieu, et limitée, est celle d'un ange ou d'une âme humaine. Or il n'est pas possible de bien entendre ce que j'ai dit après de l'existence de Dieu, si ce n'est qu'on commence par là, ainsi que j'ai assez donné à entendre en la page 38[1]. Mais j'ai eu peur que cette entrée, qui eût semblé d'abord vouloir introduire l'opinion des sceptiques, ne troublât les plus faibles esprits, principalement à cause que j'écrivais en langue vulgaire ; de façon que je n'en ai même osé mettre le peu qui est en la page 32[2], qu'après avoir usé de préface. Et pour vous, Monsieur, et vos semblables, qui sont des plus intelligents, j'ai espéré que s'ils prennent la peine, non pas seulement de lire, mais aussi de méditer par ordre les mêmes choses que j'ai dit avoir méditées, en s'arrêtant assez longtemps sur chaque point, pour voir si j'ai failli ou non, ils en tireront les mêmes conclusions que j'ai fait. Je serai bien aise, au premier loisir que j'aurai, de faire un effort pour tâcher d'éclaircir davantage cette matière, et d'avoir eu en cela quelque occasion de vous témoigner que je suis etc. »

---

1. La *Quatrième partie* du *Discours*, p. 116-118.   **2.** Voir p. 108-109.

1.6. *Lettre à Mersenne* du 27 avril ou de fin mai 1637

(AT, t. I, p. 366-368 ; Alquié, t. I, p. 534-536.)

« Pour ce que vous inférez que, si la nature de l'homme n'est que de penser, il n'a donc point de volonté, je n'en vois pas la conséquence ; car vouloir, entendre, imaginer, sentir, etc., ne sont que des diverses façons de penser, qui appartiennent toutes à l'âme. Vous rejetez ce que j'ai dit, *qu'il suffit de bien juger pour bien faire* ; et toutefois il me semble que la doctrine ordinaire de l'École est que *voluntas non fertur in malum, nisi quatenus ei sub aliqua ratione boni repræsentatur ab intellectu*[1] d'où vient ce mot : *omnis peccans est ignorans*[2] ; en sorte que si jamais l'entendement ne représentait rien à la volonté comme bien, qui ne le fût, elle ne pourrait manquer en son élection. Mais il lui représente souvent diverses choses en même temps ; d'où vient le mot *video meliora proboque*[3] qui n'est que pour les esprits faibles, dont j'ai parlé en la page 26[4]. Et le bien faire dont je parle ne se peut entendre en termes de théologie, où il est parlé de la grâce, mais seulement de philosophie morale et naturelle, où cette grâce n'est point considérée ; en sorte qu'on ne me peut accuser pour cela de l'erreur des Pélagiens[5] ; non plus que si je disais qu'il ne faut qu'avoir un bon sens pour être honnête homme, on ne m'objecterait pas qu'il faut aussi avoir le sexe qui nous distingue des femmes, parce que cela ne vient point alors à propos. Tout de même en disant qu'il est vrai-

---

1. La volonté ne se porte pas au mal, à moins que ce soit en tant qu'il lui est représenté sous quelque aspect de bien par l'entendement.   2. Tout homme qui pèche est un ignorant.   3. Il s'agit d'une partie d'un vers que le poète latin Ovide met dans la bouche de Médée (*Métamorphoses*, VII, 20-21) : *video proboque meliora, deteriora sequor*, « Je vois le meilleur et je l'approuve, mais je fais le pire ».   4. Voir p. 100.   5. Le pélagianisme est un courant théologique « optimiste », qui prétend que l'homme peut bien agir sans l'aide de la grâce divine.

semblable (à savoir selon la raison humaine) que le monde a été créé tel qu'il devait être, je ne nie point pour cela qu'il ne soit certain par la foi qu'il est parfait. Enfin pour ceux qui vous ont demandé de quelle religion j'étais, s'ils avaient pris garde que j'ai écrit en la page 29 [1], que je n'eusse pas cru me devoir contenter des opinions d'autrui un seul moment, si je ne me fusse proposé d'employer mon propre jugement à les examiner lorsqu'il serait temps, ils verraient qu'on ne peut inférer de mon discours que les infidèles doivent demeurer en la religion de leurs parents.

Je ne trouve plus rien en vos deux lettres qui ait besoin de réponse, sinon qu'il semble que vous craigniez que la publication de mon premier discours ne m'engage de parole à ne point faire voir ci-après ma physique, de quoi toutefois il ne faut point avoir peur ; car je n'y promets en aucun lieu de ne la point publier pendant ma vie ; mais je dis que j'ai eu ci-devant dessein de la publier, que depuis, pour les raisons que j'allègue, je me suis proposé de ne le point faire pendant ma vie, et que maintenant je prends résolution de publier les traités contenus en ce volume ; d'où tout de même l'on peut inférer que, si les raisons qui m'empêchent de la publier étaient changées, je pourrais prendre une autre résolution, sans pour cela être changeant ; car *sublata causa tollitur effectus* [2]. Vous dites aussi qu'on peut attribuer à vanterie ce que je dis de ma physique, puisque je ne la donne pas ; ce qui peut avoir lieu pour ceux qui ne me connaissent point, et qui n'auront vu que mon premier discours ; mais pour ceux qui verront tout le livre, ou qui me connaissent, je ne crains pas qu'ils m'accusent de ce vice ; non plus que de celui que vous me reprochez, de mépriser les hommes, à cause que je ne leur donne pas étourdiment ce que je ne sais pas encore s'ils veulent avoir : car enfin je n'ai parlé comme j'ai fait de ma physique,

---

1. Voir p. 103.   2. Une fois la cause enlevée, l'effet est supprimé.

qu'afin de convier ceux qui la désireront, à faire changer les causes qui m'empêchent de la publier... »

1.7. *Lettre à X* d'avril ou mai 1637

(AT, t. I, p. 369-371 ; Alquié, t. I, p. 539-541.)

« Monsieur,

Encore que le Père Mersenne ait fait directement contre mes prières, en disant mon nom, je ne saurais toutefois lui vouloir mal, de ce que par son moyen j'ai l'honneur d'être connu d'une personne de votre mérite [...] Pour le traité de physique dont vous me faites la faveur de me demander la publication, je n'aurais pas été si imprudent que d'en parler en la façon que j'ai fait, si je n'avais envie de le mettre au jour, en cas que le monde le désire, et que j'y trouve mon compte et mes sûretés. Mais je veux bien vous dire, que tout le dessein de ce que je fais imprimer à cette fois, n'est que de lui préparer le chemin, et sonder le gué. Je propose à cet effet une méthode générale, laquelle véritablement je n'enseigne pas, mais je tâche d'en donner des preuves par les trois traités suivants, que je joins au discours où j'en parle, ayant pour le premier un sujet mêlé de philosophie et de mathématique, pour le second, un tout pur de philosophie ; et pour le troisième, un tout pur de mathématique, dans lesquels je puis dire que je ne me suis abstenu de parler d'aucune chose, (au moins de celles qui peuvent être connues par la force du raisonnement), parce que j'ai cru ne la pas savoir ; en sorte qu'il me semble par là donner occasion de juger que j'use d'une méthode par laquelle je pourrais expliquer aussi bien toute autre matière, en cas que j'eusse les expériences qui y seraient nécessaires, et le temps pour les considérer. Outre que pour montrer que cette méthode s'étend à tout, j'ai inséré brièvement quelque chose de métaphysique, de phy-

sique et de médecine dans le premier discours. Que si
je puis faire avoir au monde cette opinion de ma
méthode, je croirai alors n'avoir plus tant de sujet de
craindre que les principes de ma physique soient mal
reçus ; et si je ne rencontrais que des juges aussi favo-
rables que vous, je ne le craindrais pas dès maintenant. »

1.8. *Lettre à Mersenne* de fin mai ou début juin 1637

(AT, t. I, p. 377-379 ; Alquié, t. I, p. 543-545.)

« [...] Vous m'envoyez aussi une proposition d'un
géomètre, Conseiller de Toulouse[1], qui est fort belle,
et qui m'a fort réjoui : car d'autant qu'elle se résout
fort facilement par ce que j'ai écrit en ma *Géométrie*,
et que j'y donne généralement la façon, non seulement
de trouver tous les lieux plans, mais aussi tous les
solides, j'espère que si ce Conseiller est homme franc
et ingénu, il sera l'un de ceux qui en feront le plus
d'état, et qu'il sera des plus capables de l'entendre :
car je vous dirai bien que j'appréhende qu'il ne se trouvera que fort peu de personnes qui l'entendront.

Pour le Médecin qui ne veut pas que les valvules du
cœur se ferment exactement, il contredit en cela à tous
les anatomistes qui l'écrivent, plutôt qu'à moi, qui n'ai
point besoin que cela soit, pour démontrer que le mouvement du cœur est tel que je l'écris : car encore
qu'elles ne fermeraient pas la moitié de l'entrée de
chaque vaisseau, l'automate ne laisserait pas de se
mouvoir nécessairement, comme j'ai dit. Mais outre
cela, l'expérience fait très clairement voir à l'œil en la
grande artère, et en la veine artérieuse, que les six val-

---

1. Le mathématicien Pierre de Fermat (1601-1665), qui était Conseiller au Parlement de Toulouse.

vules qui y sont, les ferment exactement ; et bien que celles de la veine cave et de l'artère veineuse ne semblent pas faire le même dans le cœur d'un animal mort, toutefois si on considère que les petites peaux dont elles sont composées, et les fibres où elles sont attachées, s'étendent beaucoup plus dans les animaux qui sont vifs que dans les morts, où elles se resserrent et se retirent, on ne doutera point qu'elles ne se ferment aussi exactement que les autres... »

1.9. *Lettre au P. Fournet*[1] du 14 juin 1637

(AT, t. I, p. 383-384 ; Alquié, t. I, p. 778.)

« Mon Révérend Père,
Je juge bien que vous n'aurez pas retenu les noms de tous les disciples que vous aviez il y a vingt-trois ou vingt-quatre ans, lorsque vous enseigniez la philosophie à La Flèche, et que je suis du nombre de ceux qui sont effacés de votre mémoire. Mais je n'ai pas cru pour cela devoir effacer de la mienne les obligations que je vous ai, ni n'ai pas perdu le désir de les reconnaître, bien que je n'aie aucune autre occasion de vous en rendre témoignage, sinon qu'ayant fait imprimer ces jours passés le volume que vous recevrez en cette lettre, je suis bien aise de vous l'offrir, comme un fruit qui vous appartient, et duquel vous avez jeté les premières semences en mon esprit, comme je dois aussi à ceux de votre Ordre tout le peu de connaissance que j'ai des bonnes lettres. Que si vous prenez la peine de lire ce livre, ou que vous le fassiez lire par ceux des vôtres qui en auront le plus de loisir, et qu'y ayant remarqué les fautes, qui sans doute s'y trouveront en très grand nombre, vous me veuillez faire la faveur de

---

1. Jésuite, le Père Fournet (1581-1637) avait été un des professeurs de philosophie de Descartes à La Flèche.

m'en avertir, et ainsi de continuer encore à m'enseigner, je vous en aurai une très grande obligation, et ferai tout le mieux qui me sera possible pour les corriger suivant vos bonnes instructions... »

1.10. *Lettre au P. Vatier*[1] du 22 février 1638

(AT, t. I, p. 558-565 ; Alquié, t. II, p. 25-31.)

« Mon Révérend Père,
Je suis ravi de la faveur que vous m'avez faite, de voir si soigneusement le livre de mes *Essais*, et de m'en mander vos sentiments avec tant de témoignages de bienveillance [...]
Mais afin que j'y réponde ponctuellement, je vous dirai premièrement, que mon dessein n'a point été d'enseigner toute ma méthode dans le discours où je la propose, mais seulement d'en dire assez pour faire juger que les nouvelles opinions, qui se verraient dans la *Dioptrique* et dans les *Météores*, n'étaient point conçues à la légère, et qu'elles valaient peut-être la peine d'être examinées. Je n'ai pu aussi montrer l'usage de cette méthode dans les trois traités que j'ai donnés, à cause qu'elle prescrit un ordre pour chercher les choses qui est assez différent de celui dont j'ai cru devoir user pour les expliquer. J'en ai toutefois montré quelque échantillon en décrivant l'arc-en-ciel, et si vous prenez la peine de le relire, j'espère qu'il vous contentera plus, qu'il n'aura pu faire la première fois ; car la matière est de soi assez difficile. Or ce qui m'a fait joindre ces trois traités au discours qui les précède, est que je me suis persuadé qu'ils pourraient suffire, pour faire que ceux qui les auront soigneusement examinés, et conférés avec ce qui a été ci-devant écrit des

---

1. Antoine Vatier (1596-1659), théologien jésuite, avait été enseignant en mathématiques et en philosophie à La Flèche dans les années 1620.

mêmes matières, jugent que je me sers de quelqu'autre méthode que le commun, et qu'elle n'est peut-être pas des plus mauvaises.

Il est vrai que j'ai été trop obscur en ce que j'ai écrit de l'existence de Dieu dans ce traité de la *Méthode*, et bien que ce soit la pièce la plus importante, j'avoue que c'est la moins élaborée de tout l'ouvrage ; ce qui vient en partie de ce que je ne me suis résolu de l'y joindre que sur la fin, et lorsque le libraire me pressait. Mais la principale cause de son obscurité vient de ce que je n'ai osé m'étendre sur les raisons des sceptiques, ni dire toutes les choses qui sont nécessaires *ad abducendam mentem a sensibus*[1] : car il n'est pas possible de bien connaître la certitude et l'évidence des raisons qui prouvent l'existence de Dieu selon ma façon, qu'en se souvenant distinctement de celles qui nous font remarquer de l'incertitude en toutes les connaissances que nous avons des choses matérielles ; et ces pensées ne m'ont pas semblé être propres à mettre dans un livre, où j'ai voulu que les femmes mêmes pussent entendre quelque chose, et cependant que les plus subtils trouvassent aussi assez de matière pour occuper leur attention. J'avoue aussi que cette obscurité vient en partie, comme vous avez fort bien remarqué, de ce que j'ai supposé que certaines notions, que l'habitude de penser m'a rendu familières et évidentes, le devaient être aussi à un chacun ; comme par exemple, que nos idées ne pouvant recevoir leurs formes ni leur être que de quelques objets extérieurs, ou de nous-mêmes, ne peuvent représenter aucune réalité ou perfection, qui ne soit en ces objets, ou bien en nous, et semblables ; sur quoi je me suis proposé de donner quelque éclaircissement dans une seconde impression.

J'ai bien pensé que ce que j'ai dit avoir mis en mon traité de la lumière, touchant la création de l'Univers, serait incroyable ; car il n'y a que dix ans, que je n'eusse pas moi-même voulu croire que l'esprit humain eût pu

---

1. Pour détacher l'esprit des sens.

atteindre jusqu'à de telles connaissances, si quelque autre l'eût écrit. Mais ma conscience, et la force de la vérité, m'a empêché de craindre d'avancer une chose, que j'ai cru ne pouvoir omettre sans trahir mon propre parti, et de laquelle j'ai déjà ici assez de témoins. Outre que si la partie de ma physique qui est achevée et mise au net il y a déjà quelque temps, voit jamais le jour, j'espère que nos neveux n'en pourront douter.

Je vous ai obligation du soin que vous avez pris d'examiner mon opinion touchant le mouvement du cœur ; si votre médecin a quelques objections à y faire, je serai très aise de les recevoir, et ne manquerai pas d'y répondre. Il n'y a que huit jours que j'en ai reçu sept ou huit sur la même matière d'un professeur en médecine de Louvain, qui est de mes amis, auquel j'ai renvoyé deux feuilles de réponse, et je souhaiterais que j'en puisse recevoir de même façon, touchant toutes les difficultés qui se rencontrent en ce que j'ai tâché d'expliquer ; je ne manquerais pas d'y répondre soigneusement, et je m'assure que ce serait sans désobliger aucun de ceux qui me les auraient proposées. C'est une chose que plusieurs ensemble pourraient plus commodément faire qu'un seul, et il n'y en a point qui le pussent mieux, que ceux de votre Compagnie. Je tiendrais à très grand honneur et faveur, qu'ils voulussent en prendre la peine ; ce serait sans doute le plus court moyen pour découvrir toutes les erreurs, ou les vérités de mes écrits [...]

Je vous suis obligé de ce que vous témoignez être bien aise, que je ne me sois pas laissé devancer par d'autres en la publication de mes pensées ; mais c'est de quoi je n'ai jamais eu aucune peur : car outre qu'il m'importe fort peu, si je suis le premier ou le dernier à écrire les choses que j'écris, pourvu seulement qu'elles soient vraies, toutes mes opinions sont si jointes ensemble, et dépendent si fort les unes des autres, qu'on ne s'en saurait approprier aucune sans les savoir toutes [...]

Je n'ai plus à vous répondre que touchant la publication de ma physique et métaphysique, sur quoi je vous puis dire en un mot, que je la désire autant ou plus que personne, mais néanmoins avec les conditions sans lesquelles je serais imprudent de la désirer. Et je vous dirai aussi que je ne crains nullement au fond qu'il s'y trouve rien contre la foi ; car au contraire j'ose me vanter que jamais elle n'a été si fort appuyée par les raisons humaines, qu'elle peut être si l'on suit mes principes ; et particulièrement la Transsubstantiation, que les Calvinistes reprennent comme impossible à expliquer par la philosophie ordinaire, est très facile par la mienne. Mais je ne vois aucune apparence que les conditions qui peuvent m'y obliger s'accomplissent, au moins de longtemps ; et me contentant de faire de mon côté tout ce que je crois être de mon devoir, je me remets du reste à la providence qui régit le monde ; car sachant que c'est elle qui m'a donné les petits commencements dont vous avez vu des essais, j'espère qu'elle me fera la grâce d'achever, s'il est utile pour sa gloire, et s'il ne l'est pas, je me veux abstenir de le désirer. Au reste je vous assure que le plus doux fruit que j'aie recueilli jusqu'à présent de ce que j'ai fait imprimer, est l'approbation que vous m'obligez de me donner par votre lettre ; car elle m'est particulièrement chère et agréable, parce qu'elle vient d'une personne de votre mérite et de votre robe, et du lieu même où j'ai eu le bonheur de recevoir toutes les instructions de ma jeunesse, et qui est le séjour de mes Maîtres, envers lesquels je ne manquerai jamais de reconnaissance... »

1.11. *Lettre à Reneri pour Pollot*[1] d'avril ou mai 1638

(AT, t. II, p. 34-41 ; Alquié, t. II, p. 49-57.)

« Monsieur,

Il n'était pas besoin de la cérémonie dont votre ami a voulu user ; ceux de son mérite et de son esprit n'ont que faire de médiateurs, et je tiendrai toujours à faveur, quand des personnes comme lui me voudront faire l'honneur de me consulter sur mes écrits. Je vous prie de lui ôter ce scrupule ; mais pour cette fois, puisqu'il l'a voulu, je vous donnerai la peine de lui adresser mes réponses.

Premièrement, il est vrai que, si j'avais dit absolument qu'il faut se tenir aux opinions qu'on a une fois déterminé de suivre, encore qu'elles fussent douteuses, je ne serais pas moins répréhensible que si j'avais dit qu'il faut être opiniâtre et obstiné ; à cause que se tenir à une opinion, c'est le même que de persévérer dans le jugement qu'on en a fait. Mais j'ai dit toute autre chose, à savoir qu'il faut être résolu en ses actions, lors même qu'on demeure irrésolu en ses jugements (voyez page 24, ligne 8)[2], et ne suivre pas moins constamment les opinions les plus douteuses, c'est-à-dire n'agir pas moins constamment suivant les opinions qu'on juge douteuses, lorsqu'on s'y est une fois déterminé, c'est-à-dire lorsqu'on a considéré qu'il n'y en a point d'autres qu'on juge meilleures ou plus certaines, que si on connaissait que celles-là fussent les meilleures ; comme en effet elles le sont sous cette condition (voyez page 26, ligne 15)[3]. Et il n'est pas à craindre que cette fermeté en l'action nous engage de plus en

---

1. Henri Reneri (env. 1593-1639), ami de Descartes, fut un des premiers à enseigner la philosophie cartésienne, à l'université d'Utrecht. Alphonse Pollot (1602-1668), gentilhomme ami de Descartes, tenta d'user en sa faveur de l'influence qu'il avait à la cour des Provinces-Unies.   2. Voir p. 96.   3. Voir p. 100-101.

plus dans l'erreur ou dans le vice, d'autant que l'erreur ne peut être que dans l'entendement, lequel je suppose, nonobstant cela, demeurer libre et considérer comme douteux ce qui est douteux. Outre que je rapporte principalement cette règle aux actions de la vie qui ne souffrent aucun délai, et que je ne m'en sers que par provision (page 24, ligne 10)[1], avec dessein de changer mes opinions, sitôt que j'en pourrai trouver de meilleures, et de ne perdre aucune occasion d'en chercher (page 29, ligne 8)[2]. Au reste j'ai été obligé de parler de cette résolution et fermeté touchant les actions, tant à cause qu'elle est nécessaire pour le repos de la conscience, que pour empêcher qu'on ne me blâmât de ce que j'avais écrit que, pour éviter la prévention, il faut une fois en sa vie se défaire de toutes les opinions qu'on a reçues auparavant en sa créance : car apparemment on m'eût objecté que ce doute si universel peut produire une grande irrésolution et un grand dérèglement dans les mœurs. De façon qu'il ne me semble pas avoir pu user de plus de circonspection que j'ai fait, pour placer la résolution, en tant qu'elle est une vertu, entre les deux vices qui lui sont contraires, à savoir l'indétermination et l'obstination.

2. Il ne me semble point que ce soit une fiction, mais une vérité, qui ne doit point être niée de personne, qu'il n'y a rien qui soit entièrement en notre pouvoir que nos pensées ; au moins en prenant le mot de pensée comme je fais, pour toutes les opérations de l'âme, en sorte que non seulement les méditations et les volontés, mais même les fonctions de voir, d'ouïr, de se déterminer à un mouvement plutôt qu'à un autre etc., en tant qu'elles dépendent d'elle, sont des pensées. Et il n'y a rien du tout que les choses qui sont comprises sous ce mot, qu'on attribue proprement à l'homme en langue de philosophe : car pour les fonctions qui appartiennent au corps seul, on dit qu'elles se font dans l'homme, et

1. Voir p. 96.   **2.** Voir p. 103.

non par l'homme. Outre que par le mot *entièrement*
(page 27, ligne 3)[1], et par ce qui suit, à savoir que,
lorsque nous avons fait notre mieux touchant les
choses extérieures, tout ce qui manque de nous réussir
est au regard de nous *absolument* impossible ; je témoigne assez que je n'ai point voulu dire, pour cela, que
les choses extérieures ne fussent point du tout en notre
pouvoir, mais seulement qu'elles n'y sont qu'en tant
qu'elles peuvent suivre de nos pensées, et non pas
absolument ni *entièrement*, à cause qu'il y a d'autres
puissances hors de nous, qui peuvent empêcher les
effets de nos desseins. Même pour m'exprimer mieux,
j'ai joint ensemble ces deux mots : *au regard de nous*
et *absolument*, que les critiques pourraient reprendre
comme se contredisant l'un à l'autre, n'était que l'intelligence du sens les accorde. Or nonobstant qu'il soit
très vrai qu'aucune chose extérieure n'est en notre pouvoir, qu'en tant qu'elle dépend de la direction de notre
âme, et que rien n'y est absolument que nos pensées ;
et qu'il n'y ait, ce me semble, personne qui puisse faire
difficulté de l'accorder, lorsqu'il y pensera expressément ; j'ai dit néanmoins qu'il faut s'accoutumer à le
croire, et même qu'il est besoin à cet effet d'un long
exercice, et d'une méditation souvent réitérée ; dont la
raison est que nos appétits et nos passions nous dictent
continuellement le contraire ; et que nous avons tant
de fois éprouvé dès notre enfance, qu'en pleurant, ou
commandant, etc., nous nous sommes faits obéir par
nos nourrices, et avons obtenu les choses que nous
désirions, que nous nous sommes insensiblement persuadés que le monde n'était fait que pour nous, et que
toutes choses nous étaient dues. En quoi ceux qui sont
nés grands et heureux, ont le plus d'occasion de se
tromper ; et l'on voit aussi que ce sont ordinairement
eux qui supportent le plus impatiemment les disgrâces
de la fortune. Mais il n'y a point, ce me semble, de

1. Voir p. 100.

plus digne occupation pour un philosophe, que de s'accoutumer à croire ce que lui dicte la vraie raison, et à se garder des fausses opinions que ses appétits naturels lui persuadent.

3. Lorsqu'on dit : *je respire, donc je suis*, si l'on veut conclure son existence de ce que la respiration ne peut être sans elle, on ne conclut rien, à cause qu'il faudrait auparavant avoir prouvé qu'il est vrai qu'on respire, et cela est impossible, si ce n'est qu'on ait aussi prouvé qu'on existe. Mais si l'on veut conclure son existence du sentiment ou de l'opinion qu'on a qu'on respire, en sorte qu'encore même que cette opinion ne fût pas vraie, on juge toutefois qu'il est impossible qu'on l'eût, si on n'existait, on conclut fort bien ; à cause que cette pensée de respirer se présente alors à notre esprit avant celle de notre existence, et que nous ne pouvons douter que nous ne l'ayons pendant que nous l'avons (voyez page 36, ligne 22[1]). Et ce n'est autre chose à dire en ce sens-là : *je respire, donc je suis*, sinon *je pense, donc je suis*. Et si l'on y prend garde, on trouvera que toutes les autres propositions desquelles nous pouvons ainsi conclure notre existence, reviennent à cela même ; en sorte que, par elles, on ne prouve point l'existence du corps, c'est-à-dire celle d'une nature qui occupe de l'espace, etc., mais seulement celle de l'âme, c'est-à-dire d'une nature qui pense ; et bien qu'on puisse douter si ce n'est point une même nature qui pense et qui occupe de l'espace, c'est-à-dire qui est ensemble intellectuelle et corporelle, toutefois on ne la connaît, par le chemin que j'ai proposé, que comme intellectuelle.

4. De cela seul qu'on conçoit clairement et distinctement les deux natures de l'âme et du corps comme diverses, on connaît que véritablement elles sont diverses, et par conséquent que l'âme peut penser sans le corps, nonobstant que, lorsqu'elle lui est jointe, elle

---

1. Voir p. 114.

puisse être troublée en ses opérations par la mauvaise disposition des organes.

5. Bien que les Pyrrhoniens[1] n'aient rien conclu de certain en suite de leurs doutes, ce n'est pas à dire qu'on ne le puisse. Et je tâcherai ici de faire voir comment on s'en peut servir pour prouver l'existence de Dieu, en éclaircissant les difficultés que j'ai laissées en ce que j'en ai écrit ; mais on m'a promis de m'envoyer bientôt un recueil de tout ce qui peut être mis en doute sur ce sujet, ce qui me donnera peut-être occasion de le mieux faire : c'est pourquoi je supplie celui qui a fait ces remarques, de me permettre que je diffère jusqu'à ce que je l'aie reçu.

6. Il est certain que la ressemblance qui est entre la plupart des actions des bêtes et les nôtres, nous a donné, dès le commencement de notre vie, tant d'occasions de juger qu'elles agissent par un principe intérieur semblable à celui qui est en nous, c'est-à-dire par le moyen d'une âme qui a des sentiments et des passions comme les nôtres, que nous sommes tous naturellement préoccupés de cette opinion. Et, quelques raisons qu'on puisse avoir pour la nier, on ne saurait quasi dire ouvertement ce qui en est, qu'on ne s'exposât à la risée des enfants et des esprits faibles. Mais pour ceux qui veulent connaître la vérité, ils doivent surtout se défier des opinions dont ils ont été ainsi prévenus dès leur enfance. Et pour savoir ce que l'on doit croire de celle-ci, on doit, ce me semble, considérer quel jugement en ferait un homme, qui aurait été nourri toute sa vie en quelque lieu où il n'aurait jamais vu aucuns autres animaux que des hommes, et où, s'étant fort adonné à l'étude des mécaniques, il aurait fabriqué ou aidé à fabriquer plusieurs automates, dont les uns avaient la figure d'un homme, les autres d'un cheval, les autres d'un chien, les autres d'un oiseau, etc., et qui marchaient, qui mangeaient et qui respiraient, bref

---

1. Les Sceptiques.

qui imitaient, autant qu'il était possible, toutes les
autres actions des animaux dont ils avaient la ressemblance, sans omettre même les signes dont nous usons
pour témoigner nos passions, comme de crier lorsqu'on
les frappait, de fuir lorsqu'on faisait quelque grand
bruit autour d'eux, etc., en sorte que souvent il se serait
trouvé empêché à discerner, entre des vrais hommes,
ceux qui n'en avaient que la figure ; et à qui l'expérience aurait appris qu'il n'y a, pour les reconnaître,
que les deux moyens que j'ai expliqués en la page 57
de ma *Méthode* [1] : dont l'un est que jamais, si ce n'est
par hasard, ces automates ne répondent, ni de paroles,
ni même par signes, à propos de ce dont on les interro-
ge ; et l'autre que, bien que souvent les mouvements
qu'ils font, soient plus réguliers et plus certains que
ceux des hommes les plus sages, ils manquent néanmoins en plusieurs choses, qu'ils devraient faire pour
nous imiter, plus que ne feraient les plus insensés. Il
faut, dis-je, considérer quel jugement cet homme ferait
des animaux qui sont parmi nous, lorsqu'il les verrait ;
principalement s'il était imbu de la connaissance de
Dieu, ou du moins qu'il eût remarqué de combien toute
l'industrie dont usent les hommes en leurs ouvrages,
est inférieure à celle que la nature fait paraître en la
composition des plantes ; et en ce qu'elle les remplit
d'une infinité de petits conduits imperceptibles à la
vue, par lesquels elle fait monter peu à peu certaines
liqueurs, qui, étant parvenues au haut de leurs
branches, s'y mêlent, s'y agencent, et s'y dessèchent
en telle façon qu'elles y forment des feuilles, des fleurs
et des fruits ; en sorte qu'il crût fermement que, si Dieu
ou la nature avait formé quelques automates qui imitassent nos actions, ils les imiteraient plus parfaitement, et
seraient sans comparaison plus industrieusement faits,
qu'aucun de ceux qui peuvent être inventés par les
hommes. Or il n'y a point de doute que cet homme,

---

1. Voir p. 146.

voyant les animaux qui sont parmi nous, et remarquant en leurs actions les deux mêmes choses qui les rendent différentes des nôtres, qu'il aurait accoutumé de remarquer dans ses automates, ne jugerait pas qu'il y eût en eux aucun vrai sentiment, ni aucune vraie passion, comme en nous, mais seulement que ce seraient des automates, qui, étant composés par la nature, seraient incomparablement plus accomplis qu'aucun de ceux qu'il aurait fait lui-même auparavant. Si bien qu'il ne reste plus ici qu'à considérer si le jugement, qu'il ferait ainsi avec connaissance de cause, et sans avoir été prévenu d'aucune fausse opinion, est moins croyable que celui que nous avons fait dès lors que nous étions enfants, et que nous n'avons retenu depuis que par coutume, le fondant seulement sur la ressemblance qui est entre quelques actions extérieures des animaux et les nôtres, laquelle n'est nullement suffisante pour prouver qu'il y en ait aussi entre les intérieures.

7. J'ai tâché de faire connaître que l'âme était une substance réellement distincte du corps, ce qui suffit, ce me semble, en parlant à ceux qui avouent que Dieu est créateur de toutes choses, pour leur faire aussi avouer que nos âmes doivent nécessairement être créées par lui. Et ceux qui se seront assurés de son existence par le chemin que j'ai montré, ne pourront manquer de le reconnaître pour tel... »

1.12. *Lettre à Morin*[1] du 13 juillet 1638

(AT, t. II, p. 197-202 ; Alquié, t. I, p. 71-77.)

« Monsieur,
Les objections que vous avez pris la peine de m'envoyer, sont telles que je les aurais reçues en bonne part

---

1. Jean-Baptiste Morin (1583-1656), docteur en médecine et professeur de mathématiques au Collège de France.

de qui que ce fût ; mais le rang que vous tenez entre les doctes, et la réputation que vos écrits vous ont acquise, me les rend beaucoup plus agréables de vous que d'un autre. Ce que je crois ne pouvoir mieux vous témoigner que par le soin que j'aurai ici d'y répondre exactement.

Vous commencez par mes suppositions, et vous dites *que l'apparence des mouvements célestes se tire aussi certainement de la supposition de la stabilité de la terre, que de celle de sa mobilité*, ce que j'accorde très volontiers ; et j'ai désiré qu'on reçût de même façon ce que j'ai écrit en la *Dioptrique* de la nature de la lumière, afin que la force des démonstrations mathématiques, que j'ai tâché d'y mettre, ne dépendît d'aucune opinion physique, comme j'ai assez déclaré en la page 3. Et si l'on peut imaginer la lumière de quelqu'autre façon, par laquelle on explique toutes celles de ses propriétés que l'expérience fait connaître, on verra que tout ce que j'ai démontré des réfractions, de la vision et du reste, en pourra être tiré tout de même que de celle que j'ai proposée.

Vous dites aussi que *prouver des effets par une cause, puis prouver cette cause par les mêmes effets, est un cercle logique*, ce que j'avoue ; mais je n'avoue pas pour cela que c'en soit un, d'expliquer des effets par une cause, puis de la prouver par eux : car il y a grande différence entre *prouver* et *expliquer*. A quoi j'ajoute qu'on peut user du mot *démontrer* pour signifier l'un et l'autre, au moins si on le prend selon l'usage commun, et non en la signification particulière que les philosophes lui donnent. J'ajoute aussi que ce n'est pas un cercle de prouver une cause par plusieurs effets qui sont connus d'ailleurs, puis réciproquement de prouver quelques autres effets par cette cause. Et j'ai compris ces deux sens ensemble en la page 76[1] par ces mots : *Comme les dernières raisons sont démontrées par les premières qui sont leurs causes,*

---

1. Voir p. 169.

ces premières le sont réciproquement par les dernières qui sont leurs effets. Où je ne dois pas, pour cela, être accusé d'avoir parlé ambigument, à cause que je me suis expliqué incontinent après, en disant que, *l'expérience rendant la plupart de ces effets très certains, les causes dont je les déduis ne servent pas tant à les prouver qu'à les expliquer, mais que ce sont elles qui sont prouvées par eux.* Et je mets *qu'elles ne servent pas tant à les prouver,* au lieu de mettre *qu'elles n'y servent point du tout,* afin qu'on sache que chacun de ces effets peut aussi être prouvé par cette cause, en cas qu'il soit mis en doute, et qu'elle ait déjà été prouvée par d'autres effets. En quoi je ne vois pas que j'eusse pu user d'autres termes que je n'ai fait, pour m'expliquer mieux. [...]

Enfin vous dites *qu'il n'y a rien de si aisé que d'ajuster quelque cause à un effet.* Mais encore qu'il y ait véritablement plusieurs effets auxquels il est aisé d'ajuster diverses causes, une à chacun, il n'est pas toutefois si aisé d'en ajuster une même à plusieurs différents, si elle n'est la vraie dont ils procèdent ; même il y en a souvent qui sont tels, que c'est assez prouver quelle est leur vraie cause, que d'en donner une dont ils puissent clairement être déduits ; et je prétends que tous ceux dont j'ai parlé sont de ce nombre. Car si l'on considère qu'en tout ce qu'on a fait jusqu'à présent en la physique, on a seulement tâché d'imaginer quelques causes par lesquelles on pût expliquer les phénomènes de la nature, sans toutefois qu'on ait guère pu y réussir ; puis si on compare les suppositions des autres avec les miennes, c'est-à-dire toutes leurs *qualités réelles,* leurs *formes substantielles,* leurs *éléments* et choses semblables, dont le nombre est presque infini, avec cela seul, que tous les corps sont composés de quelques parties, qui est une chose qu'on voit à l'œil en plusieurs, et qu'on peut prouver par une infinité de raisons dans les autres (car pour ce que je mets de plus, à savoir que les parties de tel ou tel corps sont de telle figure, plutôt que d'une autre, il est aisé de le démontrer à ceux qui avouent qu'ils sont composés de parties) ; et enfin si on compare ce que j'ai déduit de mes suppositions, touchant la vision, le sel, les vents, les nues, la neige, le tonnerre, l'arc-en-ciel, et choses semblables, avec ce que les autres ont tiré des leurs, touchant les mêmes matières, j'espère que cela suffira pour persuader à ceux qui ne sont point trop préoccupés, que les effets que j'explique n'ont point d'autres causes que celles dont je les déduis ; bien que je me réserve à le démontrer en un autre endroit [...]

Quant au mépris qu'on vous a dit que je faisais de l'École, il ne peut avoir été imaginé que par des personnes qui ne connaissent, ni mes mœurs, ni mon humeur. Et bien que je ne me sois guère servi en mes essais des termes qui ne sont connus que par les doctes, ce n'est pas à dire que je les désapprouve, mais seulement que j'ai désiré de me faire entendre aussi par les autres. Puis au bout du compte, ce n'est point à moi à choisir les armes avec lesquelles on doit m'attaquer, mais seulement à tâcher de me défendre... »

1.13. *Méditations métaphysiques, Préface de l'auteur au lecteur* (1641)

(Traduction par Clerselier du latin de l'édition de 1641, Alquié, t. II, p. 390-392 ; texte latin AT, t. VII, p. 7-9.)

Dans la préface latine placée en 1641 avant le texte des *Méditations*, Descartes revient sur deux objections auxquelles avait donné lieu la métaphysique exposée dans la *Quatrième partie* du *Discours*.

« J'ai déjà touché ces deux questions de Dieu et de l'âme humaine dans le Discours français que je mis en lumière en l'année 1637, touchant la méthode pour bien conduire sa raison et chercher la vérité dans les sciences ; non pas à dessein d'en traiter alors à fond, mais seulement comme en passant, afin d'apprendre, par le jugement qu'on en ferait, de quelle sorte j'en devrais traiter par après ; car elles m'ont toujours semblé être d'une telle importance que je jugeais qu'il était à propos d'en parler plus d'une fois ; et le chemin que je tiens pour les expliquer est si peu battu et si éloigné de la route ordinaire, que je n'ai pas cru qu'il fût utile de le montrer en français et dans un discours qui pût être lu de tout le monde, de peur que les faibles esprits ne crussent qu'il leur fût permis de tenter cette voie.

Or, ayant prié dans ce *Discours de la Méthode* tous ceux qui auraient trouvé dans mes écrits quelque chose digne de censure de me faire la faveur de m'en avertir, on ne m'a rien objecté de remarquable que deux choses sur ce que j'avais dit touchant ces deux questions, auxquelles je veux répondre ici en peu de mots avant que d'entreprendre une explication plus exacte.

La première est qu'il ne s'ensuit pas de ce que l'esprit humain, faisant réflexion sur soi-même, ne se connaît être autre chose qu'une chose qui pense, que sa nature ou son essence ne soit seulement que de penser ; en telle sorte que ce mot *seulement* exclue toutes les autres choses qu'on pourrait peut-être aussi dire appartenir à la nature de l'âme.

A laquelle objection je réponds que ce n'a point aussi été en ce lieu-là mon intention de les exclure selon l'ordre de la vérité de la chose (de laquelle je ne traitais pas alors), mais seulement selon l'ordre de ma pensée ; si bien que mon sens était que je ne connaissais rien que je susse appartenir à mon essence, sinon que j'étais une chose qui pense, ou une chose qui a en soi la faculté de penser. Or je ferai voir ci-après comment, de ce que je ne connais rien autre chose qui appartienne à mon essence, il s'ensuit qu'il n'y a aussi rien autre chose qui, en effet, lui appartienne.

La seconde est qu'il ne s'ensuit pas, de ce que j'ai en moi l'idée d'une chose plus parfaite que je ne suis, que cette idée soit plus parfaite que moi, et beaucoup moins que ce qui est représenté par cette idée existe.

Mais je réponds que dans ce mot d'*idée* il y a ici de l'équivoque ; car, ou il peut être pris matériellement pour une opération de mon entendement, et en ce sens on ne peut pas dire qu'elle soit plus parfaite que moi ; ou il peut être pris objectivement pour la chose qui est représentée par cette opération, laquelle, quoiqu'on ne suppose point qu'elle existe hors de mon entendement, peut néanmoins être plus parfaite que moi, à raison de son essence. Or, dans la suite de ce traité, je ferai voir plus amplement comment de cela seulement que j'ai en moi l'idée d'une chose plus parfaite que moi, il s'ensuit que cette chose existe véritablement.

De plus, j'ai vu aussi deux autres écrits assez amples sur cette matière, mais qui ne combattaient pas tant mes raisons que mes conclusions, et ce par des arguments tirés des lieux communs des athées. Mais parce que ces sortes d'arguments ne peuvent faire aucune impression dans l'esprit de ceux qui entendront bien mes raisons, et que les jugements de plusieurs sont si faibles et si peu raisonnables qu'ils se laissent bien plus souvent persuader par les premières opinions qu'ils auront eues d'une chose, pour fausses et éloignées de la raison qu'elles puissent être, que par une solide et véritable, mais postérieurement entendue, réfutation de leurs opinions, je ne veux point ici y répondre, de peur d'être premièrement obligé de les rapporter.

Je dirai seulement en général que tout ce que disent les athées pour combattre l'existence de Dieu dépend toujours, ou de ce que l'on feint dans Dieu des affections humaines, ou de ce qu'on attribue à nos esprits tant de force et de sagesse que nous avons bien la présomption de vouloir déterminer et comprendre ce que Dieu peut et doit faire ; de sorte que tout ce qu'ils disent ne nous donnera aucune difficulté, pourvu seulement que nous nous ressouvenions que nous devons considérer nos esprits comme des choses finies et limitées, et Dieu comme un être infini et incompréhensible.

Maintenant, après avoir suffisamment reconnu les sentiments des hommes, j'entreprends derechef de traiter de Dieu et de l'âme humaine, et ensemble de jeter les fondements de la philosophie première... »

1.14. *Réponses aux Secondes Objections* (1641)

(Texte latin en AT, t. VII, p. 149 ; traduction française en AT, t. IX, p. 116-117 ; Alquié, t. II, p. 574-575.)

« Au reste, je vous prie ici de vous souvenir que, touchant les choses que la volonté peut embrasser, j'ai toujours mis une très grande distinction entre l'usage de la vie et la contemplation de la vérité. Car, pour ce qui regarde l'usage de la vie, tant s'en faut que je pense qu'il ne faille suivre que les choses que nous connaissons très clairement, qu'au contraire je tiens qu'il ne faut pas même toujours attendre les plus vraisemblables, mais qu'il faut quelquefois, entre plusieurs choses tout à fait inconnues et incertaines, en choisir une et s'y déterminer, et après cela ne la pas croire moins fermement, tant que nous ne voyons pas de raisons au contraire, que si nous l'avions choisie pour des raisons certaines et très évidentes, ainsi que je l'ai déjà expliqué dans le *Discours de la méthode.* Mais où il ne s'agit que de la contemplation de la vérité, qui a jamais nié qu'il faille suspendre son jugement à l'égard des choses obscures, et qui ne sont pas assez distinctement connues ? »

1.15. *Lettre à l'Hyperaspistes*[1] d'août 1641

(Texte latin en AT, t. III, p. 422-423 ; traduction française ici légèrement modifiée dans Alquié, t. II, p. 359-360.)

« Il faudrait assurément souhaiter autant de certitude dans les choses qui regardent la conduite de la vie, qu'il en est requis pour acquérir la science ; mais pourtant, il est très facile de démontrer qu'il n'y en faut pas chercher ni attendre une si grande : et cela *a priori*, du fait que le composé humain est de sa nature corruptible, et que l'esprit est incorruptible et immortel ; mais cela peut encore être démontré plus facilement *a posteriori*, par les conséquences qui s'ensuivraient : comme par exemple, si quelqu'un voulait s'abstenir entièrement de nourriture, jusqu'à ce qu'il mourût de faim, sous ce prétexte qu'il ne serait pas certain qu'aucun poison n'y aurait été mêlé, et qu'il croirait n'être point obligé de manger, parce qu'il ne serait pas clair ni évident qu'il ait devant lui de quoi sustenter sa vie, et qu'il vaut mieux attendre la mort en s'abstenant de manger que de se tuer soi-même en mangeant ; certainement, celui-là devrait être qualifié de fou et accusé d'être son propre assassin. Que si au contraire, nous supposons que cet homme ne peut avoir d'autres aliments qu'empoisonnés, et que ceux-ci toutefois ne lui semblent pas tels, mais au contraire très salutaires ; et que nous supposons aussi qu'il a reçu de la nature un tempérament tel que l'abstinence complète serve à sa santé, bien qu'il lui semble qu'elle ne lui doive pas moins nuire qu'aux autres hommes ; nonobstant cela, cet homme sera obligé d'user de ces aliments,

---

1. Mot grec, qui signifie « défenseur » ou « protecteur » (d'une cause). C'est le pseudonyme d'un anonyme qui, en 1641, adressa à Descartes une série d'objections sur les *Méditations*.

et ainsi de faire plutôt ce qui lui paraît utile que ce qui l'est vraiment. Et cela est de soi si manifeste, que je m'étonne que quelqu'un ait pu le voir autrement. »

1.16. *Lettre à Élisabeth*[1] du 4 août 1645

(AT, t. IV, p. 263-268 ; Alquié, t. III, p. 587-591.)

« Madame,
Lorsque j'ai choisi le livre de Sénèque *De vita beata*[2] pour le proposer à Votre Altesse comme un entretien qui lui pourrait être agréable, j'ai eu seulement égard à la réputation de l'auteur et à la dignité de la matière, sans penser à la façon dont il la traite, laquelle ayant depuis considérée, je ne la trouve pas assez exacte pour mériter d'être suivie. Mais, afin que Votre Altesse en puisse juger plus aisément, je tâcherai ici d'expliquer en quelle sorte il me semble que cette matière eût dû être traitée par un Philosophe tel que lui, qui, n'étant point éclairé de la foi, n'avait que la raison naturelle pour guide.

Il dit fort bien, au commencement, que *vivere omnes beate volunt, sed ad pervidendum quid sit quod beatam vitam efficiat, caligant*[3]. Mais il est besoin de savoir ce que c'est que *vivere beate*[4] ; je dirais en français vivre heureusement, sinon qu'il y a de la différence entre l'heur et la béatitude, en ce que l'heur ne dépend que des choses qui sont hors de nous, d'où vient que ceux-là sont estimés plus heureux que sages, auxquels il est arrivé quelque bien qu'ils ne se sont point procurés, au lieu que la béatitude consiste, ce me semble,

---

1. Élisabeth de Bohême (1618-1680), princesse palatine en exil, entra en relation avec Descartes en 1642 et entretint avec le philosophe une importante correspondance, notamment sur les questions de morale.   **2.** *De la vie heureuse*. Sénèque (4 av. J.-C.- 65) était un Romain, philosophe stoïcien. Descartes avait conseillé à Élisabeth de lire cet ouvrage (*Lettre à Élisabeth* du 21 juillet 1645).   **3.** « Tous veulent vivre heureux, mais quand il s'agit de voir nettement ce qui rend la vie heureuse, ils sont dans l'obscurité. »   **4.** « Vivre heureux. »

en un parfait contentement d'esprit et une satisfaction intérieure, que n'ont pas ordinairement ceux qui sont le plus favorisés de la fortune, et que les sages acquièrent sans elle. Ainsi, *vivere beate*, vivre en béatitude, ce n'est autre chose qu'avoir l'esprit parfaitement content et satisfait.

Considérant, après cela, ce que c'est *quod beatam vitam efficiat*[1], c'est-à-dire quelles sont les choses qui nous peuvent donner ce souverain contentement, je remarque qu'il y en a de deux sortes : à savoir, de celles qui dépendent de nous, comme la vertu et la sagesse, et de celles qui n'en dépendent point, comme les honneurs, les richesses et la santé. Car il est certain qu'un homme bien né, qui n'est point malade, qui ne manque de rien, et qui avec cela est aussi sage et aussi vertueux qu'un autre qui est pauvre, malsain et contrefait, peut jouir d'un plus parfait contentement que lui. Toutefois, comme un petit vaisseau peut être aussi plein qu'un plus grand, encore qu'il contienne moins de liqueur, ainsi, prenant le contentement d'un chacun pour la plénitude et l'accomplissement de ses désirs réglés selon la raison, je ne doute point que les plus pauvres ou les plus disgraciés de la fortune ou de la nature ne puissent être entièrement contents et satisfaits, aussi bien que les autres, encore qu'ils ne jouissent pas de tant de biens. Et ce n'est que de cette sorte de contentement, de laquelle il est ici question ; car puisque l'autre n'est aucunement en notre pouvoir, la recherche en serait superflue.

Or il me semble qu'un chacun se peut rendre content de soi-même et sans rien attendre d'ailleurs, pourvu seulement qu'il observe trois choses, auxquelles se rapportent les trois règles de morale, que j'ai mises dans le *Discours de la Méthode*.

La première est, qu'il tâche toujours de se servir, le

---

1. « Ce qui rend la vie heureuse. »

mieux qu'il lui est possible, de son esprit, pour connaître ce qu'il doit faire ou ne pas faire en toutes les occurrences de la vie.

La seconde, qu'il ait une ferme et constante résolution d'exécuter tout ce que la raison lui conseillera, sans que ses passions ou ses appétits l'en détournent ; et c'est la fermeté de cette résolution, que je crois devoir être prise pour la vertu, bien que je ne sache point que personne l'ait jamais ainsi expliquée ; mais on l'a divisée en plusieurs espèces, auxquelles on a donné divers noms, à cause des divers objets auxquels elle s'étend.

La troisième, qu'il considère que, pendant qu'il se conduit ainsi, autant qu'il peut, selon la raison, tous les biens qu'il ne possède point sont aussi entièrement hors de son pouvoir les uns que les autres, et que, par ce moyen, il s'accoutume à ne les point désirer ; car il n'y a rien que le désir, et le regret ou le repentir, qui nous puissent empêcher d'être contents : mais si nous faisons toujours tout ce que nous dicte notre raison, nous n'aurons jamais aucun sujet de nous repentir, encore que les événements nous fissent voir, par après, que nous nous sommes trompés, parce que ce n'est point par notre faute. Et ce qui fait que nous ne désirons point d'avoir, par exemple, plus de bras ou plus de langues que nous n'en avons, mais que nous désirons bien d'avoir plus de santé ou plus de richesses, c'est seulement que nous imaginons que ces choses-ci pourraient être acquises par notre conduite, ou bien qu'elles sont dues à notre nature, et que ce n'est pas le même des autres : de laquelle opinion nous pourrons nous dépouiller, en considérant que, puisque nous avons toujours suivi le conseil de notre raison, nous n'avons rien omis de ce qui était en notre pouvoir, et que les maladies et les infortunes ne sont pas moins naturelles à l'homme, que les prospérités et la santé.

Au reste, toute sorte de désirs ne sont pas incompatibles avec la béatitude ; il n'y a que ceux qui sont accompagnés d'impatience et de tristesse. Il n'est pas nécessaire aussi que notre raison ne se trompe point ; il suffit que notre conscience nous témoigne que nous n'avons jamais manqué de résolution et de vertu, pour exécuter toutes les choses que nous avons jugées être les meilleures, et ainsi la vertu seule est suffisante pour nous rendre contents en cette vie. Mais néanmoins parce que, lorsqu'elle n'est pas éclairée par l'entendement, elle peut être fausse, c'est-à-dire que la volonté et résolution de bien faire nous peut porter à des choses mauvaises, quand nous les croyons bonnes, le contentement qui en revient n'est pas solide ; et parce qu'on oppose ordinairement cette vertu aux plaisirs, aux appétits et aux passions, elle est très difficile à mettre en pratique, au lieu que le droit usage de la raison, donnant une vraie connaissance du bien, empêche que la vertu ne soit fausse, et même l'accordant avec les plaisirs licites, il en rend l'usage si aisé, et nous faisant connaître la condition de notre nature, il borne tellement nos désirs, qu'il faut avouer que la plus grande félicité de l'homme dépend de ce droit usage de la raison, et par conséquent que l'étude qui sert à l'acquérir est la plus utile occupation qu'on puisse avoir, comme elle est aussi sans doute la plus agréable et la plus douce.

En suite de quoi, il me semble que Sénèque eût dû nous enseigner toutes les principales vérités, dont la connaissance est requise pour faciliter l'usage de la vertu, et régler nos désirs et nos passions, et ainsi jouir de la béatitude naturelle ; ce qui aurait rendu son livre le meilleur et le plus utile qu'un Philosophe païen eût su écrire. Toutefois ce n'est ici que mon opinion, laquelle je soumets au jugement de Votre Altesse ; et si elle me fait tant de faveur que de m'avertir en quoi je manque, je lui en aurai très grande obligation et témoignerai, en me corrigeant, que je suis,

Madame,

de Votre Altesse

le très humble et très obéissant serviteur. »

1.17. *Lettre-Préface* des *Principes de la philosophie* (1647)

(AT, t. IX, p. 15-16 ; Alquié, t. III, p. 780-781.)

« Or comme ce n'est pas des racines ni du tronc des arbres qu'on cueille les fruits, mais seulement des extrémités de leurs branches, ainsi la principale utilité de la Philosophie dépend de celles de ses parties qu'on ne peut apprendre que les dernières. Mais bien que je les ignore presque toutes, le zèle que j'ai toujours eu pour tâcher de rendre service au public est cause que je fis imprimer il y a dix ou douze ans quelques essais des choses qu'il me semblait avoir apprises. La première partie de ces essais fut un Discours touchant la Méthode pour bien conduire sa raison et chercher la vérité dans les sciences où je mis sommairement les principales règles de la Logique, et d'une Morale imparfaite qu'on peut suivre par provision pendant qu'on n'en sait point encore de meilleure. Les autres parties furent trois traités, l'un de la Dioptrique l'autre des Météores et le dernier de la Géométrie. Par la Dioptrique j'eus dessein de faire voir qu'on pouvait aller assez avant en la Philosophie pour arriver par son moyen jusqu'à la connaissance des arts qui sont utiles à la vie, à cause que l'invention des lunettes d'approche que j'y expliquais est l'une des plus difficiles qui aient jamais été cherchées. Par les Météores je désirais qu'on reconnût la différence qui est entre la Philosophie que je cultive, et celle qu'on enseigne dans les écoles où l'on a coutume de traiter de la même matière. Enfin par la Géométrie je prétendais démontrer que j'avais trouvé plusieurs choses qui ont été ci-devant ignorées, et ainsi donner occasion de croire qu'on en peut découvrir encore plusieurs autres, afin d'inciter par ce moyen tous les hommes à la recherche de la vérité. Depuis ce temps-là, prévoyant la difficulté que plusieurs auraient à concevoir les fondements de la Métaphysique, j'ai tâché d'en expliquer les principaux points dans un livre de Méditations... »

1.18. L'*Entretien avec Burman (1648)*

Le 16 avril 1648, Descartes s'entretint à propos de certains passages de ses œuvres avec le jeune François Burman (1628-1679). Le jeune homme consigna par écrit les questions qu'il avait posées au philosophe et les réponses de ce dernier. L'ensemble figure dans un manuscrit latin qui a été retrouvé en 1895. Nous donnons ci-dessous le passage de ce texte qui concerne le *Discours de la méthode* (texte latin en AT, t. V, p. 175 et suivantes ; la traduction française est celle de J.-M. Beyssade, Paris, PUF, 1981).

• « chacun pense en être si bien pourvu » [à propos du « bon sens » au début de la *Première partie* du *Discours*, p. 67].

[Burman] : Mais bien des hommes d'esprit court souhaitent, et souvent, d'en avoir plus, et de plus relevé.

[Descartes] : Nombreux, je l'avoue, ceux qui se reconnaissent inférieurs à d'autres pour l'esprit, la mémoire, etc. ; mais pour l'aptitude à prendre parti en portant un jugement, chacun pense en être assez excellemment pourvu pour être sur ce point l'égal de tous les autres. Car chacun se plaît au parti qu'il prend, et *autant de têtes, autant d'avis.* Or c'est là justement ce que l'auteur entend ici par bon sens.

• « La logique » [à propos du jugement critique sur la logique et « l'art de Lulle » dans la *Seconde partie* du *Discours*, p. 87].

[Descartes] : Il s'agit là plutôt d'une dialectique, puisqu'elle nous enseigne à parler de toutes choses, que de la logique, qui permet d'atteindre dans toutes les questions à une vérité démontrée. Ainsi elle corrompt le bon sens plus qu'elle ne l'augmente, car, en nous faisant faire digression par ces lieux communs et chefs généraux qui sont extérieurs à la chose en question, elle nous détourne de la chose même en sa nature [...].

• « s'entresuivent en même façon » [à propos des connaissances humaines formées en « longues chaînes de raisons » dont parle la *Seconde partie* du *Discours*, p. 90].

[Burman] : Mais est-ce qu'en théologie également tout s'entresuit et s'enchaîne de la sorte ?

[Descartes] : Oui, sans aucun doute ; mais nous ne pouvons pas atteindre et entendre de la même manière l'enchaînement de ces vérités-là, parce qu'elles dépendent de la révélation. A coup sûr, il ne faut pas soumettre la théologie à nos raisonnements, qui ont leur emploi en mathématique et pour les autres vérités, vu que la théologie ne tombe pas sous notre prise ; plus nous lui gardons sa simplicité, plus sa possession a de valeur. Et si l'auteur savait que l'on dût abuser de sa philosophie pour en déduire des conséquences en théologie, il regretterait sa peine. Certes, nous pouvons et nous devons démontrer que les vérités de la théologie ne sont pas en contradiction avec celles de la philosophie, mais nous ne devons en aucune manière les soumettre à examen. C'est par là que les moines ont ouvert le champ à toutes les sectes et hérésies, par leur théologie, je veux dire leur théologie scolastique, qu'il faudrait commencer par éliminer. Quel besoin d'un si pesant fardeau, puisque nous voyons les simples et rustres aussi capables de gagner le ciel que nous ? Ce qui devrait en tout cas nous avertir que mieux vaut de beaucoup avoir une théologie aussi simple qu'eux, que de l'écraser sous la masse des controverses et par là de la gâter en ouvrant le champ aux dissensions, aux querelles, aux guerres, etc., vu principalement que les théologiens y ont contracté l'habitude d'inventer contre les théologiens du parti adverse toute espèce de calomnie, jusqu'à s'être rendu tout à fait familier l'art de calomnier, et à ne plus guère pouvoir faire autrement que de calomnier, même sans s'en rendre compte.

• « Elles accoutumeraient mon esprit à se repaître de vérités » [à propos de l'utilité des mathématiques évoquée dans la *Seconde partie* du *Discours*, p. 91].

[Descartes] : On ne saurait tirer cet avantage de la mathématique courante, car elle se réduit presque à une histoire ou explication de termes, etc., toutes choses qui peuvent facilement s'apprendre du dehors grâce à la mémoire, qu'elles contribuent en retour à cultiver. Pour l'esprit, c'est une autre affaire : seule la Science mathématique peut le cultiver, et on ne saurait la tirer des livres, mais seulement de la pratique même et de l'exercice. L'auteur n'avait pas de livres avec lui, il lui fallait donc apprendre cette science de lui-même, ce qui lui a fort bien réussi. Mais tous les hommes n'y sont pas aptes, il y faut un don naturel, l'esprit mathématique, et qu'on le polisse par la pratique. Cette science doit se tirer de l'algèbre. Mais il n'est pas facile de s'en sortir sans maître, à moins de bien vouloir suivre pas à pas les traces de l'auteur que sa Géométrie nous exhibe, jusqu'à devenir par là capable de résoudre et d'inventer à volonté, comme l'a fait à Paris certain Français [1]. Ainsi, quelque application à la mathématique est requise pour découvrir du nouveau, tant en mathématique qu'en philosophie. Mais pour entendre ce que l'auteur a écrit on n'a pas besoin de mathématique, sauf peut-être pour un petit nombre de passages en la *Dioptrique*, qui sont mathématiques. Quant aux questions les plus simples, en lesquelles l'auteur veut que nous nous exercions, ce sont par exemple la nature et les propriétés du triangle, etc., qu'il faut soigneusement considérer.

La mathématique en effet « accoutume à se repaître de vérités » parce qu'on y rencontre une rectitude de raisonnements qu'on ne trouverait nulle part ailleurs. Accoutumez donc une bonne fois votre esprit aux raisonnements mathématiques, et il sera de surcroît apte à poursuivre à la trace les autres vérités, car l'acte de raisonner est partout un et identique à lui-même. S'il arrive que certains aient en mathématique l'esprit ingénieux, qui réussissent moins bien en physique et dans les questions de ce genre, ce n'est point par une imperfection du raisonnement, mais pour avoir, dans le traitement des questions mathématiques, imaginé au lieu de raisonner et tout conduit par le moyen de l'imagination : elle n'est pas à sa place en physique, d'où leur insuccès.

D'autre part, la mathématique accoutume aussi l'esprit à discerner entre les manières de raisonner lesquelles sont vraies et démonstratives, et lesquelles probables et fausses. Car quiconque en mathématique se fonde sur la simple probabilité s'abusera et sera conduit à des absurdités, et ainsi il verra qu'une démonstration ne saurait procéder du probable, qui en l'occurrence équivaut au faux, mais seulement du certain. Les philosophes qui n'auraient pas fait cette expérience sont à jamais incapables de discerner, en matière de philosophie et de physique, les démonstrations des

---

1. Blaise Pascal.

arguments probables, c'est pourquoi ils se battent presque toujours à coup de probabilités, persuadés qu'ils demeurent que des démonstrations ne sauraient être à leur place dans les sciences du réel. De là vient que les Sceptiques, et d'autres, ont cru l'existence de Dieu impossible à démontrer, et que beaucoup la tiennent encore pour indémontrable, alors qu'elle est au contraire parfaitement démontrable et peut (comme aussi toutes les vérités métaphysiques) être démontrée d'une façon plus ferme que les démonstrations de mathématique. Si en effet on se mettait chez les mathématiciens à douter de tout ce dont l'auteur a douté en métaphysique, il deviendrait à coup sûr impossible de démontrer aucune vérité de mathématique, au lieu que l'auteur, nonobstant ce doute, a donné alors la démonstration des vérités de la métaphysique. Celles-ci sont donc plus certaines que celles-là. Et l'auteur s'est partout efforcé de fournir dans sa philosophie des démonstrations mathématiques (selon l'expression courante), encore qu'elles ne puissent pas être ainsi comprises par qui n'est pas accoutumé à la mathématique.

• « Une morale par provision qui ne consistait qu'en trois ou quatre maximes dont je veux bien vous faire part » [à propos des maximes de la morale par provision, *Discours, Troisième partie*, p. 96].

[Descartes] : L'auteur n'écrit pas volontiers touchant la morale, mais les régents et autres pédants l'ont contraint d'ajouter à son écrit ces règles parce que, autrement, ils prétendraient qu'il n'a ni religion ni foi et que, par le biais de la méthode, il veut les renverser.

• « Mais si nous ne savions point que tout ce qui est en nous de réel et de vrai vient d'un être parfait et infini » [à propos de la vérité des idées, *Discours, Quatrième partie*, p. 120].

[Descartes] : Si en effet nous ignorions que toute vérité vient de Dieu, pour claires que fussent nos idées, nous ne saurions pas qu'elles sont vraies et qu'elles ne nous trompent pas, cela bien sûr lorsque nous ne nous tournerions pas vers elles et quand nous nous souviendrions seulement de les avoir clairement et distinctement perçues. Autrement en effet, même si nous ignorons que Dieu existe mais quand nous nous tournons vers elles, nous ne pouvons pas en douter ; sans quoi nous serions dans l'incapacité de démontrer l'existence de Dieu.

• « on se pourrait exempter d'une infinité de maladies, tant du corps que de l'esprit, et même aussi peut-être de l'affaiblissement de la vieillesse » [à propos des progrès que Descartes compte réaliser en médecine, *Discours, Sixième partie*, p. 154].

[Descartes] : Si et comment l'homme d'avant la chute a été immortel, ce n'est pas au philosophe de s'en enquérir, il faut laisser la question aux théologiens. Comment des hommes d'avant le déluge ont pu atteindre un âge aussi avancé dépasse aussi le philosophe : c'est peut-être un miracle que Dieu a fait, en dehors de l'ordre naturel des causes physiques ; il se peut aussi que l'état de la nature ait été alors différent, avant le déluge qui l'aura détérioré. Le philosophe envisage seulement la nature, comme aussi l'homme, tels qu'ils sont à présent, et il ne remonte pas plus haut pour en dépister les causes, car elles le dépassent.

Que la vie humaine puisse être prolongée si nous en connaissions le mécanisme, il n'en faut pas douter ; puisque nous pouvons accroître et prolonger la vie des plantes, etc., grâce à notre connaissance de leur mécanisme, pourquoi donc ne le pourrions-nous pas aussi pour l'homme ? Mais la meilleure voie pour prolonger notre vie, et la règle du régime à suivre, c'est encore de vivre, de manger, et de remplir les fonctions de ce genre, à la manière des animaux, en suivant en tout notre agrément et notre goût, et sans jamais dépasser cette mesure.

[Burman] : La règle sans doute serait bonne pour des corps bien disposés et en bonne santé, dont l'appétit est réglé et accordé à l'utilité du corps, mais non pas quand on est malade. L'appétit alors n'a aucune vérité : en effet, même malades, notre nature n'en reste pas moins la même, qui même semble enfoncer l'homme dans la maladie à proportion de la vigueur avec laquelle elle peut se déployer.

[Descartes] : Qu'on méprise les obstacles qui se dressent contre elle, à condition de lui obéir. Et peut-être bien que, si les médecins permettaient aux malades de manger et de boire ce dont, souvent, ils ont l'envie, ils guériraient souvent bien mieux que par le biais de ces médicaments qui soulèvent leur dégoût, comme l'expérience d'ailleurs en apporte la preuve, puisqu'en de tels cas la nature travaille elle-même à sa propre guérison, ce qu'elle sait bien mieux, elle qui a d'elle-même la meilleure conscience possible, qu'un médecin extérieur.

[Burman] : Mais il y a une telle infinité d'aliments, etc. : quel choix faire, selon quel ordre les prendre, etc. ?

[Descartes] : C'est l'expérience qui nous l'enseigne elle-même, nous savons en effet toujours si tel aliment nous a été profitable, ou non, et nous pouvons toujours en tirer une leçon pour l'avenir, s'il faut, ou non, prendre de nouveau le même, de la même façon et dans le même ordre : si bien que, selon le mot de l'empereur Tibère (de Caton, je crois), personne après trente ans ne doit avoir recours à un médecin, parce qu'à cet âge il est possible de savoir suffisamment par soi-même, grâce à l'expérience, ce qui vous est utile, et nuisible, et ainsi d'être son propre médecin.

(Texte extrait de : R. Descartes, *L'Entretien avec Burman,* © PUF, 1981.)

On trouvera ci-dessous quelques textes pour amorcer et prolonger la réflexion sur le thème de la « méthode ».

En ce qui concerne Descartes, rappelons qu'une lecture intégrale des *Règles pour la direction de l'esprit* est indispensable à toute recherche un peu poussée sur ce thème.

Parmi les textes proposés ci-dessous, celui de Kant et celui de Marx sont particulièrement difficiles : l'aide d'une personne connaissant déjà ces auteurs en facilitera grandement la lecture.

2.1. Réponse à l'objection sceptique sur « la méthode pour trouver la méthode ». Spinoza, *Traité de la réforme de l'entendement*, § 26 (env. 1660)

(Le texte original est en latin ; la traduction est celle de Charles Appuhn, nombreuses éditions disponibles.)

« ...il nous faut indiquer la voie et la méthode par où nous arriverons à connaître ainsi véritablement les choses que nous avons à connaître. Pour cela, il faut observer d'abord qu'il n'y aura pas ici d'enquête se poursuivant à l'infini : pour trouver la meilleure méthode de recherche de la vérité, nous n'aurons pas besoin d'une méthode par laquelle nous recherche-rions cette méthode de recherche, et pour rechercher cette seconde méthode, nous n'aurons pas besoin d'une troisième, et ainsi de suite à l'infini : car de cette façon nous ne parviendrions jamais à la connaissance de la vérité, ni même à aucune connais-sance. Il en est de cela tout de même que des instru-ments matériels, lesquels donneraient lieu à pareil raisonnement. Pour forger le fer en effet, on a besoin d'un marteau et pour avoir un marteau il faut le faire ; pour cela un autre marteau, d'autres instru-ments sont nécessaires et, pour avoir ces instruments, d'autres encore, et ainsi de suite à l'infini ; par où l'on pourrait s'efforcer vainement de prouver que les hommes n'ont aucun pouvoir de forger le fer. En réalité les hommes ont pu, avec les instruments natu-rels, venir à bout, bien qu'avec peine et imparfaite-ment, de certaines besognes très faciles. Les ayant achevées, ils en ont exécuté de plus difficiles avec une peine moindre et plus parfaitement et, allant ainsi par degrés des travaux les plus simples aux instruments, de ces instruments à d'autres travaux et d'autres instruments, par un progrès constant, ils sont parvenus enfin à exécuter tant d'ouvrages et de si difficiles avec très peu de peine. De même l'entende-ment, avec sa puissance native, se façonne des instru-ments intellectuels par lesquels il accroît ses forces pour accomplir d'autres œuvres intellectuelles ; de ces dernières il tire d'autres instruments, c'est-à-dire le pouvoir de pousser plus loin sa recherche, et il continue ainsi à progresser jusqu'à ce qu'il soit par-venu au faîte de la sagesse. »

2.2. Logique et méthode. Antoine Arnauld et Pierre Nicole, *La Logique ou l'art de penser* (1662)

« La Logique est l'art de bien conduire sa raison dans la connaissance des choses, tant pour s'en instruire soi-même que pour en instruire les autres.

Cet art consiste dans les réflexions que les hommes ont faites sur les quatre principales opérations de leur esprit, *concevoir, juger, raisonner*, et *ordonner*.

On appelle *concevoir* la simple vue que nous avons des choses qui se présentent à notre esprit, comme lorsque nous nous représentons un soleil, une terre, un arbre, un rond, un carré, la pensée, l'être, sans en former aucun jugement exprès. Et la forme par laquelle nous nous représentons ces choses s'appelle *idée*.

On appelle *juger* l'action de notre esprit par laquelle joignant ensemble diverses idées, il affirme de l'une qu'elle est l'autre, ou nie de l'une qu'elle soit l'autre, comme lorsqu'ayant l'idée de la terre, et l'idée de rond, j'affirme de la terre qu'elle est ronde, ou je nie qu'elle soit ronde.

On appelle *raisonner* l'action de notre esprit par laquelle il forme un jugement de plusieurs autres ; comme lorsqu'ayant jugé que la véritable vertu doit être rapportée à Dieu, et que la vertu des païens ne lui était pas rapportée, il en conclut que la vertu des païens n'était pas une véritable vertu.

On appelle ici *ordonner* l'action de l'esprit, par laquelle ayant sur un même sujet, comme sur le corps humain, diverses idées, divers jugements et divers raisonnements, il les dispose en la manière la plus propre pour faire connaître ce sujet. C'est ce qu'on appelle encore *méthode*.

Tout cela se fait naturellement, et quelquefois mieux par ceux qui n'ont appris aucune règle de logique que par ceux qui les ont apprises.

Ainsi cet art ne consiste pas à trouver le moyen de faire ces opérations, puisque la nature seule nous le fournit en nous donnant la raison, mais à faire des réflexions sur ce que la nature nous fait faire, qui nous servent à trois choses.

La première est d'être assurés que nous usons bien de notre raison, parce que la considération de la règle nous y fait faire une nouvelle attention.

La seconde est de découvrir et d'expliquer plus facilement l'erreur ou le défaut qui se peut rencontrer dans les opérations de notre esprit. Car il arrive souvent que l'on découvre par la seule lumière naturelle qu'un raisonnement est faux, et qu'on ne découvre pas néanmoins la raison pourquoi il est faux, comme ceux qui ne savent pas la peinture peuvent être choqués du défaut d'un tableau sans pouvoir néanmoins expliquer quel est ce défaut qui les choque.

La troisième est de nous faire mieux connaître la nature de notre esprit par les réflexions que nous faisons sur ses actions. »

2.3. La prudence de la méthode expérimentale. Edmund Burke, *Recherche philosophique sur l'origine de nos idées du sublime et du beau, Préface* à la seconde édition (1759)

« Les caractères de la nature sont lisibles[1], il est vrai ; mais ils ne sont pas assez évidents pour qu'on puisse les lire en courant. Nous devons employer une méthode prudente, j'allais dire presque timorée. N'essayons pas de voler, quand nous pouvons à peine prétendre ramper. Soit un sujet complexe, quel qu'il soit, nous devons examiner un à un ses ingrédients et les réduire chacun à leurs éléments les plus simples,

---

1. Comme Descartes (voir *Discours, Sixième partie*, p. 166), Burke compare ici la connaissance de la nature à un déchiffrage de signes.

puisque notre condition naturelle nous assujettit à une loi stricte et nous fixe des limites fort étroites. Puis il nous faut examiner de nouveau les principes à la lumière de la composition, ainsi que la composition à la lumière des principes. Il nous faut, enfin, comparer notre sujet avec d'autres de nature voisine et même contraire ; car du contraste peuvent résulter et résultent souvent des découvertes qui échapperaient à un seul examen. Plus nombreuses seront les comparaisons, plus notre savoir aura de chances d'être général et certain, étant fondé sur une induction plus large et plus parfaite.

Si une recherche menée avec un tel soin échoue finalement à découvrir la vérité, elle répondra à une fin qui peut être utile, en nous découvrant la faiblesse de notre entendement. Si elle ne nous rend pas savants, elle nous rendra modestes. Si elle ne nous préserve pas de l'erreur, du moins nous préservera-t-elle de l'esprit d'erreur et nous gardera-t-elle de prononcer avec assurance et précipitation, puisque autant de travail peut aboutir à autant d'incertitude.

Je souhaiterais qu'en examinant ma théorie, on suivît la méthode que j'ai tâché d'observer en la formant. Les objections devraient porter sur les différents principes, considérés séparément, ou sur la justesse des conséquences qui en sont tirées. Mais il est commun de passer sous silence à la fois les prémisses et la conclusion, et de produire, en guise d'objection, quelque passage poétique qui ne semble pas aisément s'expliquer à partir des principes que j'ai tenté d'établir ; ce qui est un procédé tout à fait incorrect, il faut en convenir. La tâche serait infinie si nous ne pouvions établir des principes avant d'avoir démêlé le tissu complexe de chaque image ou description rencontrée chez les poètes et les orateurs. Et ne serions-nous jamais capables de concilier l'effet de ces images avec nos principes, cela ne saurait renverser notre théorie, puisqu'elle est fondée sur des faits certains et incontestables. Une théorie fondée sur l'expérience et qui n'est pas purement hypothétique est toujours bonne pour ce qu'elle explique. Notre impuissance à l'étendre indéfiniment ne saurait nullement constituer un argument contre elle. »

(Texte extrait de : Edmund Burke, *Recherche philosophique sur l'origine de nos idées du sublime et du beau*, traduit de l'anglais par Baldine Saint-Girons. © Éditions Vrin, Paris, 1998.)

2.4. Une ou plusieurs méthodes ? Emmanuel Kant, *Dissertation de 1770*

« Dans toutes les sciences dont les principes sont donnés intuitivement, et cela soit par l'intuition des sens (l'expérience) soit par l'intuition sensitive mais pure (les concepts d'espace, de temps et de nombre), autrement dit dans les sciences de la nature et dans les mathématiques, *c'est l'usage qui donne la méthode* ; en essayant, en inventant, et après que la science a été portée à un certain degré d'étendue et d'harmonie, on voit apparaître clairement la voie et la règle que l'on doit suivre pour qu'elle s'achève et que, débarrassée des tâches tant de l'erreur que des pensées confuses, elle brille avec plus de pureté ; tout comme la grammaire, après un usage plus abondant du discours, le style, après les exemples élégants fournis par la poésie et l'éloquence, ont donné prise aux règles et à l'enseignement. Mais, en de telles sciences, dont les concepts primitifs aussi bien que les axiomes sont donnés par l'intuition sensitive, *l'usage de l'entendement* est seulement *logique*, c'est-à-dire tel que, par lui, nous nous contentons de subordonner, selon leur universalité et conformément au principe de contradiction, les connaissances les unes aux autres, les phénomènes à des phénomènes plus généraux [...] Au contraire, dans la philosophie pure, telle qu'est la métaphysique, où *l'usage de l'entendement* à l'égard des principes est *réel*, autrement dit où les concepts primitifs des choses et des relations, et les axiomes eux-mêmes, sont donnés primitivement par l'entendement pur lui-même, et, n'étant pas des intuitions, ne sont pas à l'abri de l'erreur, *la méthode précède toute science* : tout ce que l'on tente avant d'avoir convenablement examiné et fermement établi ses préceptes semble être conçu imprudemment, et devoir être rejeté parmi les vains jeux de l'esprit. Car, le droit usage de la raison constituant ici les principes mêmes, et les objets, aussi bien que les axiomes que l'on doit penser en ce qui les concerne, étant d'abord connus par la seule nature de cette raison, l'exposition des lois de la raison pure est la genèse même de la science [...] Mais la méthode de cette science n'est pas, de nos jours, pratiquée : sans doute applique-t-on, en général, à toutes les sciences la méthode que prescrit la logique, mais on ignore tout à fait la méthode qui serait accommodée à l'esprit particulier de la métaphysique ; il n'est donc pas étonnant que ceux qui se consacrent studieusement à cette recherche paraissent rouler éternellement leur rocher de Sisyphe, et n'avoir fait jusqu'ici presque aucun progrès. »

(Texte extrait de : Emmanuel Kant, *La Dissertation de 1770*, traduit par Ferdinand Alquié, in *Œuvres philosophiques*, tome 1, « Bibliothèque de la Pléiade ». © Éditions Gallimard.)

2.5. Méthode et progrès. Condorcet, *Cinq mémoires sur l'instruction publique, Premier mémoire* (1791)

« On ne doit point regarder comme un obstacle à ce perfectionnement indéfini [de l'humanité] la masse immense des vérités accumulées par une longue suite de siècles. Les méthodes de les réduire à des vérités générales, de les ordonner suivant un système simple, d'en abréger l'expression par les formules plus précises, sont aussi susceptibles des mêmes progrès ; et plus l'esprit humain aura découvert de vérités, plus il deviendra capable de les retenir et de les combiner en plus grand nombre.

Si ce perfectionnement indéfini de notre espèce est, comme je le crois, une loi générale de la nature, l'homme ne doit plus se regarder comme un être borné à une existence passagère et isolée, destiné à s'évanouir après une alternative de bonheur et de malheur pour lui-même, de bien et de mal pour ceux que le hasard a placés près de lui ; il devient une partie active du grand tout et le coopérateur d'un ouvrage éternel. Dans une existence d'un moment sur un point de l'espace, il peut, par ses travaux, embrasser tous les lieux, se lier à tous les siècles, et agir encore longtemps après que sa mémoire a disparu de la terre. »

2.6. Le concret et l'abstrait : la méthode en économie politique. K. Marx, *Introduction générale à la Critique de l'économie politique* (1857)

« Quand nous considérons un pays donné sous l'angle de l'économie politique, nous commençons par sa population : sa répartition dans les classes, dans les villes, la campagne, les mers, les différentes branches de production, l'exportation et l'importation, la production et la consommation annuelles, les prix des marchandises, etc.

Il est apparemment de bonne méthode de commencer par le réel et le concret, la supposition véritable ; donc, dans l'économie, par la population qui est la base et le sujet de l'acte social de la production dans son ensemble. Toutefois, à y regarder de près, cette méthode est fausse. La population est une abstraction si je laisse de côté, par exemple, les classes dont elle se compose. Ces classes sont à leur tour un mot vide de sens si j'ignore les éléments sur lesquels elles reposent, par exemple le travail salarié, le capital, etc. Ceux-ci supposent l'échange, la division du travail, le prix, etc. Le capital, par exemple, n'est rien sans le travail salarié, sans la valeur, la monnaie, le prix, etc. Si donc je commençais par la population, je me ferais une représentation chaotique de l'ensemble ; puis, par une détermination plus précise, en procédant par analyse, j'aboutirais à des concepts de plus en plus simples, du concret perçu aux abstractions de plus en plus ténues. Ce point atteint, il faudrait faire le voyage à rebours, et j'aboutirais de nouveau à la population. Cette fois, je n'aurais pas sous les yeux un amas chaotique, mais un tout riche en déterminations, et en rapports complexes. Historiquement, c'est le premier chemin suivi par l'économie naissante. Les économistes du XVIIe siècle, par exemple, commencent toujours par l'ensemble vivant, la population, la nation, l'État, plusieurs États, etc. ; mais ils finissent toujours par découvrir, au moyen de l'analyse, un certain nombre de rapports généraux abstraits, qui sont déterminants, tels que la division du travail, l'argent, la valeur, etc. Dès que ces éléments particuliers ont été plus ou moins fixés et abstraits, on a vu surgir les systèmes économiques qui s'élevaient du simple, tel que travail, division du travail, besoin, valeur d'échange, jusqu'à l'État, l'échange entre les nations et le marché mondial. Cette dernière méthode est manifestement la méthode scientifiquement exacte. Le concret est concret, parce qu'il est la synthèse de nombreuses déterminations, donc unité de la diversité. C'est pourquoi le concret apparaît dans la pensée comme le processus de la synthèse, comme résultat, et non comme point de départ, encore qu'il soit le véritable point de départ, et par suite aussi le point de départ de l'intuition et de la représentation. Dans la première méthode, la représentation pleine est volatilisée en une détermination abstraite ; dans la seconde, les déterminations abstraites aboutissent à la reproduction du concret par la voie de la pensée [...] La méthode [qui consiste à] s'élever de l'abstrait au concret n'est pour la pensée que la manière de s'approprier le concret, de le reproduire en tant que concret pensé. Mais ce n'est nullement là le processus de la genèse du concret lui-même. Par exemple, la catégorie économique la plus simple, disons la valeur d'échange, suppose une population qui produit dans des conditions déterminées, et, en outre, un certain genre de famille ou de commune, ou d'État, etc. Elle ne peut jamais exister autrement qu'en tant que relation unilatérale, abstraite d'un ensemble concret, vivant, déjà donné. »

(Texte extrait de : Karl Marx, *Introduction générale à la Critique de l'économie politique*, traduit de l'allemand par Maximilien Rubel et Louis Evrard, « Bibliothèque de la Pléiade ». © Éditions Gallimard.)

2.7. La méthode : polémique, nécessaire, multiple. Nietzsche, *Humain trop humain*, I, § 634, 635 (1878) ; *Aurore*, § 432 (1881)

Humain trop humain, § 634 « La recherche méthodique de la vérité est [...] le résultat de ces temps où les convictions étaient en guerre les unes contre les autres. Si chacun n'avait pas tenu à *sa* "vérité", c'est-à-dire à avoir toujours raison, il n'existerait point de méthode de recherche ; mais ainsi, dans la lutte éternelle des prétentions de divers individus à la vérité absolue, on avançait pas à pas à la découverte de principes irréfutables, d'après lesquels on pût examiner le bien-fondé de ces prétentions et apaiser le conflit.

D'abord on se décidait suivant des autorités, ensuite on se faisait mutuellement la critique des voies et moyens par où la prétendue vérité avait été trouvée ; entre-temps, il y eut une période où l'on tirait les conséquences du principe adverse et l'on pouvait peut-être les trouver pernicieuses et propres à rendre malheureux : d'où il résultait alors au jugement de chacun que la conviction de l'adversaire contenait une erreur. *La lutte personnelle* des penseurs a finalement si bien aiguisé les méthodes que l'on put réellement découvrir des vérités et que les fausses démarches des méthodes précédentes furent mises à nu aux yeux de tous.

§ 635 Dans l'ensemble, les méthodes scientifiques sont une conquête de la recherche pour le moins aussi considérable que n'importe quel autre résultat : c'est en effet sur l'intelligence de la méthode que repose l'esprit scientifique, et tous les résultats des sciences ne pourraient, si ces méthodes venaient à se perdre, empêcher un nouveau triomphe de la superstition et de l'absurdité. Les gens d'esprit ont beau *apprendre* autant qu'ils veulent des résultats de la science ; on s'aperçoit toujours à leur conversation, et particulièrement aux hypothèses qu'ils y proposent, que l'esprit scientifique leur fait défaut ; ils n'ont pas cette défiance instinctive contre les écarts de la pensée, qui, à la suite d'un long exercice, a pris racine dans l'âme de tout homme de science. Il leur suffit de trouver sur un sujet une hypothèse quelconque, ils sont alors tout feu tout flamme pour elle et croient qu'ainsi tout est dit. Avoir une opinion signifie par là même chez eux : en devenir aussitôt fanatique et finalement la prendre à cœur comme une conviction. Ils s'échauffent, à propos d'une chose inexpliquée, pour la première fantaisie qui leur passe en tête et qui ressemble à une explication : d'où résultent continuellement, notamment dans le domaine de la politique, les plus fâcheuses conséquences. C'est pourquoi chacun devrait de nos jours avoir appris à connaître au moins une science à fond : on saurait toujours alors ce que c'est qu'*une* méthode et combien est nécessaire la plus extrême prudence. »

Aurore, § 432 « Aucune méthode scientifique n'est la seule à pouvoir donner accès à la connaissance ! Il faut que nous procédions vis-à-vis des choses comme à l'essai, que nous soyons tantôt bons, tantôt méchants à leur égard, agissant tour à tour avec justice, passion et froideur. Un tel s'entretient avec les choses en policier, tel autre en confesseur, un troisième en voyageur et en curieux. On parviendra à leur arracher une parcelle d'elles-mêmes soit avec la sympathie, soit avec la violence ; l'un est poussé en avant, poussé à voir clair, par la vénération que lui inspirent leurs secrets, l'autre au contraire par l'indiscrétion et la filouterie dans l'interprétation des mystères. Nous autres chercheurs, comme tous les conquérants, tous les explorateurs, tous les navigateurs, tous les aventuriers, nous sommes d'une moralité audacieuse.... »

(Texte extrait de : F. Nietzsche, *Humain trop humain*, traduit de l'allemand par J. Lacoste et J. Le Rider, in *Œuvres*, coll. « Bouquins ». © Éditions Robert Laffont.)

2.8. Un penseur qui n'aime pas « la méthode ». Paul Feyerabend. *Contre la méthode. Esquisse d'une théorie anarchiste de la connaissance*, ch. 18

« L'idée que la science peut, et doit, être organisée selon des règles fixes et universelles est à la fois utopique et pernicieuse. Elle est utopique, car elle implique une conception trop simple des aptitudes de l'homme et des circonstances qui encouragent, ou causent, leur développement. Et elle est pernicieuse en ce que la tentative d'imposer de telles règles ne peut man-

quer de n'augmenter nos qualifications profession-
nelles qu'aux dépens de notre humanité. En outre, une
telle idée est préjudiciable à la science, car elle néglige
les conditions physiques et historiques complexes qui
influencent en réalité le changement scientifique. Elle
rend notre science moins facilement adaptable et plus
dogmatique : chaque règle méthodologique étant associée à des hypothèses cosmologiques, l'usage de l'une
nous fait considérer la justesse des autres comme allant
de soi. Le falsificationisme[1] naïf tient ainsi pour acquis
que les lois de la nature sont manifestes, et non pas
cachées sous des perturbations d'une ampleur considérable ; l'empirisme, que l'expérience des sens est un
miroir du monde plus fidèle que la pensée pure ; le
rationalisme enfin, que les artifices de la raison donnent de meilleurs résultats que le libre jeu des émotions. Si de telles hypothèses peuvent être parfaitement
plausibles, et même vraies, encore est-il nécessaire de
les vérifier de temps en temps — les vérifier, c'est-à-
dire cesser de nous servir de la méthodologie qui leur
est associée, commencer à pratiquer la science d'une
manière différente, et attendre pour voir ce qui arrive
[...] Toutes les méthodologies ont leurs limites, et la
seule "règle" qui survit, c'est : *Tout est bon* [...]

Il n'y a pas de méthode particulière qui puisse garantir le succès d'une recherche ou le rendre probable. Les
scientifiques résolvent des problèmes non pas parce
qu'ils possèdent une baguette magique — la méthodologie, ou une théorie de la rationalité — mais parce
qu'ils ont longtemps étudié un problème, parce qu'ils
en connaissent assez bien les données, parce qu'ils ne
sont pas tout à fait idiots [...] et parce que les excès

---

1. Doctrine qui considère la confrontation avec les faits comme le critère
de validité scientifique d'une théorie.

d'une école scientifique sont presque toujours équilibrés par les excès d'une autre. »

(Texte extrait de : Paul Feyerabend, *Contre la méthode. Esquisse d'une théorie anarchiste de la connaissance*, traduit de l'anglais par B. Jurdant et A. Schlumberger. © Éditions du Seuil, Paris, 1979.)

ÉLÉMENTS DE BIBLIOGRAPHIE

Cette bibliographie sommaire se limite à des ouvrages en français et en anglais, aisément accessibles en librairie ou en bibliothèque.

La bibliographie cartésienne est colossale. Pour des recherches plus poussées en général, et plus particulièrement pour s'orienter dans les très nombreuses publications auxquelles ont donné lieu les années anniversaires de la parution du *Discours*, on pourra utiliser :

— SEBBA G. : *Bibliographia Cartesiana. A Critical Guide to the Descartes Literature, 1800-1960*, La Haye, Nijhoff, 1964.

— CURLEY E. M. *et alii* : *Bibliography of Descartes Literature 1960-1970*, p. 223-243 dans H. Caton, *The Origin of Subjectivity. An Essay on Descartes*, New Haven-Londres, Yale University Press, 1973.

— ARMOGATHE J.-R. et CARRAUD V. : *Bibliographia cartesiana II* (1960-1996), Paris-Lecce, Vrin-Conte, à paraître en 2001.

— depuis 1970, le *Bulletin cartésien* qui paraît chaque année dans la revue *Archives de philosophie*.

Les dates de première édition sont entre crochets.

I. ŒUVRES DE DESCARTES

— *Œuvres de Descartes* par Ch. ADAM et P. TANNERY, 11 vol., nouvelle présentation par B. ROCHOT et P. COSTABEL,

Paris, Vrin-CNRS, 1964-1974 (édition reprise en 11 vol. au format de poche, Paris, Vrin, 1996).

— *Œuvres philosophiques de Descartes*, par F. ALQUIÉ, 3 vol., Paris, Garnier, 1963-1973.

— *Descartes, Œuvres et Lettres*, par A. BRIDOUX, Paris, Gallimard, « Bibliothèque de la Pléiade », 1937 (une nouvelle édition de Descartes est annoncée dans cette même collection).

Par ailleurs, les grands textes de Descartes sont pour la plupart édités dans les collections de poche.

II. ÉDITIONS SÉPARÉES DU *DISCOURS*

Parmi les éditions du *Discours* et/ou des *Essais*, on pourra consulter, pour leurs introductions, notes et commentaires :

— celle d'E. GILSON, Paris, Vrin, 1925 (commentaire savant du *Discours*).

— celle de F. de BUZON, Paris, Gallimard, collection « folio-essais », 1991.

— celle d'E. LOJACONO dans *Descartes, Opere scientifiche*, t. II, U.T.E.T, Turin, 1983 (riche annotation des *Essais*).

— celle de G. GADOFFRE, Manchester, Manchester UP, 1961.

Parmi les différentes éditions du *Discours* et des *Essais* actuellement disponibles, la plus proche du texte de l'édition originale de 1637 est celle de J.-R. ARMOGATHE et V. CARRAUD dans la collection « Corpus des Œuvres de philosophie en langue française », Paris, Fayard, 1986. Un fac-similé de l'édition de 1637 est également paru en 1987 à Lecce (Italie), éditions Conte.

III. BIOGRAPHIES DE DESCARTES

— BAILLET A. : *La Vie de Monsieur Descartes*, 2 vol., Paris, Horthemels, 1691 (réimpression New York, Olms, 1972).

— GAUKROGER S. : *Descartes. An Intellectual Biography*, Oxford, Clarendon Press, 1995.

— RODIS-LEWIS, G. : *Descartes*, Paris, Calmann-Lévy, 1995.

— SACY, S.-S. de : *Descartes*, Paris, Seuil, [1956], 1996.

IV. OUVRAGES D'INITIATION À LA PENSÉE DE DESCARTES

— BEYSSADE M. : *Descartes*, PUF, 1972 (avec choix de textes).

— COTTINGHAM J. : *A Descartes Dictionary*, Oxford, Blackwell, 1993.

— GUENANCIA P. : *Lire Descartes*, Paris, Gallimard, 2000.

— MESNARD P. : *Descartes ou le combat pour la vérité*, Paris, Seghers, [1966], 1974 (avec choix de textes).

— RODIS-LEWIS G. : *Descartes et le rationalisme*, Paris, PUF, collection « Que sais-je ? », [1966], 1992.

— RODIS-LEWIS G. : *Descartes, textes et débats*, Paris, Le Livre de Poche, 1984 (avec choix de textes et de commentaires).

V. OUVRAGES SUR L'ENSEMBLE DE LA PENSÉE DE DESCARTES

— (Collectif) COTTINGHAM J. éd. : *The Cambridge Companion to Descartes*, Cambridge, Cambridge University Press, 1992.

— LAPORTE J. : *Le Rationalisme de Descartes*, Paris, PUF, [1945], 1988.

— RODIS-LEWIS G. : *L'Œuvre de Descartes*, 2 vol., Paris, Vrin, 1971.

VI. OUVRAGES PORTANT SPÉCIALEMENT
SUR LE *DISCOURS DE LA MÉTHODE*

— CAHNÉ P.-A. : *Index du* Discours de la méthode *de René Descartes*, Rome, Edizioni dell'Ateneo, 1977.

— (Collectif) Bayer R. éd. : *Travaux du neuvième Congrès international de philosophie. Congrès Descartes*, Paris, Hermann, 1937 (les fascicules 1 à 3, regroupés dans le t. I, *Études cartésiennes*, présentent plus de soixante articles, dont une dizaine sur le *Discours* ou sur la méthode de Descartes ; les fascicules 4 et 5, regroupés dans le t. II, portent sur le thème de la méthode en général).

— (Collectif) Belgioioso G. éd. : *Descartes : il Metodo e i Saggi*, 2 vol., Florence, Istituto della Enciclopedia Italiana, 1990 (nombreux articles en français).

— (Collectif) Grimaldi N. et Marion J.-L. éd. : *Le* Discours *et sa méthode*, Paris, PUF, 1987.

— (Collectif) Méchoulan H. éd. : *Problématique et réception du* Discours de la méthode *et des* Essais, Paris, Vrin, 1988.

— Curtis D. : *Discours de la méthode*, Londres, Grant et Cutler, 1984.

— Gouhier H. : *Essais sur Descartes*, Paris, Vrin, 1937 (réédité en 1973 sous le titre : *Descartes, Essais sur le* Discours de la méthode, *la métaphysique, la morale*).

— Poussard A. : *Premières Leçons sur le* Discours de la méthode *de Descartes*, Paris, PUF, Collection « Bibliothèque major », 1999.

— Roth H. L. : *Descartes' Discourse on Method*, Oxford, Clarendon Press, 1937.

VII. SUR LA MÉTHODE DE DESCARTES
(*SECONDE PARTIE DU DISCOURS*)

— Beck L. J. : *The Method of Descartes, a Study of the Regulae*, Oxford, Clarendon Press, 1952.

— Beck L. J. : « L'Unité de la pensée et de la méthode », p. 393-411 dans *Descartes*, Cahiers de Royaumont, Paris, Minuit, 1957.

— (Collectif), Moyal G. éd. : *René Descartes. Critical Assessments*, vol. I, Londres et New York, Routledge, 1991.

— GROSHOLZ E. R. : *Cartesian Method and the Problem of Reduction*, Oxford, Clarendon Press, 1991.

— DIJKSTERHUIS E. J. : « La Méthode et les *Essais* de Descartes », p. 21-44 dans *Descartes et le cartésianisme hollandais*, éd. C. Serrurier, P. Dibon *et alii*, Paris, PUF, 1950.

— LABERTHONNIÈRE L. : *Études sur Descartes*, t. I, première partie, Paris, Vrin, 1935.

— MARION J.-L. : *Sur l'ontologie grise de Descartes* [1975], Paris, Vrin, 1992.

— RIVAUD A. : « Quelques réflexions sur la méthode cartésienne », p. 35-62 dans *Revue de métaphysique et de morale*, 1937 (numéro spécial sur Descartes à l'occasion du troisième centenaire de la parution du *Discours*).

— SCHOULS P. A. : *The Imposition of Method. A Study of Descartes and Locke*, Oxford, Clarendon Press, 1980.

— SCHRECKER P. : « La Méthode cartésienne et la logique », p. 336-367 dans *Revue philosophique*, 1937 (numéro spécial sur Descartes à l'occasion du troisième centenaire de la parution du *Discours*).

VIII. SUR LA MORALE DE DESCARTES
(*TROISIÈME PARTIE DU DISCOURS*)

— BEYSSADE J.-M. : « Sur les "trois ou quatre maximes" de la morale par provision », p. 135-153 dans le collectif *Descartes : il metodo e i saggi* (voir section VI).

— CARRAUD V. : « Morale par provision et probabilité », p. 259-279 dans *Descartes et le Moyen Age*, éd. J. Biard et R. Rashed, Paris, Vrin, 1997.

— GRIMALDI N. : *Descartes. La morale*, Paris, Vrin, 1992 (choix de textes commentés).

— GRIMALDI N. : *Six Études sur la volonté et la liberté chez Descartes*, Paris, Vrin, 1988 (plus particulièrement chapitres 3 et 6).

— KAMBOUCHNER D. : *L'Homme des passions*, 2 vol., Paris, Albin Michel, 1995.

— KAMBOUCHNER D. : « Descartes et la perfection de la morale », p. 97-118 dans *Chemins de Descartes*, éd. Ph. Soual et M. Vetö, Paris, L'Harmattan, 1997.

— MESNARD P. : *Essai sur la morale de Descartes*, Paris, Boivin, 1936.

— RODIS-LEWIS G. : *La Morale de Descartes*, Paris, PUF, [1957], 1970.

IX. SUR LA MÉTAPHYSIQUE DE DESCARTES
(*QUATRIÈME PARTIE DU DISCOURS*)

— ALQUIÉ F. : *La Découverte métaphysique de l'homme chez Descartes*, Paris, PUF, [1950], 1991.

— BEYSSADE J.-M. : *La Philosophie première de Descartes*, Paris, Flammarion, 1979.

— GOUHIER H. : *La Pensée métaphysique de Descartes*, Paris, Vrin, [1962], 1987.

— GUEROULT M. : *Descartes selon l'ordre des raisons*, 2 vol., Paris, Aubier, [1953], 1968.

— MARION J.-L. : *Sur la théologie blanche de Descartes*, Paris, PUF, [1981], 1991.

— MARION J.-L. : *Sur le prisme métaphysique de Descartes*, Paris, PUF, 1986.

X. SUR LA SCIENCE DE DESCARTES
(*CINQUIÈME* ET *SIXIÈME PARTIE DU DISCOURS* ET *ESSAIS*)

— BITBOL-HESPÉRIÈS A. : *Le Principe de vie chez Descartes*, Paris, Vrin, 1990.

— BITBOL-HESPÉRIÈS A. et VERDET J.-P. : Introduction et notes au texte du *Monde* et de *L'Homme* de Descartes, Paris, Seuil, collection « Sources du savoir », 1996.

— CARRAUD V. et DE BUZON F. : *Descartes et les Principia II. Corps et mouvement*, Paris, PUF, 1994.

— CLARKE D. : *Descartes' Philosophy of Science*, Manchester, Manchester University Press, 1982.

— COSTABEL P. : *Démarches originales de Descartes savant*, Paris, Vrin-reprise, 1982.

— GARBER D. : *Descartes' Metaphysical Physics*, Chicago et Londres, University of Chicago Press, 1992 (traduction française : *La Physique métaphysique de Descartes*, Paris, PUF, 1999).

— JULLIEN V. : *Descartes. La Géométrie de 1637*, Paris, PUF, 1996.

— KOBAYASHI M. : *La Philosophie naturelle de Descartes*, Paris, Vrin, 1993.

— MILHAUD G. : *Descartes savant*, Paris, Alcan, 1921.

— TOURNADRE G. : *L'Orientation de la science cartésienne*, Paris, Vrin, 1982.

REPÈRES BIOGRAPHIQUES

On trouvera des renseignements biographiques plus précis dans les ouvrages signalés à la section III de notre Bibliographie (p. 234-235).

1553 : mort de Rabelais ; 1562-1568 : en France, guerres de Religion entre catholiques et protestants ; 1564 : mort de Michel-Ange ; 1588 : naissance de Hobbes ; 1592 : mort de Montaigne ; 1593 : naissance du peintre Georges de La Tour ; 1594 : naissance du peintre Nicolas Poussin ; 1589 : Henri IV devient roi de France.

1596
Le 31 mars, naissance de René Descartes à La Haye (aujourd'hui Descartes dans le département d'Indre-et-Loire). Son père, Joachim Descartes, est conseiller au Parlement de Bretagne. Sa mère meurt en 1597. Descartes est élevé par sa grand-mère.

1598 : Édit de Nantes (les protestants sont tolérés en France ; fin des guerres de Religion) ; 1600 : Giordano Bruno est brûlé à Rome ; 1603 : *Hamlet* de Shakespeare ; 1605 : *Don Quichotte* de Cervantes ; 1606 : naissance de Corneille ; 1610 : Henri IV assassiné par Ravaillac. Louis XIII devient roi ; 1616 : première condamnation de Galilée ; 1619 : Vanini est brûlé à Toulouse.

1607-1615 (dates discutées)
Descartes suit le cours complet des études au Collège des Jésuites à La Flèche (près du Mans), fondé par Henri IV en 1604. Remarqué par ses maîtres et de

santé fragile, il y bénéficie d'un régime de faveur (emploi du temps aménagé, leçons particulières).

1616
Baccalauréat et licence en droit à l'université de Poitiers. Contre l'avis de son père, Descartes choisit la carrière militaire.

1618
Descartes part en Hollande (à l'époque les « Provinces-Unies »). Il rejoint l'armée de Maurice de Nassau. Il rencontre Isaac Beeckman, docteur en médecine qui travaille sur les rapports entre la physique et les mathématiques. Descartes lui offre son *Abrégé de musique*.

1619
Projet d'une « science tout à fait nouvelle » (*Lettre à Beeckman* du 26 mars 1619).
Descartes quitte la Hollande en avril 1619. Voyage au Danemark, puis en Allemagne. Il décide de rejoindre l'armée du duc de Bavière. Durant l'été, à Francfort, il assiste au couronnement de l'empereur Ferdinand II de Hasbourg.
Au début de l'hiver (novembre), séjour dans un « poêle » (une chambre bien chauffée) près de la ville d'Ulm. Le 10 novembre 1619, Descartes « commence à comprendre » le « fondement d'une science admirable », et fait dans la nuit qui suit trois songes relatés dans le texte appelé *Olympiques*.
Date probable de la conception de la « morale par provision » présentée dans la troisième partie du *Discours de la méthode*.

1621 : naissance de La Fontaine ; 1622 : naissance de Molière ; Richelieu devient cardinal ; 1623 : naissance de Pascal ; 1626 : naissance de Madame de Sévigné ; 1628 : Richelieu principal ministre de Louis XIII, W. Harvey élucide le mécanisme de la circulation sanguine.

1620-1625
Le détail de la vie de Descartes dans ces années est mal connu. Il voyage, en France et en Italie. Il travaille à des questions d'optique et de mathématique. Il rédige un ouvrage intitulé *Studium bonæ mentis* (*Exercice du bon sens*) et un *Art de l'escrime*, qui n'ont pas été conservés.

1625-1627
Séjour à Paris. Descartes fréquente des écrivains (Guez de Balzac), des scientifiques (Mersenne, Mydorge), des théologiens (Gibieuf). En novembre 1627, lors d'une conférence chez le nonce du Pape, le cardinal de Bérulle l'encourage à développer sa philosophie.

1627-1628
Date probable du commencement de la rédaction des *Règles pour la direction de l'esprit*, qui resteront inachevées.

1628-1629
Descartes est en Allemagne, puis aux Provinces-Unies où il restera jusqu'en 1649, à l'exception de quelques voyages en France. Rédaction d'un *Traité de métaphysique*, perdu.
En Italie, au printemps 1629, est observé le phénomène des parhélies (phénomène de réfraction qui donne l'impression d'un dédoublement du soleil dans le ciel). Descartes en reçoit une description et tente d'expliquer ce « météore ».

1630-1632
Diverses recherches en optique (taille de verres), anatomie (dissections), mécanique, mathématiques (solution générale du problème de Pappus).
Avril-mai 1630 : *Lettres à Mersenne* sur la création des vérités éternelles. Brouille avec Isaac Beeckman.

Descartes entreprend de constituer une physique qui deviendra le *Monde*, dont il commence la rédaction en 1632.

1632 : naissance de Spinoza ; naissance du musicien Lully ; Rembrandt peint *La leçon d'anatomie* ; Galilée : *Dialogue sur les deux principaux systèmes du monde* ; 1636 : Corneille publie *Le Cid* ; 1638 : naissance du futur Louis XIV ; naissance de Malebranche ; 1639 : naissance de Racine ; 1640 : publication de l'*Augustinus* de Jansenius.

1633
Seconde condamnation de Galilée à Rome. Descartes l'apprend en novembre, et renonce à la publication du *Monde*. Il vient habiter à Amsterdam, où il restera jusqu'en 1635.

1634-1636
Rédaction du *Discours de la méthode* et des *Essais* (*La Dioptrique*, *Les Météores*, *La Géométrie*). La chronologie précise de cette rédaction est mal connue, et discutée (les *Essais* ont probablement été écrits avant le *Discours*).

1635
Naissance de Francine, le seul enfant de Descartes, dont la mère est une servante, Hélène Jans.

1637
En juin, parution sans nom d'auteur du *Discours de la méthode* et des *Essais*. En octobre, Descartes envoie à Christian Huygens un petit traité de mécanique (*Explication des engins par l'aide desquels on peut avec une petite force lever un fardeau fort pesant*).

1637-1638
Importante correspondance autour de la publication de 1637, notamment au sujet des *Essais* (discussions mathématiques avec Fermat et Roberval ; discussions

de physiologie avec Plempius ; discussions sur la morale, la physique, la théorie de la lumière, etc. avec Pollot).

1639-1640
Rédaction, en latin, des *Méditations métaphysiques*.

1640
Mort de Francine (septembre) et du père de Descartes (octobre). Le Père Mersenne communique le texte des *Méditations* à divers philosophes et théologiens dont il recueille les *Objections*.

1641
(août) Publication des *Méditations*, avec six séries d'*Objections* et les *Réponses* de Descartes (le titre exact est : *Meditationes de prima philosophia in qua Dei existentia et animœ immortalitas demonstrantur* = *Méditations de philosophie première où sont démontrées l'existence de Dieu et l'immortalité de l'âme*).

1642 : mort de Richelieu ; naissance de Newton ; 1643 : mort de Louis XIII, Louis XIV devient roi de France à cinq ans, sa mère, Anne d'Autriche, et Mazarin l'assistent ; Torricelli invente le baromètre ; 1648-1652 : la Fronde, révolte d'une partie de la noblesse française contre Mazarin.

1642
(mai) Seconde édition des *Méditations*, dont le titre devient *Meditationes de prima philosophia in qua Dei existentia et animœ humanœ a corpore distinctio demonstrantur* (*Méditations de philosophie première où sont démontrées l'existence de Dieu et la distinction de l'âme humaine et du corps*), augmentées de la septième série d'objections et réponses, et d'une lettre au Père Dinet.

1643
Début de la correspondance entre Descartes et la princesse Élisabeth de Bohême.

1644
Séjour en France. Publication, en latin, des *Principes de la philosophie* ; ils sont accompagnés d'une traduction latine du *Discours*, de la *Dioptrique* et des *Météores* par E. de Courcelles (cette traduction a été revue et corrigée par Descartes).

1646
Descartes se brouille avec Regius, qu'il considérait comme son disciple.

1647
Publication des *Méditations métaphysiques*, traduites en français par le duc de Luynes, avec les *Objections* et *Réponses* traduites par Clerselier ; publication des *Principes de la philosophie*, traduits en français par l'abbé Picot et accompagnés d'une *Lettre-Préface*. Séjour de Descartes en France, où il rencontre Pascal. Début de la correspondance entre Descartes et la reine Christine de Suède.

1647-1648
Rédaction de la *Description du corps humain*.

1648
Notæ in programma quoddam (*Remarques sur un certain placard*), contre Regius. *Entretien avec Burman* (notes rapportant une discussion entre Descartes et F. Burman ; ce texte n'a été retrouvé qu'en 1895). Séjour en France. Mort de Mersenne.

1649
Traduction latine de la *Géométrie* par Schooten, avec

des notes de F. de Beaune. A l'invitation de la reine Christine, Descartes part pour Stockholm ; il donne des leçons de philosophie à la reine. Publication des *Passions de l'âme*.

1650
(11 février) Mort de Descartes à Stockholm, d'une pneumonie.
De nombreux inédits trouvés dans ses papiers seront publiés à titre posthume.

INDEX DES NOTIONS

Table

Composition réalisée par NORD COMPO

Imprimé en France sur Presse Offset par

BRODARD & TAUPIN

GROUPE CPI

La Flèche (Sarthe).
N° d'imprimeur : 18258 – Dépôt légal Éditeur 33983-07/2003
Édition 03
LIBRAIRIE GÉNÉRALE FRANÇAISE - 43, quai de Grenelle - 75015 Paris.
ISBN : 2 - 253 - 06741 - 5

◈ 30/4660/4